anglistik & englischunterricht
The Very Short Story I

anglistik & englischunterricht / 18

The Very Short Story I

HEIDELBERG 1982

CARL WINTER · UNIVERSITÄTSVERLAG

CIP-Kurztitelaufnahme der Deutschen Bibliothek

The very short story / [Hrsg.: Hans-Jürgen Diller . . .]
– Heidelberg: Winter
NE: Diller, Hans-Jürgen [Hrsg.]

1 (1983).
   (Anglistik & [und] Englischunterricht; 18)
    ISBN 3-533-03174-8
NE: GT

Herausgeber:	Prof. Dr. Hans-Jürgen Diller, Dr. Stephan Kohl, Dr. Joachim Kornelius, Dr. Erwin Otto, Prof. Dr. Gerd Stratmann
Anschrift der Redaktion:	Dr. Joachim Kornelius, Ruhr-Universität Bochum, Englisches Seminar, Universitätsstraße 150, 4630 Bochum 1
Verlag:	Carl Winter · Universitätsverlag, gegr. 1822, GmbH., Heidelberg
Satz und Druck:	Carl Winter · Universitätsverlag Abteilung Druckerei, Heidelberg

Imprimé en Allemagne
Printed in Germany

Heidelberg, im Dezember 1982

ISBN	3-533-03174-8
ISSN	0344-8266

Inhalt

Peter Wenzel:
Die Pointe in der Very Short Story 9
Text: William Tenn: "Project Hush" 19

Bruno Schleußner:
Interpretation von Will Stantons
"Barney"
Text 25
Interpretation 27

Hans-Jürgen Diller:
John Updike: "Dear Alexandros"
Text 41
Interpretation 44

Dieter Petzold:
James Thurber: "The Rabbits Who Caused All The Trouble"
Text 55
Interpretation 55

Peter Hasenberg:
'A Conjuring Trick': Christianna Brands
"Aren't our Police Wonderful?" und das
Genre der *very short crime story* 67
Text 82

Jürgen Klein:
Roald Dahl: "The Wish"
Text 87
Interpretation 90

Erwin Otto:
The living are dead – the dead are alive.
Two very short ghost stories 101
Texte: Ronald Duncan: "When we dead awaken" 114
Richard Hughes: "The Ghost" 117

Gerd Stratmann:
"Mrs Packletide's Tiger" – Saki und die selbstironische Farce 121
Text 129

Ferdinand Schunck:
Die Short Story als Frühwarnsystem:
Donald Barthelmes "A City of Churches" 133
Text 142

Edith Hambach:
Unterrichtsreihen Englisch:
Frauen- und Männerrolle in Familie und Gesellschaft –
Lehrbuchunabhängige Reihe für die Jahrgangsstufe 10 146

Publications Received 194

Peter Wenzel, Bochum

Die Pointe in der Very Short Story

1 Forschungsstand und literargeschichtlicher Hintergrund

Wer nach den besonderen Strukturmerkmalen sehr kurzer *Short Stories* fragt, stößt dabei nahezu zwangsläufig auf das Phänomen der Pointe. Denn auch wenn durchaus nicht jede sehr kurze *Short Story* mit einer Pointe schließt, bestehen zwischen den extrem kurzen und den stark pointierten Formen der Kurzgeschichte augenfällige Verbindungen.[1] Um so erstaunlicher erscheint zunächst, daß die moderne, gerade in den letzten Jahren stark vorangetriebene Kurzgeschichtentheorie[2] über das Phänomen der Pointe nur recht wenig zu sagen weiß. So kommt die Pointe in den einschlägigen Ansätzen zu einer *Short Story*-Typologie entweder überhaupt nicht oder bestenfalls nur beiläufig zur Sprache[3], während andere, oftmals viel ausgefallenere Bauformen der Kurzgeschichte weitaus größere Beachtung finden.[4]

Man muß diesen Befund von der Gattungsgeschichte her verstehen. Die Kurzgeschichte, schon von ihrem Urheber Edgar Allan Poe als Geschichte mit einem "unique or single *effect*" charakterisiert[5], war in ihrer klassischen Form – wie sie uns etwa in den stets mit einem Knalleffekt endenden *Short Stories* von O. Henry begegnet – lange Zeit ganz auf das Strukturmittel der Pointe fixiert. Seit der Jahrhundertwende jedoch geriet diese Form der Kurzgeschichte gerade bei den anspruchsvolleren Autoren in zunehmendem Maße in Mißkredit, weil sie auch das Grundmuster für die sogenannten *commercial short stories* oder *formula stories* abgab, die in weitverbreiteten, ganz der Unterhaltung gewidmeten Zeitschriften einen reißenden Absatz fanden. Aus dem massiven Protest der Literaten gegen die überkommenen Regeln der handlungsbetonten, ganz auf die Pointe ausgerichteten *Short Story*[6] erwuchsen somit allmählich neue Formen der Kurzgeschichte, denen es nicht mehr auf einen "unique or single *effect*" im Sinne Poes, sondern auf die Darstellung eines *slice of life,* also einer bestimmten Lebenswahrheit, und auf eine Wirkung durch solche Mittel wie Mehrdeutigkeit, Anspielung und Ironie ankam.[7] Die pointierte *Short Story* lebte somit nur noch in den literarisch weniger ambitiösen, zur Unterhaltungsliteratur gerechneten Gattungen – wie z.B. *Science Fiction, Fantasy, Horror-* und *Kriminalliteratur* – fort und fand deshalb auch in der modernen Kurzgeschichtentheorie kaum noch Beachtung.

Wenn die Kurzgeschichtentheorie also aus den genannten Gründen nicht als Ausgangspunkt für eine Analyse der Pointe in der *Very Short Story* infrage kommt, muß man sich nach anderen möglichen Ansätzen umsehen. Solche Ansätze findet man vor allem in der Theorie des Witzes. Gerade der Witz ist nämlich als eine sogenannte 'Einfache Form' wie keine andere Textsorte dazu geeignet, Grundmuster und Variationsmöglichkeiten der Pointe in leicht überschaubarer Form zu illustrieren.[8]

Ein Witz besteht auch im einfachsten Fall immer aus zwei Teilen – der Exposition und der Pointe –, die oberflächlich-formal betrachtet in einem Verhältnis der Korrespondenz, in Wirklichkeit aber in einem scharfen Bedeutungskontrast zueinander stehen. Die Exposition des Witzes ist dabei so angelegt, daß der Witzhörer oder -leser die in der Exposition präsentierten Informationen in bestimmte, naheliegende Bezugsrahmen einordnet, die seinen Erwartungshorizont hinsichtlich des Fortgangs des Textes bestimmen. In der Pointe wird dann jedoch einer dieser für das Textverständnis zentralen Bezugsrahmen plötzlich durchbrochen und durch einen neuen, nicht erwarteten Bezugsrahmen ersetzt. Das Verstehen eines Witzes kommt demnach einem Akt der 'Bisoziation', d.h. einem Denken auf zwei Ebenen gleich, bei dem dieselben Elemente in zwei normalerweise nicht miteinander zu vereinbarenden Bezugsrahmen wahrgenommen werden.[9]

Es spielt dabei keine Rolle, ob sich der durch die Pointe ausgelöste Bezugsrahmenwechsel auf die Ebene der Semantik (z.B. „,So, Sie waren in Rom. Haben Sie denn auch die Sixtinische Kapelle gesehen?' – ,Ja, tolle Burschen, besonders der Schlagzeuger.'"), auf die Ebene der Syntax (z.B.: "A lady went into a shop and asked, 'May I try on that dress in the window?' 'Well', said the assistant doubtfully. 'Don't you think it would be better to use the fitting-room?'"), auf die Ebene der Pragmatik (z.B.: "'Mary, the baby has swallowed the matches.' 'Here, use my lighter.'")[10] oder – wie in vielen längeren Witzen – auf eine umfassendere Textebene wie die der Logik, der Gattungserwartung oder des gesamten vom Text entworfenen Realitätsmodells bezieht;[11] das strukturelle Grundmuster der Pointe bleibt immer gleich.

Wir wollen im folgenden versuchen, unser Erklärungsmodell für die Pointe noch einmal an zwei Beispielen – einem ganz knappen Wortspiel und einem voll entwickelten narrativen Witz – zu erläutern, um es anschließend an der Struktur der von uns zu besprechenden *Very Short Story* zu verifizieren.

Einige der elementaren Merkmale, die nach der oben vorgetragenen Definition des Witzes das Verhältnis von Exposition und Pointe bestimmen, lassen sich schon an einem so schlichten Text wie dem folgenden Schüttelreim illustrieren: "Before marriage, a man is humbly grateful; after marriage, he is grumbly hateful." [12] Das Wortspiel besteht – ganz der obigen Definition entsprechend – aus zwei Teilen, die trotz weitgehender formaler Korrespondenz in einem scharfen Bedeutungskontrast zueinander stehen. Seine Wirksamkeit hängt dabei in erster Linie davon ab, daß die in der Exposition eingeführten Elemente – d.h. hier: die verschiedenen Wörter und Buchstaben – nahezu alle in der Pointe wiederkehren, dort aber in einen neuen, vom Rezipienten des Witzes nicht erwarteten Bezugszusammenhang treten. Dasselbe gilt nun auch für den folgenden, voll entwickelten narrativen Witz, nur mit dem einen Unterschied, daß der die Pointe konstituierende Bezugsrahmenwechsel hier nicht mehr durch eine effektvolle Umstellung wichtiger in der Exposition eingeführter Buchstaben, sondern durch eine effektvolle Umwertung wichtiger in der Exposition eingeführter Personen und Objekte zustandekommt:

A sailor who for over nine years had been cast away on a desert island awoke one morning to see a scantily clad young woman on a barrel floating toward the beach. When the barrel had washed ashore, the girl approached the sailor. "Hi, there! How long have you been here?" "Almost ten years." "Gosh!" said the girl. "Then I'll give you something you haven't had in a long time." "Blow me down!" cried the sailor. "Don't tell me you've got beer in that barrel?" [13]

Auch die Struktur dieses Witzes beruht auf der Schaffung eines überraschenden Bezugsrahmenwechsels bei weitgehender Korrespondenz zwischen den in der Exposition und den in der Pointe vorhandenen Elementen. So gibt es in der Exposition des Witzes zum einen eine große Gruppe von Textelementen, die zwangsläufig bewirken, daß der Rezipient das ihm präsentierte Geschehen in einen sexuellen Bezugsrahmen einordnet (nämlich: "a scantily clad young woman", die sofort vertraulich-legere Anrede: "Hi, there!", die auf gleichem Sprachniveau liegende Interjektion "Gosh!" und *last but not least* den in seiner Doppelbödigkeit noch nicht erkenntlichen äquivoken Satz: "Then I'll give you something you haven't had in a long time"). Zum anderen aber wird in der Exposition durch die zweimalige Erwähnung des Wortes "barrel" auch schon ein zweiter Bezugsrahmen vorbereitet, auf den der Witz in der Pointe umschwenken wird. Die Pointe selbst braucht somit keine neuen Textelemente in den Witz einzuführen, sondern kann sich auf eine Umwertungstechnik verlassen, die man unter Rückgriff auf eine in der Gestaltpsychologie verwendete Terminologie [14] auch als einen Wechsel von Figur und Grund beschreiben kann: Während es zunächst so scheint, als stelle das Faß nur ein Element des Erzählhintergrunds dar, erweist sich das Faß in der Pointe als das zentrale Objekt des Interesses. Gleichzeitig sinken die Textelemente, die in der Exposition zur Assoziation eines sexuellen Bezugsrahmens führten, in der Pointe in den Erzählhintergrund ab.

Dasselbe Verfahren der Pointierung – eine überraschende Bezugsrahmen-durchbrechung durch eine Art Wechsel von Figur und Grund – bildet nun auch das strukturelle Grundgerüst unseres Musterbeispiels einer pointierten *Very Short Story*, "Project Hush" von William Tenn.

In dieser Geschichte läßt Tenn – der ein routinierter Kurzgeschichtenautor und Verfasser vieler niveauvoller *Science Fiction Stories* ist[15] – einen in die Handlung integrierten Ich-Erzähler von einem spannenden Kommando-unternehmen berichten, das den Auftrag hat, zu militärischen Zwecken für die *US-Army* auf dem Mond die erste bemannte Raumstation zu errichten. Das ganze Unternehmen – bezeichnenderweise "Project Hush" genannt – ist von der Aura strengster Geheimhaltung umgeben, wie sie für Missionen dieser Art typisch ist. Dennoch muß das Team des Erzählers nach seiner erfolgreichen Landung mit Schrecken zur Kenntnis nehmen, daß eine fremde Macht durch den Bau einer eigenen Mondstation der *US-Army* zuvorgekommen ist. Es wird dabei im Leser durch gezielte Techniken der Irreführung die Erwartung abgeru-fen, daß es sich bei dieser fremden Macht nur um außerirdische Intelligenzen oder um feindliche irdische Konkurrenz – Russen, Chinesen oder Argentinier – handeln kann. Dieser Erwartungs- oder Bezugsrahmen wird dann bis zum Ende der Geschichte beibehalten und ausgebaut. Erst im letzten Satz kommt es zu einer überraschenden, aus der Rückschau aber doch plausiblen Durchbrechung des genannten Rahmens: Die vermeintliche feindliche Macht entpuppt sich als ein von der *US-Navy* durchgeführtes Parallelunternehmen, was die Geschichte zu einer gelungenen Satire auf militärische Geheimniskrämerei und nutzloses Wettrüsten werden läßt.

Die Techniken, mit denen Tenn in dieser Geschichte die Irreführung des Lesers sowie die gleichzeitige unterschwellige Vorbereitung und Plausibilisierung der Pointe erreicht, sind exemplarisch für das Funktionieren komplizierter pointier-ter *Short Stories* und lohnen daher eine nähere Betrachtung.

Es kommt für den Autor einer pointierten Kurzgeschichte zunächst einmal darauf an, den Erwartungshorizont des Lesers hinsichtlich des verrätselten Problems schrittweise auf ein ganz bestimmtes Spektrum von Möglichkeiten festzulegen. Dieser Prozeß der Erwartungssteuerung setzt in der vorliegenden Geschichte bereits ein, bevor das Rätsel selbst – nämlich die Frage nach der Iden-tität der fremden Raumstation – überhaupt gestellt ist. So weist der Erzähler schon im Vorspann der Geschichte ausdrücklich darauf hin, daß auch andere, feindliche Nationen an der Errichtung einer Raumstation auf dem Mond interessiert sein könnten ("We had to get to the moon before any other country did", S. 19), und zieht bei der Beschreibung des ersten Routinekontrollgangs auf dem Mond auch schon ein mögliches Zusammentreffen mit gefährlichen außerirdischen Wesen in Betracht – ein Erwartungsschema, das seine Wirkung auf den Leser gerade deshalb nicht verfehlt, weil der Erzähler es bewußt herunterspielt: "a probable waste of time ... but a necessary precaution. He was supposed to watch for such things as bug-eyed monsters out for a stroll on the Lunar landscape. Basically, however, Tom's survey was intended to supply extra geological and astronomical meat for the report" (S. 20).

Nur wenige Zeilen nach der Entdeckung der fremden Raumstation – also unmittelbar auf die Stellung des die Geschichte bestimmenden Rätsels – folgt dann ein erster denkbarer Lösungsvorschlag ("'Couldn't be just a regularly shaped bump in the ground, could it?'", S. 21), der jedoch sogleich wieder als abwegig aus dem Spektrum der Lösungsmöglichkeiten gestrichen wird (" 'I'm a geologist ... I can distinguish artificial from natural topography.' "). Gerade die rasche Entlarvung dieser ersten, falschen Lösungsmöglichkeit trägt dazu bei, das sich anschließende, tatsächlich irreführende Spektrum von Lösungsmöglichkeiten plausibel erscheinen zu lassen, das endgültig jenen Erwartungsrahmen etabliert, den die Pointe am Ende des Rätselspiels durchbrechen soll: "They are either humans from Earth – in which case they are in all probability enemy nationals – or they are alien creatures from another planet – in which case they may be friends, enemies or what-have-you.'" (S. 21) Diese den Leser in die Irre führende Aufzählung möglicher Lösungen ist nun insofern besonders interessant, als sie sich bei genauerer Betrachtung als durchaus äquivok erweist und damit bereits zur unterschwelligen Vorbereitung eben jenes Bezugsrahmens beiträgt, auf den die Pointe umschwenken wird. Die Formulierung der möglichen Lösungen schließt nämlich trotz der unverkennbaren Suggestion, daß die Besitzer der rätselhaften Raumstation eigentlich nur Feinde sein können, ganz bewußt nicht aus, daß es sich eventuell auch um Freunde handeln könnte, und deutet mit dem gezielt vagen "or what-have-you" in gewisser Weise sogar schon die Denkbarkeit einer gänzlich überraschenden Lösung an.

Es ist aber bezeichnend für das geschickte Wechselspiel von Irreführung und Äquivokation, daß die der Lösung vorgreifenden Elemente hier in einen Kontext eingebunden sind, der sich gerade nicht mit der Lösung in Einklang bringen läßt, sondern der Irreführung dient. So wird das Wort "friends" in der oben zitierten Textstelle ganz bewußt nur im Zusammenhang mit außerirdischen, nicht aber mit irdischen potentiellen Besitzern der Raumstation verwendet. Dem Leser werden die die Pointe vorbereitenden Elemente daher erst aus einer unscharfen Rückschau heraus als Vorgriffe auf die Lösung bewußt.

Dasselbe gilt auch für alle anderen Textstellen, die einer unterschwelligen Vorbereitung der Pointe dienen. So wird beispielsweise im Verlauf der Geschichte mehrfach auf die Praxis der extremen Geheimhaltung von wichtigen militärischen Projekten angespielt und damit insgeheim ein Bezugsrahmen auf-

13

gebaut, der später für die Plausibilität der Lösung von geradezu unentbehrlicher Bedeutung ist. Nicht zufällig z.B. nimmt der Erzähler zu dem Wunsch seines Kollegen Monroe, sein Name möge im Fall eines Scheiterns der Mission in die Geschichtsbücher aufgenommen werden, in einem Kommentar Stellung, der beiläufig auf die Praxis der militärischen Geheimhaltung anspielt: "I understood Monroe's last request. We often felt we were so secret that our immediate superiors didn't even want *us* to know what we were working on. Scientists are people – they wish for recognition, too." (S. 23) Dabei ist wiederum typisch, daß die die Pointe thematisch vorbereitende Anspielung nicht etwa im Zusammenhang mit dem zentralen Rätsel – also der Frage nach der Identität der geheimnisvollen Raumstation – erfolgt, sondern im Kontext allgemeiner Überlegungen zu den Problemen des Raumfahrer- und Pionierberufs. Denn auf diese Weise wird erreicht, daß der Leser die später für die Glaubwürdigkeit der Pointe wichtigen Informationen – genauso wie das Wort "barrel" in dem oben analysierten Witz – nicht mit der zentralen Frage nach dem Fort- und Ausgang des präsentierten Geschehens in Verbindung bringt, sondern vielmehr als bloße Elemente des Erzählhintergrunds rezipiert, bis schließlich in der Pointe eine plötzliche Bezugsrahmendurchbrechung und Umwertung dieser Konstellation erfolgt, durch die die bislang nur beiläufig wahrgenommenen Hinweise auf das Thema der militärischen Geheimniskrämerei ins Zentrum des Interesses treten und die bislang die Lesererwartung bestimmenden Hinweise auf eine mögliche Auseinandersetzung mit Feinden im Weltraum in den Erzählhintergrund absinken.

4 Variationsmöglichkeiten der Pointierung

Die am Beispiel von "Project Hush" aufgezeigte Technik der Pointierung, die in einer plötzlichen Umwertung von fokusierten und dem Erzählhintergrund angehörigen Textelementen besteht, läßt sich – in jeweils leicht variierter Form – auch noch in vielen anderen *Very Short Stories* wiederfinden.[16] Das bedeutet aber keineswegs, daß jede pointierte *Short Story* diesem Typus der Pointe folgen muß. Allen pointierten Strukturen ist lediglich – wie bereits im Kontext der Witzanalyse betont – irgendeine Form von Bezugsrahmenwechsel gemein. Die Technik, durch die in der Exposition der irreführende Bezugsrahmen aufgebaut und die Mittel, mit denen in der Pointe der neue Bezugsrahmen angezeigt wird, können dagegen von Fall zu Fall erheblich variieren.

So liegt in der Geschichte "Project Hush" ein Typus der Pointierung vor, bei dem die Exposition auf einem Wechselspiel von Äquivokation und Irreführung, d.h. auf einer geschickten Kombination von doppelbödigen und falschen Informationen beruht – ein Strukturmuster, das besonders für den Aufbau von Rätsel- und Kriminalgeschichten geeignet ist. Es gibt daneben aber auch viele

14

pointierte Texte, bei denen sich die Exposition ausschließlich der Technik der Äquivokation bedient, so daß auf das Auslegen von *einzelnen* Fehlspuren, wie sie für die Rätsel- und Kriminalgeschichte typisch sind, verzichtet werden kann. Betrachten wir der Einfachheit halber wieder ein relativ kurzes Textbeispiel, nämlich den folgenden Witz:

James staggered into the room and slumped into the nearest chair. He said: "I had the toughest time of my life. First, I got angina pectoris and then arterio sclerosis. Just as I was recovering from these, I got tuberculosis, double pneumonia and phthisis. Then they gave me hypodermics. Appendicitis was followed by tonsillectomy. These gave way to aphasian and hypertrophic cirrhosis. I completely lost my memory for a while. I know I had diabetes and acute indigestion, besides gastritis, rheumatism, lumbago and neuritis. – I don't know how I pulled through. It was the hardest spelling test I've ever had."[17]

Bei diesem Witz läßt sich nicht mehr der eine Teil der Textelemente dem zu durchbrechenden und der andere dem neu zu konstituierenden Bezugsrahmen zuordnen; vielmehr passen alle Textelemente sowohl in den einen wie in den anderen Rahmen – ein Strukturmodell, das z.B. auch der in diesem Band abgedruckten *Very Short Story* "The Ghost" von Richard Hughes zugrundeliegt, in der die Exposition als ganzes zuerst als vermeintlicher Anfang einer Geistergeschichte und dann als realistische Wiedergabe der Perspektive einer psychisch kranken Person verstanden werden kann.

Den extremsten Gegensatz zu diesem Strukturmodell stellt ein Grundtyp der Pointierung dar, bei dem die in der Exposition eingeführten Textelemente durchweg nur in den irreführenden, zu durchbrechenden Bezugsrahmen passen und deshalb durch die Pointe für ungültig erklärt und zurückgenommen werden müssen. Auch dieser Typ läßt sich wieder am besten anhand eines Witzes illustrieren:

The young man was applying for a job, and the personnel manager asked him, "Do you drink?" – "No, sir." – "Do you smoke?" – "No, sir." – "Do you have affairs with girls?" – The young man shook his head. – "Don't you have any vices?" – "Well," he replied, "I do have one vice. I tell lies."[18]

Hier liegt das Grundmodell für die Pointierung von Lügen- oder Traumgeschichten vor. Der besondere Vorzug dieses Typs der Pointierung liegt darin, daß er dem Autor bei der Gestaltung der Exposition relativ viel Freiheit läßt, weil neben dem zu konstituierenden Bezugsrahmen keine zweite, unterschwellige Sinnebene vorbereitet werden muß. Der Autor kann die Exposition daher für die quasi-reale Präsentation höchst ungewöhnlicher oder gar fantastisch anmutender Ereignisse nutzen, für die er dann am Schluß keine schwierigen nachträglichen Begründungen zu liefern braucht.

15

Schließlich ist zu betonen, daß es nicht nur für die Strukturierung der Exposition eines pointierten Textes, sondern auch für die Vermittlung seiner Pointe selbst zahlreiche Variationsmöglichkeiten gibt. So kann die in Form einer Pointe vermittelte Lösung – wie in vielen Witzen und z.B. auch in der Geschichte "Project Hush" – am Schluß des Textes explizit formuliert sein; sie kann aber auch – und dies ist der interessantere Fall – wie in subtileren Witzen und solchen Geschichten wie "The Ghost" nur indirekt, d.h. durch das mitvollziehende Nachdenken des Lesers, erschließbar sein. Die Pointe hat in diesem Fall den Charakter einer besonders prägnanten Leerstelle[19], die den Leser (im Sinne Wolfgang Isers[20]) dazu zwingt, die im Text ausgesparte Anschließbarkeit durch eigene Vorstellungstätigkeit zu vollziehen und sich auf diese Weise aktiv an der Herstellung des neuen, die überraschende Lösung vermittelnden Bezugsrahmens zu beteiligen.[21]

Der Autor einer pointierten Geschichte kann nun diesen besonderen Effekt der Leserbeteiligung nicht nur nutzen, um seinen Lesern ein unterhaltsames 'Aha-Erlebnis' zu bescheren, sondern auch, um damit gleichzeitig eine bestimmte affektive Wirkung zu erzielen und seine Leser in einer besonders intensiven Form mit einer Problematik, einer These oder einer Moral zu konfrontieren. Dabei handelt es sich um einen Grundtyp der Pointe, der besonders gerne von den an Aufklärung und Erkenntnisvermittlung interessierten Kurzgeschichtenautoren, namentlich von den Verfassern sehr kurzer *Science Fiction Stories*[22], verwendet wird. Wenn sich die Pointe in solchen *Very Short Stories* als ein Stilmittel erweist, das den Leser nicht nur unterhalten, sondern auch zur Auseinandersetzung und zum Weiterdenken anregen kann, so zeigt dies einmal mehr, wie aufschlußreich die Beschäftigung mit dem Phänomen der pointierten *Very Short Story* sein kann, das von der modernen Kurzgeschichtentheorie sehr zu Unrecht so lange vernachlässigt worden ist.

1 Aufschlußreiche Hinweise hierfür liefern Rohner, L.: *Theorie der Kurzgeschichte.* Wiesbaden, [2]1976, S. 153 und Schleußner, B.: „Die 'punch line' und ihre Funktion in Science Fiction Short Stories". *anglistik & englischunterricht.* 2. *Trivialliteratur.* Trier, 1977, S. 81–92, hier S. 90.

2 Einen konzisen Überblick über den derzeitigen Forschungsstand vermittelt Ahrends, G.: *Die amerikanische Kurzgeschichte: Theorie und Entwicklung.* Stuttgart, 1980, S. 44–51.

3 Siehe z.B. Höllerer, W.: „Die kurze Form der Prosa". *Akzente* 9, 1962, 226–245; Rohner: *Theorie der Kurzgeschichte;* Lubbers, K.: *Typologie der Short Story.* Darmstadt, 1977 (= Impulse der Forschung 25), bes. S. 92–103. – Eine Ausnahme machen hier allerdings die Beiträge zur Kurzgeschichtentheorie von P. Goetsch, insbesondere dessen jüngste Arbeit: *Literarische und soziale Bedingungen erzählerischer Kurzformen: Die Short Story.* Tübingen, 1978 (= Studienbrief des Deutschen Instituts für Fernstudien), S. 44–46. Dennoch bleiben auch Goetschs Ausführungen zur Pointe knapp und anfechtbar. So ist Goetschs typologische Unterscheidung zwischen einer als unerwartete Wendung des Geschehens definierten „Strukturpointe" und einer bedeutungsenthüllenden „Sinnpointe" zwar von der Sache her sicherlich berechtigt, aber terminologisch irreführend, weil letztlich jede Strukturpointe notwendigerweise auch einen Sinn und jede Sinnpointe notwendigerweise auch eine Struktur haben muß.

4 So führt z.B. Lubbers unter seinen fünf Bautypen der Kurzgeschichte die durch Aufsplitterung der Chronologie gekennzeichnete *Short Story* als einen eigenständigen Typus auf, obwohl er für diesen Typus unter 147 Geschichten eines repräsentativen Textkorpus nur ein einziges Beispiel findet (vgl. *Typologie der Short Story*, S. 98).

5 Poe, E. A.: "Nathaniel Hawthorne: Twice-Told Tales. Literary Criticism" (1842). In Bungert, H. (Ed.): *Die amerikanische Short Story: Theorie und Entwicklung.* Darmstadt, 1972 (= Wege der Forschung 256), S. 1–8, hier S. 4.

6 Vgl. hierzu die unter dem Leitsatz "Revolt against 'Rules' and Prescriptive Definitions" gesammelten Stimmen in Current-García, E., Patrick, W. R. (Eds.): *What Is the Short Story?* Glenview/Ill., [3]1974, S. 45–82.

7 Zu dieser meist mit dem Schlagwort der 'Lyrisierung' bezeichneten Entwicklungstendenz der modernen Kurzgeschichte vgl. Rohner: *Theorie der Kurzgeschichte,* S. 164 und Freese, P.: *Die amerikanische Kurzgeschichte nach 1945.* Frankfurt, 1974 (= Schwerpunkte Anglistik 8), S. 18–20.

8 Die Vorstellung, daß der Witz – zusammen mit anderen volkskundlichen Texten – als ‚Einfache Form' über Grundprinzipien der Dichtung Auskunft gibt, geht auf André Jolles (*Einfache Formen.* Tübingen, 1958, [1]1930) zurück und ist seither in der Literaturwissenschaft viel diskutiert worden. Konkrete Versuche, die Konzeption der ‚Einfachen Form' auch in struktureller Hinsicht wirklich ernstzunehmen und dementsprechend etwa aus der Typologie des Witzes eine Typologie der Pointe schlechthin herzuleiten, sind hingegen bislang äußerst rar (vgl. jedoch Auzinger, H.: *Die Pointe bei Čechov.* Kempten/Allgäu, 1956).

9 Vgl. Koestler, A.: *The Act of Creation.* New York, 1964, S. 35 und Wilson, C. P.: *Jokes: Form, Content, Use and Function.* London, 1979 (= European Monographs in Social Psychology 16), S. 19–24.

10 Zitierstellen der Witze: Link, J.: *Literaturwissenschaftliche Grundbegriffe: Eine programmierte Einführung auf strukturalistischer Basis.* München, [2]1979, S. 78f.; Gossett, M. (Ed.): *Piccolo Book of Jokes.* London, 1972, [2]1960, S. 29; Esar, E. (Ed.): *The Comic Encyclopedia: A Library of the Literature and History of Humor Containing Thousands of Gags, Sayings and Stories.* New York, 1978, S. 90. – Letztere ist übrigens nicht nur die weitaus umfangreichste, sondern auch die mit Abstand beste Witzsammlung in englischer Sprache.

11 Eine Gattungserwartung durchbricht z.B. ein Witz, bei dem absichtlich die Pointe ausbleibt; auf der Durchbrechung von Realitätsmodellen beruhen z.B. der surrealistische Witz und die sogenannte 'Shaggy Dog-Story'.

12 Zitiert nach Esar: *Comic Encyclopedia,* S. 75.

13 Zitiert nach ebd., S. 208.

14 Vgl. hierzu z.B. Arnheim, R.: *Kunst und Sehen: Eine Psychologie des schöpferischen Auges,* übs. H. Bock. Berlin, 1965, S. 192–201.

15 Vgl. z.B. die Kurzgeschichten "The Liberation of Earth" und "Eastward Ho!" in der vielgelesenen Sammlung von Aldiss, B. (Ed.): *The Penguin Science Fiction Omnibus.* Harmondsworth, 1973. – Der Name "William Tenn" ist übrigens – wie bei einigen anderen der anspruchsvollen *Science Fiction*-Autoren – nur ein Pseudonym, hinter dem sich in Wirklichkeit Philip Klass, heute Literaturprofessor am Pennsylvania State College, verbirgt.

16 Siehe z.B. auch die in diesem Band abgedruckte Kriminalgeschichte "Aren't Our Police Wonderful?" von Christianna Brand, deren Pointe ebenfalls auf einer Umwertung einzelner Textelemente beruht.

17 Zitiert nach Gossett: *Piccolo Book of Jokes,* S. 39f.

18 Zitiert nach Esar: *Comic Encyclopedia,* S. 442.

19 Vgl. zum Leerstellencharakter der Pointe auch Preisendanz, W.: *Über den Witz.* Konstanz, 1970 (= Konstanzer Universitätsreden 13), S. 23–27, bes. S. 26f.

20 Siehe hierzu vor allem Isers Ausführungen in *Der Akt des Lesens: Theorie ästhetischer Wirkung.* München, 1976, S. 284–315.

21 Vgl. auch Koestlers Diktum über den Witz: "Every good joke contains an element of the riddle ... which the listener must solve. By doing so, he is lifted out of his passive role and compelled to co-operate, to repeat to some extent the process of inventing the joke, to re-create it in his imagination" *(Act of Creation,* S. 86).

22 Interessante, gerade auch für eine Behandlung im Schulunterricht geeignete Beispiele finden sich in der bis vor wenigen Jahren immer wieder neu aufgelegten Sammlung von Asimov, I., Conklin, G. (Eds.): *Fifty Short Science Fiction Tales.* New York, 1963; siehe dort besonders die Geschichten "The Weapon" von Fredric Brown, "The Figure" von Edward Grendon, "Columbus was a Dope" von Robert A. Heinlein, "The Choice" von W. Hilton-Young und "Counter Charm" von Peter Phillips.

William Tenn

Project Hush

I guess I'm just a stickler, a perfectionist, but if you do a thing, I always say, you might as well do it right. Everything satisfied me about the security measures on our assignment except one – the official Army designation.

Project Hush.

I don't know who thought it up, and I certainly would never ask, but whoever it was, he should have known better. Damn it, when you want a project kept secret, you *don't* give it a designation like that! You give it something neutral, some name like the Manhattan and Overlord they used in World War II, which won't excite anybody's curiosity.

But we were stuck with Project Hush and we had to take extra measures to ensure secrecy. A couple of times a week, everyone on the project had to report to Psycho for DD & HA – dream detailing and hypoanalysis – instead of the usual monthly visit. Naturally, the commanding general of the heavily fortified research post to which we were attached could not ask what we were doing, under penalty of court-martial, but he had to be given further instructions to shut off his imagination like a faucet every time he heard an explosion. Some idiot in Washington was actually going to list Project Hush in the military budget by name! It took fast action, I can tell you, to have it entered under Miscellaneous "X" Research.

Well, we'd covered the unforgivable blunder, though not easily, and now we could get down to the real business of the project. You know, of course, about the A-bomb, H-bomb, and C-bomb because information that they existed had been declassified. You don't know about the other weapons being devised – and neither did we, reasonably enough, since they weren't our business – but we had been given properly guarded notification that they were in the works. Project Hush was set up to counter the new weapons.

Our goal was not just to reach the Moon. We had done that on June 24, 1967 with an unmanned ship that carried instruments to report back data on soil, temperature, cosmic rays and so on. Unfortunately, it was put out of commission by a rock slide.

An unmanned rocket would be useless against the new weapons. We had to get to the Moon before any other country did and set up a permanent station – an armed one – and do it without anybody else knowing about it.

19

I guess you see now why we on (*damn* the name!) Project Hush were so concerned about security. But we felt pretty sure, before we took off, that we had plugged every possible leak.

We had, all right. Nobody even knew we had raised ship.

We landed at the northern tip of Mare Nubium, just off Regiomontanus, and, after planting a flag with appropriate throat-catching ceremony, had swung into the realities of the tasks we had practiced on so many dry runs back on Earth.

Major Monroe Gridley prepared the big rocket, with its tiny cubicle of living space, for the return journey to Earth which he alone would make.

Lieutenant-colonel Thomas Hawthorne painstakingly examined our provisions and portable quarters for any damage that might have been incurred in landing.

And I, Colonel Benjamin Rice, first commanding officer of Army Base No. 1 on the Moon, dragged crate after enormous crate out of the ship on my aching academic back and piled them in the spot two hundred feet away where the plastic dome would be built.

We all finished at just about the same time, as per schedule, and went into Phase Two.

Monroe and I started work on building the dome. It was a simple prefab affair, but big enough to require an awful lot of assembling. Then, after it was built, we faced the real problem – getting all the complex internal machinery in place and in operating order.

Meanwhile, Tom Hawthorne took his plump self off in the single-seater rocket which, up to then, had doubled as a lifeboat.

The schedule called for him to make a rough three-hour scouting survey in an ever-widening spiral from our dome. This had been regarded as a probable waste of time, rocket fuel, and manpower – but a necessary precaution. He was supposed to watch for such things as bug-eyed monsters out for a stroll on the Lunar landscape. Basically, however, Tom's survey was intended to supply extra geological and astronomical meat for the report which Monroe was to carry back to Army Headquarters on Earth.

Tom was back in forty minutes. His round face, inside its transparent bubble helmet, was fish-belly white. And so were ours, once he told us what he'd seen.

He had seen another dome.

"The other side of Mare Nubium – in the Riphaen Mountains", he babbled excitedly. "It's a little bigger than ours, and it's a little flatter on top. And it's not translucent, either, with splotches of different colors here and there – it's a dull, dark, heavy gray. But that's all there is to see."

"No markings on the dome?" I asked worriedly. "No signs of anyone – or anything – around it?"

"Neither, Colonel." I noticed he was calling me by my rank for the first time since the trip started, which meant he was saying in effect, "Man, have *you* got a decision to make!"

"Hey, Tom," Monroe put in. "Couldn't be just a regularly shaped bump in the ground, could it?"

"I'm a geologist, Monroe. I can distinguish artificial from natural topography. Besides –" he looked up – "I just remembered something I left out. There's a brand-new tiny crater near the dome – the kind usually left by a rocket exhaust."

"Rocket exhaust?" I seized on that. "*Rockets*, eh?"

Tom grinned a little sympathetically. "Spaceship exhaust, I should have said. You can't tell from the crater what kind of propulsive device these characters are using. It's not the same kind of crater our rear-jets leave, if that helps any."

Of course it didn't. So we went into our ship and had a council of war. And I do mean war. Both Tom and Monroe were calling me Colonel in every other sentence. I used their first names every chance I got.

Still, no one but me could reach a decision. About what to do, I mean.

"Look", I said at last, "here are the possibilities. They know we are here – either from watching us land a couple of hours ago or from observing Tom's scoutship – or they do not know we are here. They are either humans from Earth – in which case they are in all probability enemy nationals – or they are alien creatures from another planet – in which case they may be friends, enemies or what-have-you. I think common sense and standard military procedure demand that we consider them hostile until we have evidence to the contrary. Meanwhile, we proceed with extreme caution, so as not to precipitate an interplanetary war with potentially friendly Martians, or whatever they are.

"All right. It's vitally important that Army Headquarters be informed of this immediately. But since Moon-to-Earth radio is still on the drawing boards, the only way we can get through is to send Monroe back with the ship. If we do, we run the risk of having our garrison force, Tom and me, captured while he's making the return trip. In that case, their side winds up in possession of important information concerning our personnel and equipment, while our side has only the bare knowledge that somebody or something else has a base on the Moon. So our primary need is more information.

"Therefore, I suggest that I sit in the dome on one end of a telephone hookup with Tom, who will sit in the ship, his hand over the firing button, ready to blast off for Earth the moment he gets the order from me. Monroe will take the single-seater down to the Riphaen Mountains, landing as close to the other dome as he thinks safe. He will then proceed the rest of the way on foot, doing the best scouting job he can in a spacesuit.

"He will not use his radio, except for agreed-upon nonsense syllables to designate landing the single-seater, coming upon the dome by foot, and warning me to tell Tom to take off. If he's captured, remembering that the first purpose of a scout is acquiring and transmitting knowledge of the enemy, he will snap his suit radio on full volume and pass on as much data as time and the enemy's reflexes permit. How does that sound to you?"

They both nodded. As far as they were concerned, the command decision had been made. But I was sitting under two inches of sweat.

"One question", Tom said. "Why did you pick Monroe for the scout?"

"I was afraid you'd ask that", I told him. "We're three extremely unathletic Ph.D's who have been in the Army since we finished our schooling. There isn't too much choice. But I remembered that Monroe is half Indian – Arapahoe, isn't it, Monroe? – and I'm hoping blood will tell."

"Only trouble, Colonel," Monroe said slowly as he rose, "is that I'm one-*fourth* Indian and even that ... Didn't I ever tell you that my great-grandfather was the only Arapahoe scout who was with Custer at the Little Big Horn? He'd been positive Sitting Bull was miles away. However, I'll do my best. And if I heroically don't come back, would you please persuade the Security Officer of our section to clear my name for use in the history books? Under the circumstances, I think it's the least he could do."

I promised to do my best, of course.

After he took off, I sat in the dome over the telephone connection to Tom and hated myself for picking Monroe to do the job. But I'd have hated myself just as much for picking Tom. And if anything happened and I had to tell Tom to blast off, I'd probably be sitting here in the dome all by myself after that, waiting ...

"Broz neggle!" came over the radio in Monroe's resonant voice. He had landed the single-seater.

I didn't dare use the telephone to chat with Tom in the ship, for fear I might miss an important word or phrase from our scout. So I sat and sat and strained my ears. After a while, I heard *"Mishgashu!"* which told me that Monroe was in the neighborhood of the other dome and was creeping toward it under cover of whatever boulders were around.

And then, abruptly, I heard Monroe yell my name and there was a terrific clattering in my headphones. Radio interference! He'd been caught, and whoever had caught him had simultaneously jammed his suit transmitter with a larger transmitter from the alien dome.

Then there was silence.

After a while, I told Tom what had happened. He just said, "Poor Monroe." I had a good idea of what his expression was like.

"Look, Tom", I said, "if you take off now, you still won't have anything important to tell. After capturing Monroe, whatever's in that other dome will come looking for us, I think. I'll let them get close enough for us to learn something of their appearance – at least if they're human or non-human. Any bit of information about them is important. I'll shout it up to you and you'll still be able to take off in plenty of time. All right?"

"You're the boss, Colonel", he said in a mournful voice. "Lots of luck."

And then there was nothing to do but wait. There was no oxygen system in the dome yet, so I had to squeeze up a sandwich from the food compartment in my suit. I sat there, thinking about the expedition. Nine years, and all that careful secrecy, all that expenditure of money and mind-cracking research – and it had come to this. Waiting to be wiped out, in a blast from some unimaginable weapon. I understood Monroe's last request. We often felt we were so secret that our immediate superiors didn't even want *us* to know what we were working on. Scientists are people – they wish for recognition, too. I was hoping the whole expedition would be written up in the history books, but it looked unpromising.

Two hours later, the scout ship landed near the dome. The lock opened and, from where I stood in the open door of our dome, I saw Monroe come out and walk toward me.

I alerted Tom and told him to listen carefully. "It may be a trick – he might be drugged. ..."

He didn't act drugged, though – not exactly. He pushed his way past me and sat down on a box to one side of the dome. He put his booted feet up on another, smaller box.

"How are you, Ben?" he asked. "How's every little thing?"

I grunted. *"Well?"* I know my voice skittered a bit.

He pretended puzzlement. "Well *what?* Oh, I see what you mean. The other dome – you want to know who's in it. You have a right to be curious, Ben. Certainly. The leader of a top-secret expedition like this – Project Hush they call us, huh, Ben – finds another dome on the Moon. He thinks he's been the first to land on it, so naturally he wants to –"

"Major Monroe Gridley!" I rapped out. "You will come to attention and deliver your report. Now!" Honestly, I felt my neck swelling up inside my helmet.

Monroe just leaned back against the side of the dome. "That's the *Army* way of doing things", he commented admiringly. "Like the recruits say, there's a right way, a wrong way and an Army way. Only there are other ways, too." He chuckled. "Lots of other ways."

"He's off", I heard Tom whisper over the telephone. "Ben, Monroe has gone and blown his stack."

"They aren't extraterrestrials in the other dome, Ben", Monroe volunteered in a sudden burst of sanity. "No, they're human, all right, and from Earth. Guess, *where.*"

"I'll kill you", I warned him. "I swear I'll kill you, Monroe. Where are they from – Russia, China, Argentina?"

He grimaced. "What's so secret about those places? Go on! – guess again."

I stared at him long and hard. "The only place else –"

"Sure", he said. "You got it, Colonel. The other dome is owned and operated by the Navy. The goddam United States Navy!"

Bruno Schleußner, Stuttgart

Interpretation von Will Stantons "Barney"

Will Stanton

Barney

August 30th. We are alone on the island now, Barney and I. It was something of a jolt to have to sack Tayloe after all these years, but I had no alternative. The petty vandalisms I could have forgiven, but when he tried to poison Barney out

5 of simple malice, he was standing in the way of scientific progress. That I cannot condone.

I can only believe the attempt was made while under the influence of alcohol, it was so clumsy. The poison container was overturned and a trail of powder led to Barney's dish.

10 Tayloe's defense was of the flimsiest. He denied it. Who else then?

September 2nd. I am taking a calmer view of the Tayloe affair. The monastic life here must have become too much for him. That, and the abandonment of his precious guinea pigs.

15 He insisted to the last that they were better suited than Barney to my experiments. They were more his speed, I'm afraid. He was an earnest and willing worker, but something of a clod, poor fellow.

At last I have complete freedom to carry on my work

20 without the mute reproaches of Tayloe. I can only ascribe his violent antagonism toward Barney to jealousy. And now that he has gone, how much happier Barney appears to be! I have given him complete run of the place, and what sport it is to observe how his newly awakened intellectual curios-

25 ity carries him about. After only two weeks of glutamic acid treatments, he has become interested in my library, dragging the books from the shelves, and going over them page by page. I am certain he knows there is some knowledge to be gained from them had he but the key.

30 *September 8th.* For the past two days I have had to keep Barney confined and how he hates it. I am afraid that when my experiments are completed I shall have to do away with Barney. Ridiculous as it may sound there is still the possibility that he might be able to communicate his intelligence to others
35 of his kind. However small the chance may be, the risk is too great to ignore. Fortunately there is, in the basement, a vault built with the idea of keeping vermin out and it will serve equally well to keep Barney in.

September 9th. Apparently I have spoken too soon. This
40 morning I let him out to frisk around a bit before commencing a new series of tests. After a quick survey of the room he returned to his cage, sprang up on the door handle, removed the key with his teeth, and before I could stop him, he was out the window. By the time I reached the yard I spied him
45 on the coping of the well, and I arrived on the spot only in time to hear the key splash into the water below.

I own I am somewhat embarrassed. It is the only key. The door is locked. Some valuable papers are in separate compartments inside the vault. Fortunately, although the well is
50 over forty feet deep, there are only a few feet of water in the bottom, so the retrieving of the key does not present an insurmountable obstacle. But I must admit Barney has won the first round.

September 10th. I have had a rather shaking experience,
55 and once more in a minor clash with Barney I have come off second best. In this instance I will admit he played the hero's role and may even have saved my life.

In order to facilitate my descent into the well I knotted a length of three-quarter-inch rope at one-foot intervals to
60 make a rude ladder. I reached the bottom easily enough, but after only a few minutes of groping for the key, my flashlight gave out and I returned to the surface. A few feet from the top I heard excited squeaks from Barney, and upon obtaining ground level I observed that the rope was almost com-
65 pletely severed. Apparently it had chafed against the edge of the masonry and the little fellow perceiving my plight had been doing his utmost to warn me.

I have now replaced that section of rope and arranged

70 some old sacking beneath it to prevent a recurrence of the
accident. I have replenished the batteries in my flashlight and
am now prepared for the final descent. These few moments
I have taken off to give myself a breathing spell and to bring
my journal up to date. Perhaps I should fix myself a sandwich as I may be down there longer than seems likely at the
75 moment.

September 11th. Poor Barney is dead an soon I shell be
the same. He was a wonderful ratt and life without him is
knot worth livving. If anybody reeds this please do not disturb anything on the island but leeve it like it is as a shryn to
80 Barney, espechilly the old well. Do not look for my body as
I will caste myself into the see. You mite bring a couple of
young ratts an leeve them as a living memorial to Barney.
Females – no males. I sprayned my wrist is why this is written
so bad. This is my laste will. Do what I say an don't come
85 back or disturb anything after you bring the young ratts like
I said. Just females.

Goodby

Diese Geschichte steht in einer Sammlung amerikanischer SF-Kurzgeschichten[1]
und ist auch dort eine der kürzesten. Daß sie als SF-Geschichte anzuspre-
chen ist, liegt nicht allein daran, daß sie neben vielen anderen solchen Geschichten steht; auch nicht allein daran, daß in ihr von wissenschaftlichen
Experimenten die Rede ist und daß der Sachverhalt deutlich als fiktiv erkennbar ist. Beides wären zu vordergründige Erklärungen. Bei genauerem
Hinsehen und nach sorgfältiger Analyse gehört sie deshalb zur SF, weil
sie einen Sachverhalt darstellt, der nach dem Wissensstand zur Zeit der
Abfassung der Geschichte – 1951 –, aber auch zur Zeit der Abfassung dieses
Beitrages und vermutlich auch noch sehr lange Zeit danach zwar nicht unmöglich, aber doch ziemlich unwahrscheinlich ist und keine Entsprechung
in der Realität hat.

Damit haben wir bereits einen Punkt berührt, wo sich SF-Texte von anderer
Literatur unterscheiden: SF verlangt vom Leser ein sehr weitgehendes Akzeptieren von schwer Glaubhaftem. Eine Vielzahl von SF-Texten behandelt
ja tatsächlich in der Zukunft liegende Sachverhalte, also solche, die an der
Erfahrung nicht nur nicht gemessen werden sollen, sondern auch nicht gemessen werden k ö n n e n. Das Kriterium des wenigstens theoretisch noch
möglichen Rekurses auf die Erfahrung, auf die historische Realität, entfällt
für sie jedoch prinzipiell.[2] Damit eröffnet sich der weite Bereich des „nur

noch" Denkbaren, Vorstellbaren als angemessenes Beschäftigungsfeld für die SF. Ihre Texte sind deshalb viel offener für eine spekulative Beschäftigung mit Fragestellungen aller Art. Diese Tatsache hat sich im Verlauf der Konstituierung von SF als eigenem Bereich literarischer Produktion zu einer Grundregel dieser Literatursparte entwickelt: In SF muß man mehr als gegeben akzeptieren können als in anderen Zweigen der Literatur, die Phantastik ausgenommen. Man muß sich darauf einstellen, auf ungewohnten Wegen und mit ungewohnten Prämissen zu denken.

Wo diese Grundtatsachen nicht beachtet werden, geht das Verständnis häufig in die Irre. Leser und Interpret stehen dann vor einem Scherbenhaufen unverbundener Fragen und ungelöster Widersprüche und kommen nicht selten zu der Schlußfolgerung, daß SF „dummes Zeug" für Jugendliche und literarisch unterentwickelte Gemüter sei.

Diese Mißverständnisse scheinen seltener bei den Langformen der SF wie Roman, Saga, auch noch der *novella*, vorzukommen; dort wird meist soviel Hintergrund, Vorgeschichte geliefert, häufig sogar „historische" Zusammenfassungen oder Überblicke[3], daß die intendierten Zusammenhänge klar und die Verletzungen der „normalen" Plausibilität akzeptabel werden und der Leser Gelegenheit zur Orientierung findet.

In einer Short Story mit ihren begrenzteren Zielen und eingeschränktem Raum ist eine Exposition kaum möglich, zumal nicht in der modernen, weitaus kürzeren, besonders im amerikanischen Sprachbereich verbreiteten Form.[4] Es ist daher gar kein Zufall, daß SF-Short Stories dem unkundigen Leser größere Widerstände entgegensetzen als SF-Romane. Andererseits benutzen viele Leser die Short Story als Eingang zur SF im Sinne einer Kostprobe und sind dann, unter den besonderen Bedingungen der Gattung, enttäuscht und fühlen sich als gebrannte Kinder.

Es steht daher zu erwarten, daß die Schwierigkeiten sich potenzieren, wo die Kurzgeschichte noch einmal gestrafft und auf allernotwendigste Elemente reduziert wird wie in der *Very Short Story* (VSS), wie sie oben abgedruckt ist. "Barney" ist insofern ein besonders gutes Beispiel, weil sie von uns mehrmals und auf unterschiedlichen Stufen im Literatur- und Englisch-Unterricht der gymnasialen Oberstufe und der Universität eingesetzt wurde und dabei mit allen Möglichkeiten des Mißverständnisses, die dabei überhaupt auftreten können, gelesen wurde.

Aufgrund der dort gewonnenen Erfahrungen sollen die folgenden Erörterungen vor allem die Komponenten der Geschichte berücksichtigen, die als charakteristisch für die VSS wie auch als besonders bezeichnend für SF anzusehen sind, die Komponenten also, die gattungs- und thementypisch sind.

Hier sind Mechanismen zum Aufbau von Plausibilität und Authentizität im Funktionszusammenhang der Geschichte sowie Mittel gemeint, aus denen sich zunächst die Bedeutung, dann ein Bedeutungswandel ergibt, also vor allem die strukturellen Wirkelemente unter Einbeziehung des Lesers, insbesondere die Instrumente zur Leserlenkung.

Vordergründig (und irreführenderweise) ist diese Geschichte nichts anderes als ein Tagebuchauszug über die letzten Tage im Leben eines Mannes, der sich mit Forschungen auf dem Gebiet der biochemischen Intelligenzsteigerung befaßt hat. Das Tagebuch gibt scheinbare Banalitäten wieder: Kündigung eines Mitarbeiters, Fortschritte bei den Experimenten, in denen 'Barney', offenbar ein Versuchstier, deutliche Zeichen gesteigerter Intelligenz aufweist, und schließlich Schwierigkeiten, die sich aus der erwachenden geistigen Potenz ergeben; schließlich im letzten Eintrag der Entschluß – abrupt und unmotiviert –, Selbstmord zu begehen.

Wer die Geschichte so liest und sie so beläßt, der hat den Fehler begangen, sie wie konventionelle Prosa zu behandeln, wo die Worte und die Situationen, aus denen sie besteht, eine relativ widerspruchslose Einheit bilden. In der VSS sind alle Elemente viel stärker aufeinander bezogen, und erst die Erschließung dieser Bezüge auf der Seite des Lesers macht die Geschichte verständlich und logisch. Bezug aufeinander heißt dann aber: Spannung aus scheinbaren Widersprüchen und Ungereimtheiten, die erst erklärt sein müssen, bevor die Geschichte als solche funktionieren kann.

Die stärkste Spannung besteht wohl zwischen dem berichteten Geschehen vom 30. August bis 10. September auf der einen, und der letzten Eintragung vom 11. September auf der anderen Seite. Zunächst ergibt sich eine von zunehmenden Schwierigkeiten und Problemen bestimmte Situation, die aber doch eindeutig als logische Entwicklung akzeptiert werden kann. Der Zusammenhang besteht sowohl in den berichteten Vorgängen (Intelligenzsteigerung), wie auch in der Art der Darstellung einer statischen, zeitlosen Situation ("We are alone on the island now, Barney and I." 1[5]) bis hin zu spannungsgeladener, detaillierter Aktion mit Zukunftsrichtung ("... and am now prepared for the final descent." 70-71), die ohne Abschluß abbricht.

Es ist ganz deutlich, daß die Eintragung vom 11. September einen Geschehenssprung und eine andere Redeweise darstellt. In der Eintragung vom 10. September erscheint Barney noch als Held und Retter des Tagebuchschreibers – am 11. September ist Barney tot, und sein Experimentator schickt sich an, deshalb aus dem Leben zu scheiden und gibt das in einem Abschiedsbrief kund. Von den äußeren Vorgängen, die zum Tode Barneys führten, von den inneren, die zur Selbstmordabsicht des Schreibers führten, erfahren wir nichts.

Tagebuchaufzeichnungen haben einen privaten Charakter; sie sind als Erinnerungshilfen für den Verfasser desselben zu verstehen und haben, wenn ein Dritter sie liest, gerade wegen ihres privaten Charakters einen sehr hohen Grad an Glaubwürdigkeit – im Tagebuch ist man auch sich selbst gegenüber ehrlich. Dem Seriencharakter der vielen Eintragungen steht zudem die Einmaligkeit des Abschiedsbriefes gegenüber. Seine gleichartige Datierung verwischt diesen Unterschied soweit, daß ein Bewußtwerden der andersartigen Darstellungsweise unterdrückt wird, ohne doch den Appellcharakter des Briefes mit Bitten und Befehlen ("… please do not disturb anything …" 78–79; "Do what I say an don't come back …" 84–85) unterdrücken zu können. Ein Brief hat aber *a priori* einen viel geringeren Grad an Glaubwürdigkeit allein dadurch, daß Verfasser und Adressat nicht identisch sind wie im Tagebuch. Auf die sich daraus ergebenden Folgen für den Leser werden wir noch eingehen.

Unter der Annahme einer den Regeln konventioneller Prosa folgenden Erzählung ist mithin der Leser gehalten, die Lücke vor der letzten Eintragung zu schließen. Da diese aber dem Verständnis nicht nur die genannten Hemmnisse entgegensetzt, sondern weitere, auf die w.u. eingegangen wird (Besonderheiten in Orthographie, Diktion, Themenwiederholung, Stil), kann der Leser das eigentlich nur tun, wenn er im Tagebuchschreiber einen Bruch in geistiger, psychischer oder physischer Hinsicht und völligen Umbruch in allen Bereichen annimmt, deren Reflex dann das Tagebuch samt Abschiedsbrief wäre. Unter diesen Umständen ist die plausible Annahme die einer plötzlich ausgebrochenen seelischen Erkrankung. Das ist eine glaubhafte Erklärung, weil nichts in ihr menschlicher Erfahrung widerspricht. Jedenfalls ist sie leichter zu akzeptieren als eine Erklärung, die mit außerirdischen Wesen, unbekannten geistigen Kräften, beseelten Robotern oder intelligenten und sprachbegabten Tieren (um nur einige der Versatzstücke der SF zu nennen) argumentieren müßte.[6]

Allerdings ist die Erklärung mit psychischem Zusammenbruch noch immer hochgradig unbefriedigend. Sie klammert die erwähnten Schwierigkeiten und Ungereimtheiten weitgehend nur aus. Die Erklärung selbst mag plausibel sein, insofern die Erfahrung nachweisen kann, daß es solche seelischen Zusammenbrüche in der Lebenswirklichkeit tatsächlich gibt; ihr großer Nachteil ist, daß nichts sonst im Text den Leser auf einen solchen Sachverhalt vorbereitet oder einstellt. Das aber ist ein Argument, das auch der SF-ungeübte Leser versteht, der die Grundkonvention der herkömmlichen Literatur kennt oder ihr doch automatisch gehorcht, nach der keine Handlung ohne Motivation oder ohne aus dargestellten Informationen ableitbare Motivation sein kann und nach der ein literarischer Text, wenn er denn je wert war, aufgeschrieben zu werden, einen Sinn hat und Bedeutung trägt[7], die auch dem Durchschnittsleser erschließbar ist.

Die notwendige Schlußfolgerung, die man aus dem Gesagten ziehen muß, lautet dann: Der Leser muß also seinem Text viel mißtrauischer begegnen, er muß ihn kritischer, wacher lesen. Ebenso offenbar scheint zu sein, daß dem Text Informationen zu entnehmen und unmittelbar zu verwerten sind, die normalerweise, d.h. in herkömmlichen Texten, entweder gar nicht oder nur subliminal oder allenfalls in einer nachfolgenden Analyse, als Ertrag einer Gesamtdeutung oder einer abschließenden Besinnung auf die Lektüre, verwertet werden. Der Aufbau von Informationen geht noch weiter: Es werden Sachverhalte, die dem angenommenen Leser aus dessen Lebenswirklichkeit vertraut sein müssen, mit Gegebenheiten in der Geschichte so kombiniert, daß daraus ein Drittes, Neues entsteht. Häufig sind damit atmosphärische Bedeutungen erzielbar wie Ironie oder Beunruhigung, aber es lassen sich damit auch sehr komplexe Situationen verkürzt und dennoch prägnant darstellen wie in unserer Geschichte, wo mit der Erwähnung der Glutaminsäure (für die in den fünfziger Jahren als intelligenzsteigernde Substanz für Schulkinder Reklame gemacht wurde) und nun in Verbindung mit einer zu Intelligenz gekommenen Ratte die Situation in eine neue Größenordnung gehoben wird. Mit wenigen Worten ist eine neue Situation mit neuen Möglichkeiten aufgebaut. Hier ist es die Möglichkeit, daß Barney, die Ratte, sowohl für den Tagebuchschreiber mit zunehmender Intelligenz ausgerüstet ist, als auch für den Leser in ihren über den Tagebuchschreiber vermittelten Leistungen deutlich als mit Intelligenz begabt erscheint. Dieses ist in der vorliegenden Geschichte die einzige wirkliche SF-Komponente, mithin und nach dem oben Gesagten auch das Element, das zu akzeptieren vielen Lesern schwer fällt. (In Seminaren wurde dieser „unglaubwürdige" Umstand als Grund genannt, warum man nach anderen, wahrscheinlicheren, aber völlig unfundierten Lösungen suchte.) Aber nur mit dieser Annahme, mit "... that willing suspension of disbelief for the moment, which constitutes poetic faith"[8] wird eine Position möglich, die dem Leser ein notwendiges Weiterdenken erlaubt und ihn damit über die Frustration einer unverständlichen Lektüre hinweghebt.

Bevor nun die Analyse der Geschichte im Zusammenhang unternommen wird, seien die Unstimmigkeiten, die in dieser wie in vielen VSSs wesentliche Komponenten sind, noch einmal in Erinnerung gerufen: Mit Barney, dem Kosenamen für einen Menschen, wird – ohne daß das sogleich klar wird – ein männliches Versuchstier benannt. Der Tagebuchschreiber zeigt eine herablassende Haltung gegenüber Barney, die im Widerspruch steht zu dem, was er über ihn berichten muß ("But I must admit Barney has won the first round." 52–53). Eine erzähltechnische Ungereimtheit scheint die Er-

wähnung des Assistenten Tayloe zu sein; in einer auf Erzählökonomie angelegten VSS scheint seine Einführung überflüssig. Eine weitere, wenngleich
nicht sofort ins Auge springende Unstimmigkeit besteht zwischen der Figur
des tagebuchführenden Forschers mit seinem Anspruch auf Objektivität und
Exaktheit der Beobachtung und seinem altväterlichen, unwissenschaftlichen
Stil ("out of simple malice" 5; "I cannot condone" 6; "something of a clod,
poor fellow" 17–18).

Die Analyse der Geschichte setzt, wie wir sagten, mit Notwendigkeit voraus,
daß der Leser die Intelligenz der Ratte Barney akzeptiere, da nur von dort-
her weitergedacht werden könne. Das Weiterdenken besteht nun eigentlich nur
darin, die Intelligenz der Ratte vergleichbar der eines Menschen zu denken
und sie sogar als der des Menschen überlegen anzunehmen. Erst mit dieser
Annahme, die ja von der Ausgangssituation (Test auf Steigerung der Intelligenz) ohnehin nahegelegt wird, zeigt sich, daß alle Widersprüche und
Unstimmigkeiten sich alsbald auflösen.

Die Hauptschwierigkeit lag in der Unvereinbarkeit der letzten Tagebucheintragung, des Abschiedsbriefes, mit dem übrigen Tagebuchtext. Sie ver-
schwindet schnell, sowie die Konsequenzen aus der Annahme vorhandener
Intelligenz in der Ratte gezogen werden. Dann hat der Forscher bei seinem
zweiten Abstieg in den Brunnen auf der Suche nach dem Tresorschlüssel
nie mehr das Tageslicht erblickt, sondern ist im Brunnen verhungert, weil
Barney die Strickleiter, die er beim ersten Abstieg des Wissenschaftlers
nicht ganz durchnagen konnte, nun völlig durchgetrennt hat. Dann ist auch
völlig einleuchtend (und erklärt alle Merkwürdigkeiten der letzten Eintragung),
daß die Notiz vom 11. September von Barney geschrieben wurde und den Versuch darstellt, von der eigentlichen Sachlage abzulenken. Gleichzeitig bekommt
der Leser auch eine viel bedeutungsvollere Information der Geschichte, als
es der Mord ist: Barney ist im Begriff, seinen Einzelfall zu einem Welt-
phänomen zu machen, wenn er seine Intelligenz durch junge weibliche
Ratten an zukünftige Generationen vererben kann. (Diese Möglichkeit ist im
Tagebuch des Wissenschaftlers selbst angedeutet; vgl. 33–36. Der skeptische
Leser überprüfe die für ihn unglaubliche Behauptung an den nun in der
Geschichte sichtbar werdenden Bestätigungen für diese These – Giftspur zu
Barneys Futternapf, um Tayloe zu eliminieren, Barneys Lesewut in der
Bibliothek, sein Mitlesen des Tagebuches, durch das er den Forscher aus-
manövrieren und antizipieren kann – am besten sogleich noch einmal am Text,
damit mögliche Widerstände gegen die folgende Argumentation gar nicht erst
entstehen!)

Mit dieser „unglaublichen" Erklärung entfallen alle Schwierigkeiten, die in der
letzten Eintragung liegen. Auch die Sichtweise des Forschers erscheint nun

in einer neuen Funktion: Nur indem er Barney so unterschätzt, wird es diesem möglich, seinen Mordplan auszuführen, und die aus dem Stil der Eintragungen ablesbare unwissenschaftliche, gefühlsbetonte Haltung eines ältlichen Menschen, der nicht in der Lage ist, moderne Möglichkeiten mit den modernen Methoden der Wissenschaft auszuschöpfen und zu kontrollieren, ist ein Teil dieses Unvermögens, Barney richtig einzuschätzen. Die Argumentation von der Erzählökonomie her, die die Erwähnung des Assistenten Tayloe als funktionslos bewertete, muß nun ebenfalls zurückgenommen werden, denn im Lichte der neuen Annahme von Barneys ebenbürtiger Intelligenz zeigt sich nun, daß diese Intelligenz besonders eindrücklich vermittelt werden kann, wenn sich ergibt, daß dieser schon von Anfang an langfristig geplant und intrigiert hat. Tayloe als kritischer Mann, der wohl schon Verdacht geschöpft hatte, ist also von der Erzählstrategie her notwendig als erstes Opfer der Intrige Barneys, durch die er das menschliche Übergewicht auf der Insel zu seinen Gunsten verändert. Durch die Eliminierung Tayloes gleich zu Anfang des Textes ist dann wiederum auf der Ebene der Darstellung die Reduktion der Geschichte auf ihre elementaren Bestandteile möglich, auf die VSSs angewiesen sind.

Damit sind die wichtigsten Dissonanzen des Textes erklärt und in die Deutung einbezogen worden. Es zeigt sich aber auch hier wieder einmal die Zeitzünderfunktion dieser Geschichte, die von der in der letzten Eintragung steckenden 'punch line' ausgeht[9] und es dem Leser jetzt und ausschließlich erst jetzt ermöglicht, die Fehlurteile des Tagebuchschreibers als tragische Ironie zu begreifen. Das beginnt mit dem arroganten Urteil über Tayloes Meerschweinchen ("… they were more his speed, …" 16), geht weiter mit dem Nachruf auf den lebenden und nun gefeuerten Tayloe ("He was an earnest and willing worker, …" 17), der seinerseits im ironischen Kontrast zu dem fingierten Nachruf auf den noch lebenden Barney steht ("Poor Barney is dead an soon I shell be the same. He was a wonderful ratt …" 76-77), der ja anstelle eines Nachrufes auf den wirklich toten, weil ermordeten Forscher steht, häuft sich mit den falschen Annahmen über Barneys Fähigkeiten ("I'm certain he knows there is some knowledge to be gained from them had he but the key." 28-29) – Barney kann aber lesen und sogar schreiben, wie die letzte Tagebucheintragung beweist – und endet mit falschen Annahmen über Barneys Intentionen ("In this instance I will admit he played the hero's part and may even have saved my life. … Apparently it [the rope] had chafed against the edge of the masonry and the little fellow perceiving my plight had been doing his utmost to warn me." 56-67). Die aufgeregten Quieklaute, die der Forscher für Warnrufe gehalten hat, sind aber vielmehr Wutäußerungen Barneys, der feststellen muß, daß er die Strickleiter nicht rechtzeitig hat durchnagen können.)

Tragische Ironie spricht endlich auch aus Formulierungen wie "I am now prepared for the final descent. ... Perhaps I should fix myself a sandwich as I may be down there longer than seems likely at the moment." (71-75). Nur der Leser, der den Schluß kennt, kann die unfreiwillige, unbewußte Ironie dieser Aussage schätzen.

Wenn man nun die bisher gewonnenen Erkenntnisse zusammenfassend betrachtet, so kann man feststellen, daß die Geschichte von der Gefahr handelt, die eine neue, nichtmenschliche Intelligenz für den Menschen, der sie schuf, darstellt; es ist das gleiche Motiv, hier in die SF transponiert, das wir auch im „Zauberlehrling" finden. Im Grunde ist es die Warnung vor unkritischem Fortschritt und vor unkontrollierter Neugier, besonders in den Wissenschaften. Es berührt sich, gerade in der futuristischen Einkleidung, mit allen jenen Geschichten, welche den Primat des Menschen in Frage stellen und damit unsere Weltsicht und unser Selbstverständnis anzweifeln, wie das auch in Geschichten über die Machtübernahme durch Roboter oder Wesen von anderen Himmelskörpern der Fall ist.[10] Das menschliche Selbstverständnis wird, in der Konfrontation mit einer Ratte, vorübergehend erschüttert und relativiert.[11] Wie so viele SF-Texte kann auch "Barney" den Leser dazu bringen, automatische Annahmen neu zu durchdenken und dadurch vielleicht zu revidieren. Die Wirksamkeit der schockierenden Neubewertung liegt hier wohl vor allem in dem anfänglich wohldefinierten Verhältnis von Forscher zu Versuchstier und auch dem Größenverhältnis der beiden Kontrahenten, das vom Leser automatisch akzeptiert werden kann und aus dessen Annahmen sich der „Verfremdungsschock" des Endes ergibt, wenn die Verhältnisse auf den Kopf gestellt werden müssen. Daß "Barney" damit aber in seiner Bedeutung noch nicht ausgeschöpft ist, soll nun dargelegt werden.

Natürlich erscheinen Wissenschaft, Forschung, besonders Biochemie zunächst als fragwürdig, zumal sich der Hauptvertreter dieses Gebietes, der Tagebuchschreiber, als dem intelligenten Tier unterlegen erweist. Aber in der Geschichte gibt es eben nicht nur einen Vertreter der Menschheit, sondern mit dem Leser der Geschichte einen zweiten. Daß er der wichtigere ist, wird daran deutlich, daß ihm das Erkennen des mit der Geschichte aufgegebenen Rätsels und vor allem seine Auflösung zugemutet wird. Die Auflösung aber erweist den Leser als dem Tagebuchschreiber überlegen, da er dessen Einschätzungen bald zu mißtrauen und Barney im Verlauf der Lektüre zu verdächtigen beginnt oder spätestens mit der letzten Eintragung erkennt, daß diese von der Ratte stammt. Diese Überlegenheit des Lesers Barney gegenüber ist die entscheidende. Sie ergibt sich aus der Kritik auf verschiedenen Ebenen an der letzten Eintragung, dem Abschiedsbrief. Erstes Signal ist die Orthographie. Sie ist so massiv nicht in Ordnung und so offenkundig, daß man gezwungen ist, dazu Hypothesen zu bilden. Eine wäre dann: Die Eintragung ist von einem in Lese-Schreib-Techniken noch sehr unsicheren Barney. Gestützt würde sie durch den Umstand, daß Barney offenkundig intelligent geworden ist und nach Beobachtung des Forschers an Büchern hantierte (25-29). Diese Hypothese wird weiter erhärtet, wenn man nun Inhalt und Argumentation der letzten Eintragung hinzuzieht. Nur aus der Sicht einer Ratte ist die Meinung nicht absurd: "He was a wonderful ratt and life without him is knot worth livving." (77-78). Nur wenn Barney den Wissenschaftler im Brunnen hat umkommen lassen, ist die Bitte sinnvoll, daß man besonders den alten Brunnen in Ruhe lassen und nicht nach der Leiche suchen solle. Nur aus der Interessenlage einer männlichen Ratte wird der – zweimal innerhalb dieser letzten Eintragung vorgebrachte – Wunsch nach jungen weiblichen Ratten verständlich. (Das Problem der Vererbung der Intelligenz von Barney wird schon vom Forscher angesprochen (33-36).) Ob der Schreiber seine schlechte Schrift oder seine fehlerhafte Schreibung mit dem verstauchten Handgelenk erklärt, ist nicht zweifelsfrei auszumachen, ist aber auch relativ belanglos, da er im ersten Fall seine fehlerhafte Orthographie nicht bemerkt hätte und im zweiten Fall eine völlig unsinnige Erklärung abgegeben hätte.

Daß der Wechsel der Darstellungsart äußerst wichtig ist, wurde w. o. schon bemerkt. Hier läßt sich nun sagen, daß dieser Wechsel ein äußerst subtiles, aber auch sehr wirksames Mittel der Leserlenkung darstellt. Während die bisher angeführten Gedankengänge zur Stützung der Hypothese von Barneys Verfasserschaft auf logischen Operationen beruhten und sich im vollen Licht des Bewußtseins vollzogen, kann man sagen, daß die Signale auf Tagebuch bzw. Brief hin ihre Wirkung im Vorbewußten und deshalb um so wirksamer entfalten. Wir können hier nur thesenhaft behaupten, daß der Charakter eines Tagebuches den Leser dazu bewegen soll, die damit vermittelten Inhalte vorbehaltlos anzunehmen, solange dem nicht andere Beobachtungen entgegenstehen. Das ist in unserem Text nicht der Fall. Automatisch wird daher die Argumentation des Wissenschaftlers zunächst akzeptiert als objektive, ungefärbte und deshalb „wahre" Darstellung. Ganz anders beim Brief, besonders beim Abschiedsbrief. Er kann einen starken Appell enthalten, er kann bewirken und verhindern wollen, wie in unserem Beispiel. Auf alle Fälle wird er eher mit Reserve, mit Vorbehalten, aufgenommen; dem Anspruch auf Glaubwürdigkeit eines Briefes mit starkem Appellcharakter, wie es unsere Eintragung vom 11. September darstellt, kann man sich daher besser entziehen als dem der vorausgehenden Tagebucheintragungen.

Die Leserhaltung wird so gelenkt, daß mit dem Beginn des Abschiedsbriefes eine neue Einstellung erfolgt, die auf Skepsis, Zweifel, Vorbehalt und Relativierung ausgerichtet ist. Da diese Einstellung sofort erfolgreich ist, d. h. auf Widersprüche stößt, wird sie beibehalten und durch die allenthalben sichtbar werdenden weiteren Ungereimtheiten noch verstärkt, bis es keinen Zweifel an Barneys Urheberschaft, mit all den Folgen für die zugrunde liegende Situation, mehr gibt.

Nach gewissermaßen erdrückender Beweislast zugunsten der Hypothese von Barney als Verfasser ist nun dieser selbst aber mit seinen Machenschaften durchschaut. Das ist aber wichtig: Nicht die Schreckensvision einer von intelligenten Ratten bedrohten Menschheit bleibt als Fazit der Lektüre, wenn das auch eine vorübergehend anklingende Möglichkeit ist. Der Leser gewinnt vielmehr ein Überlegenheitsgefühl, wenn er sich über einen Barney amüsiert, der naiv genug ist zu glauben, seine primitiven Lügen und Tricks blieben unaufgedeckt. Dieses Triumphgefühl des Lesers kann alle anderen Reaktionen, auch solche des Geängstigtseins, überlagern und neutralisieren. So wird die ursprüngliche Aussage dieser Geschichte mit Warnung vor unkontrollierten Experimenten, und so wird auch die im Leser zunächst eintretende Verwirrung durch den „Verfremdungsschock" aufgefangen und in eine Leseerfahrung von menschlicher Überlegenheit gegenüber fiktiver tierischer Intelligenz verwandelt. Mit dieser, den Leser schmeichelnden und ihn dreifach befriedigenden Lösung – (1. als Auflösung des verwirrenden Rätsels, 2. als in ihm induziertes Gefühl der Überlegenheit, 3. als Genugtuung, eine moralisch verwerfliche Tat mit der Aufdeckung wenigstens auf literarischer Ebene zu rächen) –, die allerdings ein zweimaliges Lesen erfordert, hat diese VSS beträchtlich mehr geleistet, als man ihrer Kürze zutraut.

Im vorliegenden Fall sind dabei zwei der drei häufigsten Mechanismen wirksam, mit denen die Kürze der VSS überwunden wird. Es sind dies das Rekurrieren auf im Leser schon vorhandene Verhaltensmuster oder Kenntnisse, die, zusammen mit den Informationen, welche die Geschichte beisteuert, einen neuen Sinnzusammenhang herstellen und Bedeutung transportieren können. (In "Barney" die Kenntnis der angeblichen Wirkung von *glutamic acid* auf Menschen, jetzt aber ohne weiteres auf Tiere bezogen. Als ähnliche Erscheinung kann man auch das Einbeziehen der Kenntnis von und Reaktion auf literarische Formen – Brief und Tagebuch – bezeichnen.)

Der zweite Mechanismus ist die Verwendung einer *punch line*, einer überraschenden Wendung in wenigen Zeilen am Schluß der Geschichte, mit der sich die Notwendigkeit für den Leser ergibt, seine Schlußfolgerungen aus der Lektüre zu revidieren oder zu modifizieren, jedenfalls aber sein Verständnis der Bedeutung zu erweitern. Eine solche *punch line* liegt mit dem Abschiedsbrief vor, der gewissermaßen schockartig eine Reorientierung des Lesers und eine Neubewertung durch ihn erforderlich macht.

In Anbetracht der Wirksamkeit beider Mechanismen kann auf den dritten in unserer Geschichte füglich verzichtet werden, der in der engen Beziehung eines verschlüsselten Titels auf die Geschichte selber besteht, so daß Titel und Geschichte sich gegenseitig erhellen und die Bedeutung und Tragweite eines solchen Textes ins Universale verlängern können.[12]

Sprachlich-stilistische Wirkmechanismen müssen in VSSs notwendigerweise zu kurz kommen. In "Barney" gibt es denn auch nur zwei Stilebenen: die des ältlichen, gebildeten Forschers mit seiner altertümelnden, sehr prätentiösen Diktion und einem weiten Repertoire an rhetorischen Mitteln, und die des intelligent gewordenen Tieres, das mit fehlerhafter Syntax und lückenhaftem Vokabular die Stilebene des Forschers – natürlich vergebens – zu imitieren versucht. Die dabei entstehenden Kontraste können bei der Kürze der Geschichte auch nicht vorsichtig entwickelt werden, sondern stehen kraß gegeneinander.

Wie gezeigt wurde, sind die kompositorischen, strukturellen Züge in einer VSS bedeutsamer, zumal sie bei der Kürze leichter und deutlicher erkannt und gut erinnert und aufeinander bezogen werden können.

Aus alledem sollten eigentlich die Vorzüge der VSS für den Literaturunterricht, auch den in der Fremdsprache, fast von selbst deutlich werden. Ihr größter Vorzug ist wohl, daß man mit ihr so eng am Text bleiben kann wie sonst nur noch beim Gedicht; daß man also nicht beim Sprechendarüber stehen bleiben muß. Die Kürze erlaubt darüber hinaus, fast alle die Details des Textes mit in die Analyse und die Interpretation einzubeziehen, die bei einer Romanlektüre im Unterricht zwangsläufig wegfallen.

In der Wichtigkeit fast gleichgeordnet scheint uns die Möglichkeit, an VSSs die „suprasegmentalen", also die das einzelne Wort und den einzelnen Satzinhalt übergreifenden Bedeutungen aufzuzeigen und ihr Wirken zu erklären. Grund dafür ist wiederum die Prägnanz des Textes, die gewährleistet, daß die beobachteten Erscheinungen immer präsent und im Leser ohne Mühe reproduzierbar sind. Im Falle von "Barney" wären das z.B. Wirkung des Tagebuch-Charakters auf die Glaubhaftigkeit des Textes, steigernder Einsatz von Hinweisen auf Barneys Intelligenz, sowie die Eliminierung Tayloes aus internen Gründen (Barney muß Entdeckung befürchten) wie aus externen, erzähltechnischen Gründen (Autor reduziert Personal der Geschichte auf die Elementarbeziehung Protagonist – Antagonist, was der Kurz-Kurzform angemessen ist).

Was den didaktischen Wert dieser individuellen Geschichte betrifft, so ist er kaum zu hoch einzuschätzen. Er liegt vor allem in den verschiedenen Möglichkeiten, zunächst die Orientierung zu verlieren, in die Irre zu gehen, Fehldeutungen vorzunehmen – kurz, mit der Geschichte nicht zurechtzukommen. Diese Möglichkeiten sind sowohl auf die Eigengesetzlichkeit der SF als auch auf die der VSS[13] zurückzuführen. Sie werden verstärkt durch den Umstand, daß mit der letzten Eintragung der bekannte Sprecherwechsel stattgefunden hat, daß dieser Wechsel aber nur auf der Ebene der Orthographie und einiger thematischer Merkwürdigkeiten angedeutet wird, während er in der Abfolge und im äußeren Erscheinungsbild wie auch in der Intention des Sprechers (vgl. die ich- und er-Bezüge) verborgen wird. Die Lösung ist nur möglich, wenn die vorhergehenden Tagebucheintragungen mit in die Hypothesenbildung zur Lösung eingebracht werden und sich aus Tendenzen der übrigen Geschichte und einer vernünftigen und funktionierenden Annahme zum letzten Eintrag, die im Grunde phantastischer ist als die Grundannahme der Geschichte selber (daß Glutaminsäure in Tieren die Intelligenz signifikant steigert), die Lösung ergibt.

Der Wert ist darin zu sehen, daß ein automatisches, kulinarisches Rezipieren der Geschichte nicht möglich ist, dem erfahrenen Leser nicht und erst recht nicht dem Neuling auf einem der beiden Gebiete SF oder VSS. Indem das Lesen, die Rezeption nun unversehens selber zum Problem wird, sind ideale Vorbedingungen zur Behandlung literaturwissenschaftlicher Fragestellungen (besonders natürlich rezeptionsästhetischer) gegeben. Indem alle Lösungsversuche mit dem literaturwissenschaftlichen Instrumentarium operieren (oder zumindest die Aufmerksamkeit auf es lenken), sind die besten Voraussetzungen zur kritischen, aber aktiven Auseinandersetzung mit Funktion und Seinsweise eines Textes gegeben, weil die unbefriedigende erste Lesererfahrung zum Weiterfragen motiviert. Und das vielleicht stärkste Argument: Da die Anwendung von und Einsicht in die Argumentationsweisen der Literaturwissenschaft tatsächlich zum Erfolg, d.h. zu einem schlüssigen Verständnis der Kurzgeschichte "Barney" führt, hat sich damit auch die Anwendbarkeit und Eignung dieser Methode erwiesen. Nach solchen fast von selbst ablaufenden Lehr- und Lernprozessen sucht die Didaktik immer wieder.

Die Einsicht in die Zusammenhänge der Geschichte ist, weil bei der Kürze alle Merkmale und Auffälligkeiten augenblicklich zur Verfügung stehen, geradezu blitzartig und entspricht einem „Aha-Erlebnis", einer besonders strukturierten Art der Erfahrung, der von Gestalt- und Lernpsychologen eine große Bedeutung zuerkannt wird.[14]

SF-VSSs, so will uns scheinen, können sowohl vom Stoff wie von der Problematik her interessant und neu sein und damit neue Leserschichten gewinnen; sie sind von Sprache, Umfang, Anlage und häufig auch von der Thematik her wie gemacht für den Schulunterricht, auch für den Fremdsprachenunterricht, und in Geschichten mit Vorkehrungen, die die Verläßlichkeit[15] ihrer eigenen Darstellungsweise relativieren und damit gleichzeitig die Thematik konstituieren – wie in "Barney" –, ist auch exemplarisches Anschauungs- und Diskutiermaterial für literaturwissenschaftliche Grundfragen gewonnen.[16]

Anmerkungen

1 Asimov/Conklin (Eds.): *Fifty Short SF Tales*. S. 253–255. „SF" hat sich als Abkürzung für "Science Fiction" weitgehend durchgesetzt und wird im folgenden durchweg verwendet.

2 Schmerl, R. B.: "Fantasy". 654, sieht darin das Konstituens aller phantastischen Literatur, wozu er dann auch SF zählt; uns scheint eine weitere Unterteilung in *Science Fiction* und *Science Fantasy*, wie sie auch Amis, K.: "Starting Points". S. 14, andeutet, sinnvoller und angemessener.

3 Besonders deutlich werden solche Absichten der Leserorientierung, wenn der Autor seinem Werk eine schematische Darstellung der "Future History" beifügt, wie das Heinlein, R.: *Revolt in 2100* (1953) tut oder Asimov, I.: *Foundation* (1953), wenn er aus einer *Encyclopedia Galactica, 116th Edition*, zitiert.

4 Lubbers, K.: *Typologie*. S. 58, wo er dann auch von der Suggestivität als neugewonnener Qualität der sehr kurzen Geschichte spricht. Das gilt auch für "Barney".

5 Die Ziffern beziehen sich auf die Zeilenzählung von "Barney".

6 Van Herp, Jacques: *Panorama de la science fiction*, behandelt die häufigsten Themen und Motive der SF.

7 „Sinn" für den Produzenten, „Bedeutung" für den Rezipienten als Grundvoraussetzungen einer jeden Deutung. Vgl. Weiß, W.: *Studium der englischen Literatur*. S. 51.

8 Coleridge, S. T.: *Biographia Literaria*. Vol. II, S. 6.

9 Vgl. dazu Schleußner, B.: *"Punch line"*. Nach der dort aufgestellten Typologie liegt bei "Barney" der Fall einer *punch line* des überraschenden Standpunktes vor.

10 Wessels, D.: *Welt im Chaos*. Wessels behandelt auch den Aspekt der Gefährdung durch die Wissenschaft.

11 Vgl. Suvin, D.: „Zur Poetik". 88, der in ähnlichem Zusammenhang von „Verfremdung" spricht.

12 Ein Beispiel dafür wäre die in der gleichen Sammlung wie "Barney" erschienene Geschichte von Caravan, T. P.: "Random Sample". *Fifty Short SF Tales*. S. 40–43.

13 In dem schon angeführten Artikel des Verfassers wird kurz auf das Isersche Konzept der Leerstelle und ihrer Funktion eingegangen. Auch hier fehlt wiederum der Raum, die Bedeutung dieser Erscheinung besonders für die VSS zu entwickeln. Immerhin dürfte einsichtig sein, daß intensive Lesermitarbeit gerade in kurzen Texten nötig ist und durch Leerstellen angeregt wird.

14 Vgl. Haseloff, O. W., Jorswieck, E.: *Psychologie des Lernens*. S. 51.

15 „Verläßlichkeit" bezieht sich auf den von Wayne C. Booth eingeführten Begriff des "reliable narrator", vgl. Booth, W. C.: "Distance and Point-of-view". 100. Hier wird der Begriff auf die unpersönliche Schreibweise übertragen; Wechsel des fiktiven Verfassers ohne Kenntlichmachung ist sicher eine "unreliability".

16 Nagl, M.: *Science Fiction*. S. 219–220, hat eine Sparte in seiner umfangreichen Bibliographie, die speziell die Schriften zur SF im schulischen und akademischen Bereich aufführt.

Literaturverzeichnis

Amis, K.: "Starting Points". – In Rose, M. (Ed.): *Science Fiction. A Collection of Critical Essays.* Englewood Cliffs, 1976, S. 9–29.

Asimov, I.: *Foundation.* New York, 1953.

Asimov, I., Conklin, G. (Eds.): *Fifty Short Science Fiction Tales.* New York, 1963.

Booth, W. C.: "Distance and Point-of-view. An Essay in Classification". – In Stevick, Ph. (Ed.): *The Theory of the Novel.* New York, 1967, S. 87–107.

Caravan, T. P.: "Random Sample". – In Asimov, I., Conklin, G. (Eds.): *Fifty Short Science Fiction Tales.* New York, 1963, S. 40–43.

Coleridge, S. T.: *Biographia Literaria; Or Biographical Sketches of my Literary Life and Opinions.* Shawcross, J. (Ed.). 2 vols., London, 1907.

Haseloff, O. W., Jorswieck, E.: *Psychologie des Lernens. Methoden, Ergebnisse, Anwendungen.* Berlin, 1971.

Heinlein, R.: *Revolt in 2100.* New York, 1953.

Lubbers, K.: *Typologie der Short Story.* Darmstadt, 1977.

Nagl, M.: *Science Fiction.* Tübingen, 1981.

Schleußner, B.: „Die 'punch line' und ihre Funktion in Science Fiction Short Stories". *anglistik & englischunterricht. 2. Trivialliteratur.* Trier, 1977, S. 81–92.

Schmerl, R. B.: "Fantasy as Technique". *Virginia Quarterly Review* 43, 1967, 644–656.

Stanton, W.: "Barney". – In Asimov, I., Conklin, G. (Eds.): *Fifty Short Science Fiction Tales.* New York, 1963, S. 253–255.

Suvin, D.: „Zur Poetik des literarischen Genres Science Fiction". – In Barmeyer, E. (Ed.): *Science Fiction. Theorie und Geschichte.* München, 1972, S. 86–104.

Van Herp, J.: *Panorama de la science fiction. Les thèmes, les genres, les écoles, les problèmes.* Verviers, 1975.

Weiß, W.: *Das Studium der englischen Literatur. Eine Einführung.* Stuttgart, 1979.

Wessels, D.: *Welt im Chaos. Struktur und Funktion des Weltkatastrophenmotivs in der neueren Science Fiction.* Frankfurt, 1974.

Hans-Jürgen Diller, Bochum

John Updike: Dear Alexandros

(1) Translation of a letter written by Alexandros Koundouriotis, Needy Child No. 6,511 in the records of Hope, Incorporated, an international charity with headquarters in New York.

(2) July 1959

(3) Dear Mr. and Mrs. Bentley:
(4) Dear American Parents, first of all I want to inquire about your good health, and then, if you ask me, tell you that I am keeping well, for which I thank God, and hope that it is the same with you. (5) May God keep you always well, and grant you every happiness and joy. (6) With great eagerness I was looking forward again this month to receiving a letter from you, but unfortunately, I have again not received one. (7) So I am worried about you, for I am longing to hear about you, dear American Parents. (8) You show such a great interest in me, and every month I receive your help. (9) Over here it is very hot at this time of the year, for we are in the heart of the summer. (10) The work out in the fields is very tiring, as I hear the older people saying. (11) As for me, when I have no work at home I go down to the sea for a swim, and enjoy the sea with my friends. (12) For at this time of the year the sea is lovely. (13) So much for my news. (14) Vacations continue, until it is time for the schools to reopen, when with new strength and joy we shall begin our lessons again. (15) Today that I am writing to you I received again the $ 8.00 that you sent me, for the month of July, and I thank you very much. (16) With this money I shall buy whatever I need, and we shall also buy some flour for our bread. (17) In closing, I send you greetings from my granny and my sister, and hope that my letter finds you in good health and joy. (18) I shall be looking forward to receiving a letter from you, to hear about you and how you are spending your summer. (19) I greet you with much affection.

(20) Your son,
Alexandros

(21) Reply from Kenneth Bentley, American Parent No. 4,638.

(22) September 25

(23) Dear Alexandros

(24) We are all sorry that you should worry about us because you have not received a letter from us. (25) I fear we are not as regular in writing as you are, but the pretentiously named organization which delivers our letters seems to be very slow, they take about three months as far as I can tell. (26) Perhaps they send them by way of China.

(27) You describe the Greek summer very beautifully. (28) It is autumn now in New York City. (29) The sad little trees along the somewhat sad little street where I live now are turning yellow, the ones that are not already dead. (30) The pretty girls that walk along the main streets are putting on hats again. (31) In New York the main streets run north and south so that there is usually a sunny side and a shady side and now people cross the street to be on the sunny side because the sun is no longer too warm. (32) The sky is very blue and some evenings after I eat in a luncheonette or restaurant I walk a few blocks over to the East River to watch the boats and look at Brooklyn, which is another section of this immense city.

(33) Mrs. Bentley and I no longer live together. (34) I had not intended to tell you this but now the sentence is typed and I see no harm in it. (35) Perhaps already you were wondering why I am writing from New York City instead of from Greenwich. (36) Mrs. Bentley and little Amanda and Richard all still live in our nice home in Greenwich and the last time I saw them looked very well. (37) Amanda now is starting kindergarten and was very excited and will never wear dungarees or overalls any more but insists on wearing dresses because that is what makes little girls look nice, she thinks. (38) This makes her mother rather angry, especially on Saturdays and Sundays when Amanda plays mostly in the dirt with the neighbor children. (39) Richard walks very well now and does not like his sister teasing him. (40) As who does? (41) I go to see them once a week and pick up my mail and your last letter was one of the letters I picked up and was delighted to read. (42) Mrs. Bentley asked me to answer it, which I was delighted to do, because she had written you the last time. (43) In fact I do not think she did, but writing letters was one thing she was not good at, although it was her idea for us to subscribe to Hope, Incorporated, and I know she loves you very much, and was especially happy to learn that you plan to begin school with "new strength and joy."

(44) There has been much excitement in the United States over the visit of the head of Soviet Russia, Mr. Khrushchev. (45) He is a very talkative and self-

confident man and in meeting some of our own talkative and self-confident politicians there has been some friction, much of it right on television where everybody could see. (46) My main worry was that he would be shot but I don't think he will be shot any more. (47) His being in the country has been a funny feeling, as if you have swallowed a penny, but the American people are so anxious for peace that they will put up with small discomforts if there is any chance it will do any good. (48) The United States, as perhaps you will learn in school, was for many years an isolated country and there still is a perhaps childish wish that other nations, even though we are a great power, just let us alone, and then the sun will shine.

(49) That was not a very good paragraph and perhaps the man or woman who kindly translates these letters for us will kindly omit it. (50) I have a cold in my chest that mixes with a great deal of cigarette smoke and makes me very confused, especially after I have been sitting still for a while.

(51) I am troubled because I imagine I hear you asking, "Then were Mr. and Mrs. Bentley, who sent me such happy letters from America, and photographs of their children, and a sweater and a jackknife at Christmas, telling lies? (52) Why do they not live together any more?" (53) I do not wish you to worry. (54) Perhaps in your own village you have husbands and wives who quarrel. (55) Perhaps they quarrel but continue to live together but in America where we have so much plumbing and fast automobiles and rapid highways we have forgotten how to live with inconveniences, although I admit that my present mode of life is something of an inconvenience to me. (56) Or perhaps in your schooling, if you keep at it, and I hope you will, the priests or nuns will have you read the very great Greek poem The Iliad, in which the poet Homer tells of Helen who left her husband to live with Paris among the Trojans. (57) It is something like that with the Bentleys, except that I, a man, have gone to live among the Trojans, leaving my wife at home. (58) I do not know if the Iliad is a part of your schooling, and would be curious to know. (59) Your nation should be very proud of producing masterpieces which the whole world can enjoy. (60) In the United States the great writers produce works which people do not enjoy, because they are so depressing to read.

(61) But we were not telling lies. (62) Mrs. Bentley and Amanda and Richard and I were very happy and to a degree are yet. (63) Please continue to send us your wonderful letters, they will go to Greenwich, and we will all enjoy them. (64) We will continue to send you the money for which you say you are grateful, though the money we give you this way is not a fourth of the money we used to spend for alcoholic drinks. (65) Not that Mrs. Bentley and I drank all these alcoholic drinks. (66) We had many friends who helped us, most of them very tedious people, although perhaps you would like them more than I do. (67) Certainly they would like you more than they liked me.

(68) I am so happy that you live near the sea where you can swim and relax from the tiring work on the fields. (69) I was born far inland in America, a thousand miles from any ocean, and did not come to love the sea until I was grown up and married. (70) So in that sense you are luckier than I. (71) Certainly to be near the sea is a great blessing and I remember often thinking how nice it was that my own children should know what it was to run on the sand of the pretty though not large beach at Greenwich, and to have that great calm horizon over their shoulders.

(72) Now I must end, for I have agreed to take a young woman out to dinner, a young woman who, you will be interested to hear, is herself Greek in origin, though born an American, and who has much of the beauty of your race. (73) But I have already cruelly burdened our translator. (74) My best wishes to your granny, who has taken such good care of you since your mother died, and to your sister, whose welfare and good health is such a large concern in your heart.

(75) Sincerely,
Kenneth Bentley

(76) P.S.: In looking back at the beginning of my letter I see with regret that I have been unkind to the excellent organization which has made possible our friendship with you, which has produced your fine letters, which we are always happy to receive and which we read and reread. (77) If we have not written as often as we should have it is our fault and we ask you to forgive us.

I. Vorüberlegungen

Beim ersten Lesen scheint *Dear Alexandros* dem gängigen Bild von der amerikanischen Kurzgeschichte genau zu entsprechen: Es „geschieht" nichts, der Zustand der auftretenden Personen ist am Ende gar nicht oder kaum anders als am Anfang. Zwei Menschen schreiben einander, ein griechischer Junge und ein amerikanischer Erwachsener. Sie verdanken ihre Beziehung einer philanthropischen Bürokratie, einer „Hoffnung e.V.", die bedürftigen Kindern in Übersee amerikanische Wohltäter vermittelt. Sie werden wieder schreiben, der Junge im nächsten Monat, der Erwachsene nach etwas längerer Zeit. In ihren Briefen wird ungefähr dasselbe stehen: keine Entwicklung also, keine Zustandsveränderung, kein Kennenlernen, kein Näherkommen. Scheinbar geschieht also wirklich nichts. In der mittlerweile schon stattlichen Updike-Literatur[1] wird unsere Geschichte allenfalls beiläufig erwähnt. *Dear Alexandros*, das am 31. 10. 1959 in *The New Yorker* erschien und 1962 in die bei Knopf in New York veröffentlichte Kurzgeschichtensammlung *Pigeon Feathers* aufgenommen wurde[2], hat eine gewisse Bedeutung als erste Behandlung scheiternder Ehebeziehungen in Updikes Oeuvre.[3] Doch Robert Detweiler, der einzige Kritiker, der der Kurzgeschichte immerhin zwei Absätze widmet, hält sie für "the least successful" in *Pigeon Feathers*; er sieht in ihr ein "gimmick narrative.... The gimmick is in the language: Alexandros' letter is a translation, while Bentley's is composed with an eye toward *its* translation into Greek; and the formality of diction and phrase in both contrasts with the effort at genuine, needful communication."[4]

Ohne Zweifel hat Updike sich beim Erzählen dieser Geschichte erhebliche technische Schwierigkeiten auferlegt: Nicht nur steht zwischen beiden Briefpartnern die Sprachbarriere, sondern der Erzähler, der wenigstens dem Leser über diese Barriere hinweghelfen könnte, kommt in der gesamten Geschichte nicht zu Wort. Alle Einsichten in die Absurdität der Situation müssen wir also den Äußerungen derjenigen abgewinnen, die selbst in ihr eingeschlossen und befangen sind, die solche Einsichten nur gleichsam gegen ihren eigenen Willen zulassen. Sie müssen sich also, soll die Erzählung gelingen, durch ihre Sprache selbst verraten. Die sprachliche Kunst des Autors wird hierbei noch mehr gefordert als in seinen Romanen, die ähnliche Unmöglichkeiten des Kommunizierens zum Thema haben.

Eine Interpretation der Geschichte verlangt also eine genaue Analyse der Sprachverwendung. Dabei scheint es uns wichtig, neben den Sprachvarianten der beiden Briefe auch eine dritte zu registrieren, nämlich die der „Überschriften", die die Briefe einführen (Sätze 1 und 21 im Abdruck zu Beginn dieses Aufsatzes). Während die Spracheigentümlichkeiten der Briefe von der Persönlichkeit und der sozialen Zugehörigkeit ihrer Schreiber bestimmt sind, ist die der Überschriften ausschließlich funktional bestimmt. Die britische Sprachwissenschaft würde im ersten Fall von *varieties according to user*, im zweiten von einer *variety according to use* sprechen.[5]

In den Briefen ist besonders auf folgende Punkte zu achten: Welche Information wird geboten? Wie wird sie geboten? Wie sind die Übergänge zwischen den Informationseinheiten gestaltet bzw. motiviert? Welche sprachlichen Handlungen werden vollzogen: wird nur berichtet, konstatiert, oder wird auch gefragt, aufgefordert, versprochen?[6] Diese Fragen sollen freilich nicht schematisch eine nach der anderen abgehandelt werden, sondern sie sollen als leitende Gesichtspunkte der Analyse zugrundeliegen und nur dann in Vorschein treten, wenn sie für das Verständnis der Erzählung etwas herzugeben versprechen.

II. Die drei „Sprachvarianten"

1. Die Überschriften

Wären die beiden Briefe Teile einer wirklich stattgehabten Korrespondenz, so ließe sich die Funktion der Überschriften leicht bestimmen: Sie dienen, ohne jeden Anspruch auf sprachliche Eleganz, ausschließlich der sachlichen Information. Da wir es aber mit einer Kurzgeschichte in Briefform, also mit einer fiktionalen Korrespondenz zu tun haben, liegt der Fall nicht ganz so einfach: Wir müssen auch die scheinbar sachlichen Informationen als bewußte Leistungen des Autors ansehen und auf ihren intendierten Effekt hin befragen. Drei sprachliche Fügungen („Kollokationen"[7]) sind es vor allem, die unsere Aufmerksamkeit erregen: *Needy Child No. 6,511; Hope, Incorporated; American Parent No. 4,638*. Die erste und die dritte Kollokation sind offensichtlich nach dem gleichen Muster gebaut: sie verbinden eine Verwandtschaftsbezeichnung mit einer – recht hohen – Zahl. Eine der intimsten Beziehungen, die die menschliche Spezies kennt, erhält dadurch die Qualität des Massenhaften, bürokratisch Verwalteten. Haben wir uns dies klar gemacht, so erkennen wir, daß der Name der Organisation einen ganz ähnlichen Kontrast aufweist: eine im strengsten Sinne subjektive Einstellung wie die Hoffnung ist „inkorporiert", also ins Vereinsregister eingetragen worden. Die Tatsache, daß persönliche Bindungen und Empfindungen in einen rigiden juristischen Kontext eingespannt werden, läßt uns nichts Gutes für ihr Gedeihen im Verlauf der Geschichte erwarten.

Mit diesen Kollokationen unverträglicher Gegensätze ist das Suggestionspotential der „Überschriften" noch nicht erschöpft. Die Antonymie zwischen den Substantiven *child* und *parent* schafft einen analogen Gegensatz zwischen den Adjektiven *needy* und *American*. Daß Amerikanertum das Gegenteil von Bedürftigkeit sei, war in der Eisenhower-Ära (1953–61) ein sehr lebendiger Bestandteil des amerikanischen Selbstbewußtseins, das die Quelle vieler gutgemeinter, wirkungsvoller, freilich auch tolpatschiger und taktloser Hilfsaktionen wurde. Daß die Nummer des *Needy Child* um fast 2000 höher liegt als diejenige des *American Parent*, mag schon ein ironisches Licht auf das geschilderte Selbstbewußtsein werfen.

Die beiden Überschriften sind damit ein sehr einfaches Beispiel für die Tatsache, daß in einem fiktionalen Text selbst – oder gerade! – die schlichtesten Informationen zu Bestandteilen komplexer ästhetischer Gefüge und zu Auslösern genau kalkulierter Leserreaktionen werden können.

2. Der Brief Alexandros' an Mr. und Mrs. Bentley

Alexandros Koundouriotis ist ein griechischer Schuljunge, der zusammen mit seiner Schwester bei seiner Großmutter auf dem Lande lebt (10, 16) und dessen Mutter gestorben ist (74). Schon die Tatsache, daß er durch *Hope, Inc.*, unterstützt wird, zeigt, daß er arm und wahrscheinlich von dürftiger Bildung ist. Seine Armut wird unterstrichen durch die Tatsache, daß er einen Teil der von seinen

American Parents gezahlten Unterstützung zum Lebensunterhalt seiner Familie beisteuern muß (16). Seine Jugend, seine Armut, seine geringe Bildung sowie der Umstand, daß wir uns seinen Brief als Übersetzung aus dem Griechischen vorzustellen haben: all dies wirkt zusammen dahin, daß wir in seinem Briefstil eine gewisse Steifheit erwarten müssen, die der Herstellung einer vertrauten persönlichen Beziehungen zu den amerikanischen „Eltern" kaum förderlich ist. Hinzu kommt, daß Kinder, die von Hilfsorganisationen wie *Hope, Inc.*, gefördert werden, natürlich von ihren Erziehern zum regelmäßigen Schreiben von Dankesbriefen angehalten werden. Auch dies läßt stereotype Formeln und geringe Spontaneität erwarten.

Werden unsere Erwartungen durch den Brief bestätigt? In der Tat weist er eine Reihe stereotyper, gestelzter Wendungen auf, wie z.B. *dear American Parents* (4, 7), *I want to inquire* (4), *if you ask me* (ebd.), *at this time of the year* (9, 12), *with much affection* (19). An vielen Stellen drückt Alexandros offensichtlich die Gefühle aus, die von ihm erwartet werden (was nicht bedeutet, daß er sie nicht auch hegt): konventionelle Frömmigkeit in der zweimaligen Anrufung Gottes (4, 5); Dankbarkeit für das eigene Wohlergehen; Wünsche für dasjenige seiner „Eltern"; die Erwartung, das nächste Schuljahr mit „neuer Kraft und Freude" zu beginnen (14).

Auch was er von seinem Leben berichtet, ist kaum originell: es ist heiß, er hat Ferien, er geht mit seinen Freunden schwimmen (9–11).

Trotz dieser zahlreichen Stereotypien wirkt der Brief spontan, lebendig und auf sympathische Weise kindlich: in seinem Aufbau läßt der Brief kaum Planung erkennen, sondern springt unbekümmert von einer Information zur nächsten. Dabei läßt er sich hauptsächlich von dem assoziationspsychologischen Prinzip des Kontrasts leiten: Wie geht es *Euch?* / *Mir* geht es gut (4). / *Ich* wünsche Euch dasselbe (5) – Habe nicht von Euch gehört, mache mir *Sorgen* (6–7). / *Ich genieße* meine *Sommerferien* (9–12). / *Bald* ist wieder *Schule* (14) / *Heute* habe ich Eure monatliche Unterstützung bekommen (15) / Dank (ebd.) / Verwendung des Geldes (16) – Abschluß (17–19). Mit "So much for my news" (13) müßte der Bericht über die eigenen Erlebnisse eigentlich abgeschlossen sein. Er geht aber weiter mit der Mitteilung, daß die Ferien andauern und daß am heutigen Tage die monatliche Spende eingetroffen sei.

Der Junge ist von dem naiven Zutrauen erfüllt, daß die Welt es gut mit ihm meint und daß das Leben für ihn nicht zu schwer ist: Wenn er keinen Brief von seinen amerikanischen „Eltern" erhält, so führt er das nicht auf deren Schreibfaulheit oder Gleichgültigkeit zurück, sondern macht sich Sorgen um sie (7). Den monatlichen Dauerauftrag sieht er als Zeichen von "such a great interest" an seiner Person an (8). Der Gedanke, daß dieser Dauerauftrag vielleicht nur das Ergebnis einer momentanen Rührung war, daß mit ihm ein wohlhabender

Amerikaner sein soziales Gewissen beruhigen könnte, dieser Gedanke hat in seiner Vorstellung keinen Platz. Daß die Arbeit auf den Feldern ermüdend sei, ist für ihn keine lebendige Erfahrung; er hat es nur von Älteren gehört. Daß er von den acht Dollars, die er monatlich erhält, auch noch zur Ernährung der Familie beitragen muß (16), ist ihm kein Grund zur Klage. Das Geld reicht dennoch für "whatever I need" (ebd.). Offensichtlich sind seine Bedürfnisse seinen Möglichkeiten angepaßt.

Bei aller Präformiertheit des Erlebens und Formulierens erweckt der Brief den nicht gestellten Eindruck eines lebhaften, fröhlichen und dankbaren Jungen. Dieser Eindruck wird hervorgerufen nicht so sehr durch die sprachliche Formulierung der Informationen als vielmehr durch ihre Anordnung.

3. Der Brief Mr. Bentleys an Alexandros

Kenneth Bentley lebt jetzt getrennt von seiner Familie in New York. Seine Familie lebt noch in ihrem "nice home" (36) in Greenwich.[8] Über seinen Beruf erfahren wir nichts, doch nach seinem Schreib- und Lebensstil dürfen wir ihn für einen Angehörigen der gut verdienenden, mäßig gebildeten Mittelklasse halten. Sein Brief ist etwa viermal so lang wie derjenige Alexandros'. Auch seine Sätze sind länger und artikulierter.[9] Seine Sprachvariante läßt sich somit dem „Elaborierten Code" zuordnen, dem von seinem Entdecker Bernstein nachgesagt wird, daß er seine Sprecher in besonderem Maße zu differenziertem, adressaten- und situationsgerechtem Sprachverhalten befähigt.[10]

Lesen wir den Brief mit diesen Erwartungen, so stellen wir bald fest, daß Bentleys hervorstechender Zug gerade seine Unfähigkeit ist, persönliche Beziehungen herzustellen. Symptome für diese Unfähigkeit sind reich an Zahl: Er schuldet Alexandros seit längerem einen Brief (24); er gibt seine eigene Saumseligkeit halb zu, möchte aber einen Teil der Schuld auf *Hope, Inc.,* abwälzen (25) und bedient sich zu diesem Zwecke eines – zumindest für den Leser – durchsichtigen Sarkasmus: die Briefe würden offenbar über China geleitet (26).

Aber Bentley ist nicht einfach schreibfaul, er hat auch Schwierigkeiten, auf seinen Briefpartner einzugehen, er findet offenbar schwer den richtigen Einsatz: Zweimal geht er abrupt und dabei ungenau auf Mitteilungen Alexandros' ein (27, 68). Wenn er schreibt "You describe the Greek summer very beautifully" (27), so paßt das weder inhaltlich noch stimmungsmäßig zu dem voraufgegangenen Sarkasmus, und es stimmt auch sachlich nicht. Denn Alexandros hat gar nicht „den griechischen Sommer" beschrieben, sondern nur mitgeteilt, daß es sehr heiß sei und er oft schwimmen gehe (9, 11). Ein Stimmungsbild der

Jahreszeit, wie Bentley es sogleich für den New Yorker Herbst liefert (28ff.), liegt dem griechischen Jungen durchaus fern.

Ebenso abrupt und ungenau ist das zweite Eingehen auf Alexandros' Brief (68). Daß Bentley „glücklich" darüber ist, daß Alexandros nahe am Meer lebt, erscheint nach dem Vorangehenden wenig motiviert. (Eine möglicherweise doch vorhandene Motivierung werden wir später erwägen.) Und wenn Bentley schreibt, Alexandros könne beim Baden "relax from the tiring work on the fields", so stimmt auch dies nicht mit dem ersten Brief überein. Denn aus Alexandros' Worten geht nur hervor, daß er die Ermüdung der Feldarbeit aus den Berichten der "older people" kennt (10).

Bentleys mangelhafte Fähigkeit, sich in die Situation seines Briefpartners hineinzuversetzen, zeigt sich auch in seiner Behandlung des zeitlichen Abstandes zwischen beiden Briefen. Er kontrastiert zwar den New Yorker Herbst mit dem griechischen Sommer, doch es kommt ihm offenbar nicht in den Sinn, daß mittlerweile auch in Griechenland Herbst ist (27–32). Und daß der von Alexandros als Zukunft geschilderte Wiederbeginn des Schuljahres mittlerweile Vergangenheit geworden sein könnte, bleibt ebenfalls unbeachtet. Bentley hat sich zwar für sein langes briefliches Schweigen entschuldigt, doch er kommt nicht auf den Gedanken, daß dies die Kommunikationssituation zwischen den Briefpartnern verändert haben könnte. Es läge ja nahe zu fragen, wie denn der Herbst in Griechenland sei, und ob das neue Schuljahr wirklich mit "strength and joy" begonnen wurde. Doch diese Fragen, die Alexandros Stoff für seinen nächsten Brief liefern könnten, werden nicht gestellt.

Apropos Fragen: Es ist wohl symptomatisch, daß in dem ganzen Brief nur ein einziger indirekter Sprechakt des Fragens vorkommt: Bentley möchte wissen, ob die Ilias zu Alexandros' Schullektüre gehört (58). Seine Wißbegier bezieht sich also auf Alexandros nicht als Individuum, sondern als typischen griechischen Schuljungen, nicht auf das, was Alexandros gerade jetzt tut, sondern auf das, was er irgendwann einmal zu tun hat. Das geäußerte Interesse ist überdies unter herablassenden, mahnenden Wendungen fast erstickt: "If you keep at [your schooling], and I hope you will" (56). Demgegenüber erkundigte Alexandros sich stets nach dem *augenblicklichen* Befinden, nach der *diesjährigen* Sommerfrische der Bentleys (4, 18).

Die Frage nach der Schullektüre ist Teil eines rührenden und grotesk scheiternden Versuchs, sich dem griechischen Jungen durch Anknüpfen an dessen eigene Welt verständlich zu machen: Bentley möchte Alexandros erklären, warum er sich von seiner Frau getrennt hat, und zieht zu diesem Zweck die Geschichte von Paris und Helena heran. Er merkt zwar noch, daß er als Mann sich damit in die Rolle der Helena begeben hat (57), aber daß Helena geraubt wurde und daß die Rolle der Frau im homerischen Griechenland mit der des Mannes im modernen Amerika kaum vergleichbar ist – das scheint ihm entgangen zu sein.

So endet dieser Erklärungsversuch in einem Fiasko. Ungewollt verrät Bentley bei dieser Gelegenheit, wie wenig er über die griechischen Verhältnisse weiß, wie wenig er sich vermutlich bisher für sie interessiert hat. Die Patenschaft der Bentleys für Alexandros dauert offenbar schon längere Zeit; ganz offensichtlich hat Alexandros schon mehrere Briefe geschrieben. Es steht zu vermuten, daß er in diesen Briefen auch über seine Schule geschrieben hat. Wenn dem so ist, dann könnte Bentley wissen, daß der Unterricht an griechischen Schulen nicht von "priests or nuns" erteilt wird, wie er automatisch unterstellt (50). Offenbar setzt Bentley Griechenland mit katholischen Ländern gleich, deren Verhältnisse ihm vage vertraut sein mögen.

Diesem geringen Interesse am anderen entspricht eine mangelnde Bereitschaft, offen über sich selbst zu sprechen. Die halbe Ausrede für das lange Zögern beim Beantworten des Briefes wurde schon erwähnt. Sie mag noch als banale Alltagssünde hingehen. Gravierender ist schon der Umstand, daß ihm die Mitteilung über die Trennung von seiner Frau gegen seinen Willen entschlüpft ist (34).

Im Lichte dieser Deutung von Bentleys Charakter werden auch zwei Absätze (44–50) plausibel, die ansonsten ohne jegliche Verbindung zum übrigen Brief zu sein scheinen. Bentley berichtet von den Ängsten, die der Besuch Chruschtschows in den USA im Sommer 1959 ausgelöst hat. Bentley selbst findet, daß dies "not a very good paragraph" geworden sei (49). Mit seiner eigenen Ehe und dem Leben Alexandros' hat dies nichts zu tun, und es ist daher verständlich, daß diese Abschweifung in der Kritik als "padding" bezeichnet worden ist.[11] Sieht man sich die Details des Chruschtschow-Absatzes an, so ändert sich das Bild. Bentley erzählt nämlich, daß der Besuch "some friction" ausgelöst habe, "much of it right on television where everybody could see" (45). Die Friedensliebe der Amerikaner, so heißt es weiter, veranlasse sie, sich mit kleinen Unannehmlichkeiten *(discomforts)* abzufinden (47), zu denen auch der Chruschtschow-Besuch zu rechnen ist. Zwei Absätze weiter spricht er von griechischen "husbands and wives who quarrel" (54), die aber, seiner Meinung nach, trotzdem zusammenbleiben, da sie, im Gegensatz zu den überzivilisierten Amerikanern, fähig sind, mit Unannehmlichkeiten *(inconveniences)* zu leben (55).

An den Reibereien Chruschtschows mit seinen amerikanischen Gastgebern ist offenbar besonders unangenehm, daß sie vor aller Augen stattfanden. An den Streit der Politiker werden also Maßstäbe angelegt, die eher einem Ehestreit angemessen wären, und auch seine Wirkungen ähneln denen eines Ehestreits: *small discomforts, inconveniences.* Nimmt man dies zusammen, so erhält der Chruschtschow-Besuch für Bentley die Funktion eines Ersatz-Themas: er schreibt darüber, um nicht über seine Ehe schreiben zu müssen.

Das Ersatz-Thema hält jedoch nicht lange vor. Unvermittelt bricht es aus Bentley heraus, daß er beunruhigt sei bei dem Gedanken, Alexandros könne ihm Vorwürfe dafür machen, daß die Bentleys ihm bislang eine glückliche Ehe vorgetäuscht haben (51). Er beteuert deshalb, daß er sehr glücklich mit seiner Familie gewesen sei und es bis zu einem gewissen Grade immer noch sei (62), daß er und seine Frau also keine Lügner seien (61).

Der Grund für diesen Mangel an Offenheit (dem freilich auch die Kraft zur konsequenten Verstellung abgeht) dürfte in einem unzureichenden Selbstbewußtsein liegen, das sich häufig als Selbstmitleid offenbart: Alexandros schreibt über den griechischen Sommer (27), aber in New York ist es Herbst, mit *sad little trees* in *sad little streets* (29). Die Griechen haben die Ilias hervorgebracht, an der die ganze Welt sich erfreuen kann, während die Werke der großen amerikanischen Schriftsteller "so depressing to read" sind (59–60). Die Freunde, mit denen er und seine Frau getrunken haben, würden bestimmt Alexandros lieber mögen als ihn (67). Alexandros ist glücklicher dran als Bentley, weil er am Meer aufwächst (68), während Bentley das Meer erst als Erwachsener kennen und lieben gelernt hat (69–70).

Bentley ist, so mag es scheinen, unterstützungsbedürftiger als Alexandros. Daß er selbst dies auch so sieht, daß er sich selbst als dem Jungen unterlegen ansieht, geht schon aus der Tatsache hervor, daß er sich vor ihm rechtfertigt, daß er sich um Alexandros' günstige Meinung bemüht. Er geht aber noch weiter: Er fleht den Jungen förmlich an, weiterhin seine „wundervollen Briefe" zu schreiben. Diesen Briefen wächst in Bentleys Vorstellung die Kraft zu, die zerbrochene Familie wiederzusammenzufügen: Nicht an ihn, Mr. Bentley in New York, sollen die Briefe gehen, sondern an „uns", die Familie Bentley in Greenwich, und „wir alle" wollen uns an ihnen freuen (63). Im Gefühl seiner eigenen Dürftigkeit setzt Bentley den Wert seiner Gegenleistung, der monatlichen acht Dollar, herab: das sei nicht einmal ein Viertel dessen, was sie für Alkoholika auszugeben pflegten. Gerade rechtzeitig noch merkt Bentley, der sich noch vom Verdacht des Lügens zu reinigen sucht, daß er in Gefahr ist, sich als Säufer hinzustellen. Schnell fügt er hinzu, er habe diese Menge nicht mit seiner Frau allein konsumiert, sondern zusammen mit Freunden, die der Bedauernswerte obendrein noch *tedious* zu nennen nicht umhin kann (66).

Bentley fleht und verspricht in diesem Absatz. Beides hat Alexandros in seinem Brief an keiner Stelle getan: er hat gedankt und mit kindlich würdevoller Zurückhaltung gebeten. Die herablassende Haltung des vorigen Absatzes, in dem Alexandros zu eifrigem Schulbesuch ermahnt und auf die Werte der literarischen Überlieferung seines Landes hingewiesen wurde, ist von Bentley abgefallen. Der wohlhabende Amerikaner demütigt sich vor einem unbekannten griechischen Dorfjungen, von dessen Zuwendung er emotional abhängig zu werden droht.

Was wir bisher an Bentley kennengelernt haben, wird uns kaum zu großer Achtung nötigen; allenfalls zu Mitleid und etwas Rührung, vielleicht auch zu Betroffenheit, weil wir in der Sehnsucht nach Kontakt, in dem widerwilligen und halbherzigen Eingestehen eigener Schwächen uns selbst wiedererkennen. Doch es gibt auch Momente, die für Bentley einnehmen: Da ist die schöne und genaue Schilderung des New Yorker Herbstes, in dem die Passanten die sonnige Straßenseite bevorzugen, weil die Strahlen der Sonne ihre Kraft verlieren (31), da sind die ungewollte Ehrlichkeit betreffend die eigene Ehe (33), die Selbstkritik an der amerikanischen Lebensform, die 1959 noch nicht selbstverständlich war (55).

Doch all dies sind nur halbe Geständnisse, die ihm eher versehentlich entschlüpfen und die stets neue Schutzbehauptungen hervorrufen. Ganz freimütig wird Bentley erst in dem Postskriptum, in dem er die Ausreden des Briefanfangs widerruft, seine Trägheit offen bekennt und Alexandros um Vergebung bittet. Angesichts der theologischen Bildung des Autors[12] ist es vielleicht nicht zu kühn, dem Schluß des Briefes eine religiöse Qualität zuzusprechen. Bentley vollzieht die christliche Erkenntnis, daß die Vergebung das Eingeständnis eigener Schuld zur Voraussetzung hat. Er überwindet damit den Stolz und die Unwahrheit. Der Begriff des "Absurd Hero as Saint", den David Galloway für die Romanhelden Updikes geprägt hat, ließe sich auch auf Bentley anwenden.[13]

Wir sagten zu Anfang, daß es in der Geschichte keine Zustandsveränderung gibt, daß der Briefwechsel kein Kennenlernen und kein Näherkommen herbeiführt und daß damit das Scheitern von Kommunikation offenbar wird. Diese Behauptung muß jetzt modifiziert werden. Zwar sind die Briefpartner am Ende einander noch so fremd wie am Anfang, aber wenn der Verzicht auf Verstellung, das Eingestehen eigenen Versagens, eine Voraussetzung echter Kommunikation ist, dann ist diese Voraussetzung am Ende des Briefes gegeben. Ob sie von Dauer ist, können wir nicht wissen. Aber "there are moments of ... insight which, even though fleeting, are as valuable in time's vast spaces as are diamonds caught here and there in the voluminous earth."[14]

1 Vgl. die Bibliographien von Taylor, C. C.: *John Updike: A Bibliography.* Kent., Ohio, 1968; Sokoloff, B. A., Arnason, D. E.: *John Updike: A Comprehensive Bibliography.* Folcroft, Pa., 1971; ferner die Jahresbibliographien der *PMLA.* Wichtig zur Updike-Rezeption: *Modern Fiction Studies* 20, H. 1, 1974/75.

2 Taylor, C. C.: A. a. O., S. 1, 22.

3 Hamilton, A., Hamilton, K.: *The Elements of John Updike.* Grand Rapids, Mich., 1970, S. 200.

4 Detweiler, R.: *John Updike.* Twayne United States Authors Series, No. 214. New York, 1977, S. 72.

5 Zu dieser Terminologie vgl. Halliday, M. A. K. et al.: *The Linguistic Sciences and Language Teaching.* London, 1964 ff., Kap. 4. Ähnlich Crystal, D. Davy, D.: *Investigating English Style.* London, 1969, Kap. 3.

6 Einen kurzen, für die Zwecke dieser Interpretation völlig ausreichenden Überblick über die Sprechakttheorie bietet Grewendorff, G.: „Sprechakttheorie". – In Althaus, H. P. et al. (Eds.): *Lexikon der germanistischen Linguistik.* Tübingen, ²1980, S. 287–93.

7 Der Ausdruck *collocation* wurde zuerst von J. R. Firth gebraucht *(Papers in Linguistics 1934–51,* London 1957, repr. 1964, S. 29); weitere Literatur vgl. Welte, W.: *moderne linguistik: terminologie/bibliographie.* München, 1974, S. 248 f.

8 Offenbar Greenwich, Connecticut, ein am Long Island Sound gelegener „besserer" Wohnvorort New Yorks.

9 In der vorliegenden Druckfassung sind Alexandros' Sätze durchschnittlich 1,6 Zeilen lang, diejenigen Bentleys 2,1.

10 Zum Begriff des sprachlichen Code vgl. die übersichtliche Darstellung von Niepold, W.: *Sprache und soziale Schicht. Darstellung und Kritik der Forschungsliteratur seit Bernstein.* Berlin, ⁹1981.

11 Detweiler, R.: A.a.O., S. 73.

12 Die Theologie Karl Barths ist ein bestimmender Einfluß in Updikes Werk, das Motto zum *Centaur* ist der *Dogmatik* Barths entnommen.

13 Galloway, D.: *The Absurd Hero in American Fiction.* Austin, Tex., London, ²1971.

14 Burchard, R. C.: *John Updike. Yea Sayings.* Carbondale, Ill., 1971, S. 138.

Dieter Petzold, Erlangen

James Thurber:
The Rabbits Who Caused All The Trouble[1]

(1) Within the memory of the youngest child there was a family of rabbits who lived near a pack of wolves. (2) The wolves announced that they did not like the way the rabbits were living. (3) (The wolves were crazy about the way they themselves were living, because it was the only way to live.) (4) One night several wolves were killed in an earthquake and this was blamed on the rabbits, for it is well known that rabbits pound on the ground with their hind legs and cause earthquakes. (5) On another night one of the wolves was killed by a bolt of lightning and this was also blamed on the rabbits, for it is well known that lettuce-eaters cause lightning. (6) The wolves threatened to civilize the rabbits if they didn't behave, and the rabbits decided to run away to a desert island. (7) But the other animals, who lived at a great distance, shamed them, saying, 'You must stay where you are and be brave. (8) This is no world for escapists. (9) If the wolves attack you, we will come to your aid, in all probability.' (10) So the rabbits continued to live near the wolves and one day there was a terrible flood which drowned a great many wolves. (11) This was blamed on the rabbits, for it is well known that carrot-nibblers with long ears cause floods. (12) The wolves descended on the rabbits, for their own good, and imprisoned them in a dark cave, for their own protection.

(13) When nothing was heard about the rabbits for some weeks, the other animals demanded to know what had happened to them. (14) The wolves replied that the rabbits had been eaten and since they had been eaten the affair was a purely internal matter. (15) But the other animals warned that they might possibly unite against the wolves unless some reason was given for the destruction of the rabbits. (16) So the wolves gave them one. (17) 'They were trying to escape,' said the wolves, 'and, as you know, this is no world for escapists.'

(18) *Moral: Run, don't walk, to the nearest desert island.*

Die nachfolgenden Betrachtungen wollen kein fertiges Unterrichtsmodell liefern; wohl aber orientieren sie sich, getreu der Konzeption des vorliegenden Bandes, an den mutmaßlichen Interessen des Englischlehrers, der diesen oder einen ähnlichen Text in seinem Unterricht in der Sekundarstufe II verwenden möchte.

Über den didaktischen Wert von Fabeln (um eine solche handelt es sich hier offensichtlich) ist in den letzten fünfzehn Jahren so viel geschrieben worden, daß es sich erübrigt, die pädagogische Relevanz einer Beschäftigung mit Texten dieser Art nochmals eigens nachzuweisen.[2] Selbst zu den Fabeln Thurbers im besonderen liegen bereits didaktische Überlegungen vor.[3] Die Befähigung zu einer kritischen Auseinandersetzung mit den Intentionen der Fabel, mit Recht immer wieder als oberstes Lernziel genannt[4], schließt auch eine präzise Erfassung ihrer sprachlichen Wirkungsmechanismen ein.[5] Beides wird man in der Praxis nur anhand weniger Beispiele vermitteln können.

Freeses Mindestanforderungen an die Analyse von Short Stories im Unterricht, wonach die dabei gewonnenen Erkenntnisse und Fertigkeiten auch auf andere Texte derselben Klasse transferierbar und rational nachprüfbar sein sollen[6], gelten zweifellos auch für die Behandlung von "very short stories". Daß Freeses formalistisch-erzähltheoretisch orientiertes Modell der „extrinsischen" wie der „intrinsischen" Ergänzung bedarf, ist von ihm selbst betont worden;[7] dies gilt ganz besonders für die Fabel, die ja in einem besonderen, nichtmimetischen Verhältnis zur Wirklichkeit steht und dabei eine bestimmte Weltsicht entwickelt, die es mit den Erfahrungen des Lesers in Beziehung zu setzen gilt.

Der Appell hierzu muß jedoch im Text selbst zu finden sein. Wenn es bei der Interpretation darum geht, den realen Leser so weit wie möglich an die Kompetenz des impliziten Lesers heranzuführen[8], so kann auf Vorinformationen wie z.B. biographische Details des Autors, Art und Zeitpunkt der Publikation des Textes, Stellung des Textes im Gesamtwerk des Autors usw. verzichtet werden. Freilich wird sich im Verlauf einer solchermaßen radikal werkimmanent durchgeführten Analyse zeigen, daß dergleichen Informationen für ein vollständigeres Verständnis des Textes eben doch notwendig sind.[9] Der vorläufige Verzicht auf sie hat jedoch den Vorteil, daß erstens der Blick auf die Funktionsweise des Textes gelenkt wird und dadurch Details ins Bewußtsein gerückt werden, die sonst unbewußt und unbeachtet blieben, und daß zweitens Vorurteile, mit denen der Leser zwangsläufig an einen literarischen Text herangeht, zumindest reduziert werden.

Die nachfolgende Interpretation einer Fabel von James Thurber soll also über die Darlegung des intendierten Sinnes hinaus zugleich Einsichten vermitteln darüber, „wie eine Fabel funktioniert" (wobei es hier offenbleiben mag, wieviel von den dabei gewonnenen Erkenntnissen auf welcher Unterrichtsstufe mit welchen Methoden an den Schüler weitergegeben werden kann). Relevante Fragen wären in diesem Zusammenhang z.B.: Aus welchen Daten schließt der Leser, daß er es mit einer Fabel zu tun hat? Wie konstituiert sich der für die Fabel typische „Zweitsinn"? Wie präzise läßt er sich erfassen? Zu welcher Haltung gegenüber dem Text wird der Leser ermuntert?

Die Kürze der Geschichte erlaubt, ja erfordert geradezu ein *close reading*, eine Betrachtung in Form eines fortlaufenden Kommentars. Ich will versuchen, auf diesem Wege, also in ständiger Auseinandersetzung mit dem Text, Antworten auf diese und ähnliche Fragen zu finden. Zur leichteren Orientierung wurden die Sätze in Thurbers Fabel von mir durchnumeriert.

Wenn dem Auftakt einer Geschichte grundsätzlich besondere Bedeutung zukommt, so gilt das in gesteigertem Maße für Gattungen wie die Fabel, deren Wirkung zu keinem geringen Teil auf Knappheit und äußerster Sparsamkeit der Mittel beruht. Titel und Eröffnungssatz verdienen daher besondere Aufmerksamkeit.

Wie es häufig der Fall ist, so hat auch hier der Titel der Geschichte weniger die Funktion, Vorinformationen über den Inhalt zu liefern, als vielmehr einen Leseanreiz zu schaffen. Er gibt auch noch keinen eindeutigen Hinweis auf die Gattung der nachfolgenden Erzählung;[10] dafür weckt er umso mehr die Neugier des Lesers. Daß Kaninchen, in unserer Vorstellung niedliche, harmlose Tiere, die Ursache von vielerlei Ärger sein sollen, erscheint unwahrscheinlich. Noch bevor wir wissen, was mit "all the trouble" gemeint ist, erhalten wir somit schon im Titel ein Ironiesignal, das freilich leicht übersehen werden kann. Daß der Titel in der Tat ironisch zu verstehen ist, erweist sich erst später zweifelsfrei.

Mit dem ersten Satz wird ohne weitere Umschweife die Ausgangssituation umrissen. Er enthält Informationen über die Protagonisten, bemerkenswerterweise jedoch nichts über den Ort und nur ganz vage Angaben zur Zeit der Handlung. Für die Intention der Fabel sind Details dieser Art irrelevant, ja störend, weil sie den vorgeführten Fall partikularisieren und damit die vom Leser geforderte Verallgemeinerung bzw. Übertragung behindern. Thurber bedient sich hier allerdings einer ungewöhnlichen Zeitangabe. Statt des zu erwartenden "Once upon a time" (einer Formel, die geradezu die Verweigerung einer Zeitangabe umschreibt) setzt er eine nicht ganz so vage Zeitbestimmung, die immerhin andeutet, daß die Geschichte erst vor kurzer Zeit passiert und also aktuell ist. Da wir keine Hinweise auf eine konkrete Erzählsituation bekommen (wer ist "the youngest child"?) bleibt jedoch auch diese Zeitangabe im Unbestimmten.

Mit der Nennung der Protagonisten verdichten sich die Hinweise an den Leser, daß er es hier mit einer Fabel zu tun hat. Entscheidend ist dabei nicht, daß es sich um Tiere handelt, sondern daß sie anthropomorphisiert, aber nicht individualisiert sind; vor allem aber, daß sie sich polar gegenüberstehen. Die Vermenschlichung der Tiere ist in diesem ersten Satz allerdings erst leicht angedeutet (in der Formulierung *"a family* of rabbits"); sie wird jedoch im nächsten Satz zweifelsfrei etabliert.

Von nicht geringer Bedeutung ist, daß alle handelnden Figuren nur in Gruppen auftreten. Für die Fabel – auch die Thurbersche – ist das eher ungewöhnlich. Damit wird bereits der politische Charakter des Geschehens angedeutet: es geht um das Verhalten und das Zusammenleben von Gruppen, nicht von Individuen. Dieses Zusammenleben ist durch ein starkes Machtgefälle bestimmt, das sich aus der Natur der beteiligten Tiere ergibt: für den fleischfressenden Wolf ist das kleine, wehrlose Kaninchen eine natürliche Beute. Der Konflikt ist vorprogrammiert.

Diese prekäre Ausgangssituation ist jedoch vom ersten Satz an als eine irreale erkennbar, denn Kaninchen und Wölfe können in Wirklichkeit keine Nachbarn sein. Damit ist die Grundlage für den Verweischarakter der nachfolgenden Geschichte geschaffen. Offensichtlich will uns der Erzähler nicht über das wirkliche Verhalten von Kaninchen und Wölfen informieren; folglich muß etwas anderes „eigentlich" gemeint sein.

Dieser Befund bestätigt sich im nächsten Satz (2), in dem die bereits geahnte Vermenschlichung der Tiere vollzogen wird. Der erwartete Konflikt zwischen den beiden ungleichen Parteien bricht aus, jedoch in Bahnen, die nicht tierischen, sondern menschlichen Verhaltensweisen entsprechen. Die Auseinandersetzung ist zunächst rein verbal: die Wölfe erklären, daß sie mit der Lebensweise ihrer Nachbarn nicht einverstanden sind. Angesichts der ungleichen Machtverhältnisse und der antagonistischen Interessen (natürlich wollen die Wölfe die Kaninchen fressen) ist das bereits jetzt als eine Ausflucht zur scheinbaren Legitimation von Gewalt erkennbar.

Dieser Sachverhalt wird durch den folgenden parenthetischen Einschub (3) allerdings etwas verwischt. Hier tritt erstmals der Erzähler selbst in Erscheinung, und seine Rolle ist für eine Fabel ungewöhnlich. Deutet die Formulierung des ersten Halbsatzes noch eine gewisse kritische Distanz des Erzählers zum Verhalten der Wölfe an ("crazy about the way they themselves were living"), so scheint der Erzähler im folgenden Kausalsatz ihren Standpunkt gutzuheißen. Da aber schon durch die Figurenkonstellation die Sympathien des Lesers den schwachen Kaninchen zuneigen dürften, und da überdies der Kommentar des Erzählers parteiisch und objektiv falsch ist, wird der Leser gezwungen, seinen Aussagen zu mißtrauen. Mit anderen Worten: der Kommentar in (3) erweist sich als ironisch; der Leser kann sich nicht einfach der Meinung des Erzählers anschließen, sondern muß sich ein eigenes Urteil bilden.

In den beiden parallel konstruierten Sätzen (4) und (5) wird die Unzuverlässigkeit des Erzählers vollends deutlich. Findet sich in den Anschuldigungen der Wölfe im ersten Fall noch ein minimaler Rest von Logik, so sind sie im zweiten Fall völlig absurd; beide werden jedoch vom Erzähler kritiklos übernommen und als unbezweifelbare Wahrheiten hingestellt. Die sprachliche Parallelität erzeugt etwas Komik, vor allem aber ein Gefühl der Steigerung. Was gesteigert wird, ist nicht etwa die Schwere der Unglücksfälle, sondern die Fadenscheinigkeit der Anschuldigungen. Der kumulative Effekt unterstreicht die Gefahr, die den Kaninchen von den Wölfen droht.

Die Gefahr verdichtet sich in Satz (6) weiter, aber sie wird charakteristischerweise mit einem verharmlosenden Euphemismus umschrieben. Daß sich hinter dem an sich positiv besetzten Wort 'civilize' Schlimmes verbirgt, zeigt einmal die Verbindung mit 'threatened', zum anderen die scheinbar übertriebene Reaktion der Kaninchen, die auf eine unbewohnte Insel flüchten wollen. Zugleich wird mit 'civilize' ein Signal gesetzt für mögliche Anwendungsgebiete der Fabel. Das Wort hat einen hervorragenden Stellenwert im Vokabular des Imperialismus; es impliziert die Annahme eines „Kulturgefälles" und ist oft genug Ausdruck der Arroganz der Mächtigen, die ihre eigene Lebensweise anderen aufzwingen wollen. Ohne daß auf dieser Stufe präzisere Zuordnungen möglich wären, wird jedenfalls der politische und aktuelle Charakter der Fabel durch die Verwendung dieses Wortes noch etwas deutlicher.

An dieser Stelle, da mit den Fluchtgedanken eine einigermaßen friedliche, wenn auch nicht gerechte Lösung des Konflikts in Sicht kommt, wird die für die Fabel typische Polarität der Antagonisten durch eine dritte Partei erweitert (7). Die „anderen Tiere" bleiben unbestimmt bis auf einen Umstand: sie leben weit entfernt vom Ort des Konflikts. Ihr Verhalten ist widersprüchlich: einerseits lassen sie erkennen, daß sie auf der Seite der Kaninchen stehen, andererseits ermahnen sie sie zur Tapferkeit. Statt konkreter Hilfe erhalten die Kaninchen unverbindliche Versprechungen (9) und sinnlose Slogans (8).

Das Auftauchen des Modeworts 'escapists'[11] bedeutet zunächst einmal eine amüsante Überraschung, da es eingefahrenen Vorstellungen von der „altmodischen" Gattung Fabel zuwiderläuft. Doch Thurber erreicht damit mehr als nur einen oberflächlichen Überraschungseffekt: er gibt uns ein Beispiel dafür, wie Slogans dazu benutzt werden können, klare Sachverhalte zu vernebeln. Laut *Supplement to the Oxford English Dictionary* besitzt 'escapist' nicht nur den heute allein geläufigen Sinn 'one who seeks distraction from reality or from routine activities'[12], sondern bedeutet auch ganz wörtlich 'one who escapes, or who tries to escape, from captivity, prison, etc.'. Offensichtlich verwendet der Slogan 'This is no world for escapists' das Wort im erstgenannten Sinn, während für die Kaninchen nur der zweite Sinn zutrifft: sie wollen sich nicht etwa der Realität entziehen, sondern einer ganz konkreten, existentiellen Bedrohung entfliehen. Da der Slogan nicht danach fragt, wer wovor und unter welchen Umständen fliehen will, kann er zur hirnlosen Durchhalteparole umfunktioniert werden, die all denen leicht über die

Lippen kommt, die nicht selbst betroffen sind. Und selbst in der richtigen Verwendung, bei der 'escapists' nichts weiter als ‚Aussteiger' meint, erweist sich der Slogan in seiner kategorischen Unbedingtheit bei genauerem Hinsehen als intolerant und repressiv. Kein Wunder, daß die Wölfe ihn später leicht zu ihrer eigenen Rechtfertigung gebrauchen können.

Nachdem so die Situation unverändert bleibt, kommt es prompt (die dazwischenliegende Zeit ist irrelevant und wird übergangen) zum dritten Konfliktfall (10). Die Naturkatastrophe fordert mehr Opfer unter den Wölfen als zuvor; bei den Anschuldigungen ist keine weitere Steigerung möglich. Wie schon beim vorigen Mal werden die Kaninchen als „Schuldige" nicht beim Namen genannt, sondern auf bestimmte markante Merkmale reduziert ("lettuce-eaters", "carrot-nibblers with long ears"). Diese Umschreibungen dienen nicht nur der Variation oder der Erzeugung von Komik. Vielmehr geben sich die Behauptungen der Wölfe damit den Anschein von wissenschaftlicher Objektivität; die Kaninchen aber erscheinen nicht mehr als individuelle Lebewesen, sondern als bloße Träger schädlicher Eigenschaften. Die pseudowissenschaftliche Denunzierung ist subtiler (und also wirkungsvoller) als die sonst übliche Beschimpfung von politischen Gegnern als „Volksschädlinge" oder „Ratten und Schmeißfliegen".

Der unvermeidliche Akt der Gewalt, in Wirklichkeit Ausdruck wölfischer Freßgier, wird gleich doppelt kaschiert (12): aufgrund der früheren Anschuldigungen erscheint er als Notwehr und rechtmäßige Bestrafung; nun wird er auch noch als eine Schutzmaßnahme im Interesse der Kaninchen deklariert. Die Verlogenheit der Wölfe wird umso deutlicher, als nicht gesagt wird, vor wem die Kaninchen denn geschützt werden sollen.

Spätestens an dieser Stelle drängt sich die Vermutung auf, daß die satirische Intention der Fabel nicht nur allgemeine, weit verbreitete Verhaltensweisen aufs Korn nimmt, sondern zugleich ein ganz konkretes politisches Geschehen meint. Der Begriff der ‚Schutzhaft', unschwer aus Satz (12) abzuleiten, weckt Assoziationen mit Praktiken Nazideutschlands, die sicherlich nicht zufällig sind. Außerliterarische Informationen wie das Erscheinungsjahr der Fabel (nämlich 1939) und die antifaschistische Einstellung ihres Autors sind geeignet, diese Vermutung zu erhärten.[13]

An dieser Stelle bietet sich ein Vergleich mit einer anderen Fabel an, die den meisten deutschen Lesern wohl noch aus der Schulzeit in Erinnerung sein wird (in der Fassung Martin Luthers) und die immer wieder von Dichtern neu gestaltet wurde.[14] Auch in Äsops Geschichte vom Wolf und dem Lamm geht es um die Rechtfertigung nackter Gewalt mithilfe durchsichtiger Anschuldigungen. Eine politische Anwendung ist auch hier möglich, aber längst nicht so naheliegend, da der Konflikt nicht zwischen Gruppen, sondern zwischen

Einzelwesen aufbricht, so daß wir auch bei der „Anwendung" der Fabel automatisch zunächst an Konfliktfälle zwischen einzelnen Personen denken.[15] Der entscheidende Unterschied aber liegt darin, daß es bei Äsop und seinen Nachfolgern keine dritte Partei gibt, die zu den Vorfällen zwischen Wolf und Lamm Stellung nehmen könnte.

Bei Thurber dagegen kommt dieser dritten Partei eine wichtige Funktion für die Gesamtbedeutung der Fabel zu. Dies wird vor allem im zweiten Abschnitt deutlich. Wir erfahren zwar nichts Genaues über die Machtverhältnisse zwischen den „anderen Tieren" und den Wölfen, doch fühlen sich die Wölfe immerhin bemüßigt, sich vor ihnen zu rechtfertigen. Die Tiere fragen allerdings erst ein paar Wochen später nach, was denn aus den Kaninchen geworden sei (13). Die Antwort der Wölfe (14) ist ausnahmsweise einmal ehrlich, aber an Zynismus unüberbietbar. In ihrem Munde erhält die Phrase von den „inneren Angelegenheiten", bei Politikern heute wie damals beliebt zur Abwehr unbequemer Kritiker, eine fatale Nebenbedeutung, ironischerweise gerade dadurch, daß sie hier auch wörtlich, und nicht nur im üblichen übertragenen Sinn, verstanden wird.

Auch im nächsten Satz (15) ist genau auf die Formulierung zu achten. Auf den ersten Blick scheint es so, als wollten die anderen Tiere den Willkürakt nicht hinnehmen; doch tatsächlich verlangen sie nur irgendeine Begründung ("some reason") für das Verhalten der Wölfe, und die angedrohten Konsequenzen werden sorgfältig im Bereich des entfernt Möglichen gehalten.

Satz (16), scheinbar redundant, läßt die gelangweilte Selbstsicherheit spüren, mit der die Wölfe diesen harmlosen Fragern entgegentreten können; zugleich schafft er Spannung für die Schlußpointe. Diese besteht natürlich darin, daß sich die Wölfe eben jenes Slogans bedienen, mit dem die Tiere kurz zuvor ihre gefährdeten Genossen abgespeist hatten (17). Im Munde der Mächtigen offenbart er seine ganze Gefährlichkeit. Im Grunde nehmen sie ihn nur beim Wort: Eskapisten sind alle, die fliehen wollen, und wenn dies keine Welt für Eskapisten ist, so müssen diese eben liquidiert werden. Eine Alternative (etwa, daß diese Welt geändert werden müßte, so daß sie Platz hat für Schwache und Unangepaßte) steht nicht zur Debatte.

Worin besteht nun der „eigentliche Sinn", die „Lehre", die „Ein- bzw. Ansicht" oder der „Zweitsinn"[16] dieser Fabel? In vielen älteren Fabeln ist die Einsicht, die sie vermitteln soll, in einer Art Lehrsatz ausformuliert und in Form des sogenannten Pro- oder Epimythions der eigentlichen Fabel vor- bzw. nachgestellt. Ein Epimythion besitzt auch diese Fabel, aber daß es nicht die „Einsicht" der Fabel formuliert, ist schon daran erkenntlich, daß es keine allgemeine Aussage enthält, sondern eine Handlungsanweisung. (Wie ernst diese gemeint ist, wird weiter unten zu diskutieren sein.)

Nach Lessings klassischer Fabeldefinition liegt ja jeder Fabel ein „allgemeiner moralischer Satz" zugrunde[17], den die Fabel exemplifiziert und veranschaulicht. In der Tat ist auch die moderne Fabelforschung noch der Meinung, daß sich der abzuleitende „Zweitsinn" vom manifesten „Erstsinn" der Fabel durch einen höheren Grad der Verallgemeinerung unterscheidet;[18] doch läßt sich der „moralische Satz" keineswegs eindeutig aus dem Text ableiten. Der Zweitsinn der Fabel ist zwar unmittelbar erkennbar, d.h. er wird durch die Erzählung selbst veranschaulicht und muß nicht von außen eingebracht werden; doch ist die Fabelstruktur andererseits prinzipiell mehrdeutig; die Fabel ist, in der Formulierung Lindners, „eine ‚transparente' und zugleich mehrdeutige Allegorie."[19]

In der Praxis sind freilich die Interpretationsmöglichkeiten im allgemeinen weitgehend eingeschränkt, denn der Zweitsinn muß einerseits nahe beim Erstsinn liegen und andererseits allgemein genug sein; im übrigen sind im Text in der Regel zahlreiche Steuerelemente eingebaut, die den Leser auf den vom Autor intendierten Weg führen. Der Satz „Gewalt geht vor Recht" z.B. wäre als Fazit der vorliegenden Fabel zwar möglich, aber zu allgemein: er paßt genauso gut zur Fabel vom Wolf und dem Lamm, wo er auch tatsächlich schon von Luther verwendet wird.[20] Was hier vorliegt, ist viel spezifischer: ein Modell der Unterdrückung wehrloser Minderheiten durch Abstempelung zum Sündenbock bei gleichzeitiger Einschüchterung und/oder Beschwichtigung möglicher Kritiker.

Die Aktualität dieses Modells wird durch die Verwendung von Redeweisen, die für die Jetztzeit charakteristisch sind, unterstrichen (pseudowissenschaftliche Begründungen, Ausdrücke wie "crazy about", "civilize", "a purely internal matter", "this is no world for escapists"). Auch wenn die beschriebenen Verhaltensweisen auch schon in früheren Zeiten zu beobachten waren, hat diese Fabel ihren „Sitz im Leben"[21] doch im zwanzigsten Jahrhundert.

Dabei sind die sprachlichen Signale so spezifisch, daß sich (wie schon angedeutet) sogar eine noch engere Interpretationsmöglichkeit anbietet, die auf die folgende Gleichsetzung hinausläuft: Wölfe = Nazis, Kaninchen = Juden, andere Tiere = freie Welt. Eine solche Deutung erscheint möglich, geht aber nicht zwingend aus dem Text hervor. Wäre dies die einzig mögliche Interpretation, so hätten wir es nicht mit einer Fabel, sondern mit einer satirischen Allegorie zu tun.[22] Dann müßten jedoch mehr Details der Geschichte mit dem realen Sachverhalt übereinstimmen; hier aber korreliert z.B. der stark schematisierte Handlungsablauf (Dreier-Aufbau!) nicht mit der historischen Entwicklung der Judenverfolgung im Dritten Reich. Man wird aber wohl von einer gewissen Nähe dieser Fabel zur satirischen Allegorie sprechen können, denn aufgrund der prinzipiellen Mehrdeutigkeit der Fabel kann die hier skizzierte Anwendung auch nicht rundweg ausgeschlossen werden.

Deutlich sind nun auch die satirisch-kritischen Züge dieser Fabel geworden. Sie lädt nicht zu einem resignierenden Akzeptieren des Unrechts ein („So ist die Welt nun einmal"), sondern zur Empörung dagegen. Dabei ist allerdings in der Tat „die Korrelierung des erzählten Vorgangs mit einem ganz bestimmten, weltanschaulich-konditionierten Wertsystem"[23] nötig. Wer selbst einem faschistischen Macht-Kult huldigt, mag die dummen Kaninchen verachten und stattdessen die stolze Herrenmoral der Wölfe sowie ihren Witz, mit dem sie ihre geistige Überlegenheit demonstrieren, bewundern.

Daß eine solche Interpretation der Intention Thurbers zuwiderliefe, erhellt nicht nur die Tatsache, daß unser Autor zeit seines Lebens ein Gegner totalitärer Systeme war und für die Schwachen Partei ergriff; es gibt auch Hinweise im Text selbst. Immerhin wird ja doch deutlich gemacht, daß die Kaninchen ungerecht behandelt werden, und das natürliche Rechtsempfinden des Lesers wird wohl in aller Regel das Vorgehen der Wölfe verurteilen.

Auch das Epimythion enthält versteckte Hinweise auf den Sinn der Fabel, obgleich es nicht aus einem Kommentar, sondern einer Handlungsanweisung besteht. Der Leser wird selbst zur Flucht aufgefordert und somit indirekt mit den Kaninchen gleichgesetzt. Die Formulierung "run, don't walk", eine parodistische Umkehrung der Redensart "walk, don't run", mit der man jemanden zu einer vorsichtigen Fortbewegungsart ermahnt, unterstreicht den Appell Thurbers, sich den Anweisungen von Autoritäten zu widersetzen und den eigenen Impulsen zu folgen. Doch indem der Kommentator impliziert, daß der Leser sich in einer ähnlich prekären Lage befinde wie die Kaninchen am Anfang der Geschichte, zwingt er den Leser erneut zum kritischen Nachdenken: zum einen, ob tatsächlich Parallelen bestehen zwischen seiner eigenen Situation und der Lage der Kaninchen; zum anderen, ob die hier vorgeschlagene Lösung überhaupt gangbar ist.

Damit wird eine Anwendungsmöglichkeit der Fabel auf individueller Ebene angedeutet: auch der Einzelne kann sich von erbarmungslosen und dabei scheinheiligen Gegnern umgeben finden und vergeblich auf die Solidarität seiner Mitmenschen hoffen. Eine solche Interpretation erfordert eine stärkere Abstraktion von den Details der manifesten Erzählung, aber sie ist durchaus möglich.

Doch auf der individuellen wie auf der politischen Ebene gilt: die Flucht auf eine „unbewohnte Insel" ist in Wirklichkeit keine Lösung, denn es gibt gar keine solche Insel, wo man vor den Nachstellungen jeglicher Feinde sicher wäre; und wenn es sie gäbe, könnte man auf die Dauer selbst nicht dort leben. Auch die „Moral" dieser Fabel steckt also voller Ironie und ist damit doppelt provokativ. Sie fordert einerseits dazu auf, sich nicht durch irgendwelche Ideologien davon abhalten zu lassen, die eigenen vitalen Interessen zu verfolgen, bietet aber andererseits für den Konfliktfall keine gangbare Alternative.

Der pessimistischen Konsequenz kann nur entgehen, wer die Geschichte gleichsam gegen den Strich liest. Nicht die bedauernswerten Kaninchen, sondern die anderen Tiere repräsentieren unsere Situation. Sie sind die wahren Eskapisten, weil sie das Unrecht nicht sehen wollen, das vor ihren Augen geschieht. Mir will scheinen, daß der Leser nur dann den moralischen Appell, der in dieser Fabel enthalten ist, richtig versteht, wenn er sich auch in den anderen Tieren wiedererkennt.

Anmerkungen

1 Zitiert nach *The Thurber Carnival*, S. 201; Numerierung der Sätze von mir. Erstveröffentlichung am 26. 8. 1939 in *The New Yorker*; in Buchform erstmals in *Fables for Our Time and Famous Poems Illustrated* (1940). – Vgl. Bowden, E. T.: *James Thurber: A Bibliography*, S. 134.
2 Für die Darstellung der didaktischen Diskussion und für weitere Literaturhinweise vgl. vor allem Dithmar, R.: *Die Fabel*; Payrhuber, F. J.: *Wege zur Fabel*; Schrader, M.: *Epische Kurzformen*.
3 Hermes, L.: „Thurbers Fabeln im Englischunterricht".
4 Vgl. z.B. Dithmar, R.: A.a.O., S. 182f.; Hermes, L.: A.a.O., 62; Schrader, M.: A.a.O., S. 129.
5 Vgl. Lindner, H.: *Fabeln der Neuzeit*, S. 46; auch Schrader, M.: A.a.O., S. 130.
6 Freese, P.: „Zur Methodik der Analyse von Short Stories". S. 40f.
7 Ebd., S. 64.
8 Vgl. ebd., S. 46.
9 Informationen dieser Art bietet in reichlichem Maße der Aufsatz „Die Fabeln James Thurbers" von K. P. Jochum, in dem die typischen Merkmale der Fabeln Thurbers mittels einer systematisierenden Betrachtung des gesamten Textkorpus herausgearbeitet werden unter Berücksichtigung biographischer und anderer historischer Daten.

10 Als Teil einer Sammlung mit dem Titel *Fables for Our Time* ist unser Text nur scheinbar eindeutig generisch festgelegt. Das Buch enthält z.B. auch die Geschichte "The Little Girl and the Wolf", die trotz angehängter „Moral" keine Fabel ist, wie Jochum (a.a.O., S. 246) richtig bemerkt, sondern eine Märchenparodie.

11 Laut *Supplement to the Oxford English Dictionary* ist 'escapist' erstmals 1933 belegt; Thurbers Fabel erschien 1939.

12 Moderne Wörterbücher wie das *Dictionary of Contemporary English* (1978) oder das *Collins Dictionary of the English Language* (1979) definieren 'escapist' bzw. 'escapism' ausschließlich in diesem Sinne.

13 Zum Antifaschismus Thurbers vgl. Jochum, K. P.: A.a.O., S. 245.

14 H. Lindners Sammlung *Fabeln der Neuzeit* enthält – ohne Anspruch auf Vollständigkeit – elf Versionen dieser Fabel.

15 Nach Coenen („Zur Deutbarkeit der Fabel") ist dies geradezu ein Gesetz der Fabeldeutung: „Unter konkurrierenden Zweitsinnen bevorzugt der Fabelleser – *ceteris paribus* – den Zweitsinn mit der stärkeren semantischen Motivation" (S. 19), d.h. den Zweitsinn, der am wenigsten vom Erstsinn der Fabel abweicht. Vgl. auch Anm. 19.

16 Die Terminologie ist in der Forschung in diesem Punkt besonders vielfältig. Lindner schlägt „Ein- bzw. Ansicht" vor (a.a.O., S. 26), während Coenen von Erst- und Zweitsinn der Fabel spricht.

17 Lessing, G. E.: „Von dem Wesen der Fabel" (1759). Zitiert nach Leibfried, E., Werle, J. M.: *Texte zur Theorie der Fabel.* S. 56.

18 Vgl. Coenen, H. G.: A.a.O., S. 17: „Der Erstsinn der Fabel erfaßt einen Einzelfall [...]. Der Zweitsinn dagegen erfaßt eine Fallmenge." – Vgl. auch Lindner, H.: A.a.O., S. 34 und Schrader, M.: A.a.O., S. 118.

19 Lindner, H.: A.a.O., S. 26. – Wodurch diese prinzipielle Mehrdeutigkeit entsteht, läßt sich am besten anhand des textlinguistisch orientierten Modells der Fabeldeutung von Coenen erklären. Nach Coenen muß der Leser, wenn er den Zweitsinn einer Fabel erschließt, zunächst durch Reduktion der manifesten Erzählung ein „Grundschema" entwerfen (was natürlich unbewußt geschieht), um sodann in einem zweiten Transformationsschritt einen Zweitsinn zu entwickeln, der eine Erweiterung des Grundschemas darstellt. Dabei sind prinzipiell sowohl mehrere Grundschemata aus ein und derselben Fabel ableitbar als auch mehrere „Zweitsinne" aus einem Grundschema.

20 Vgl. Lindner, H.: A.a.O., S. 157.

21 Der Begriff „Sitz im Leben" spielt eine wichtige Rolle in der Fabeltheorie Dithmars (vgl. bes. a.a.O., S. 115–123). Zur Kritik daran vgl. Lindner, H.: A.a.O., S. 18f. Zu Recht wird dort vor einer „Verabsolutierung bestimmter historischer Realisationen zu gattungsspezifischen Strukturmerkmalen und/oder Funktionen" (S. 18) gewarnt; das ändert aber natürlich nichts an der Notwendigkeit, bei einer Interpretation zu untersuchen, in welcher Weise sich zeitspezifische Anliegen im Text niederschlagen.

22 Vgl. zu diesem Begriff Leyburn, E.: *Satiric Allegory.*

23 Lindner, H.: A.a.O., S. 37.

Bowden, E. T.: *James Thurber: A Bibliography.* Ohio State University, 1968.

Coenen, H. G.: „Zur Deutbarkeit von Fabeln". *Linguistische Berichte* 41, 1976, 15–21.

Dithmar, R.: *Die Fabel. Geschichte, Struktur, Didaktik.* Paderborn, 4. Aufl. 1974.

Freese, P.: „Zur Methodik der Analyse von Short Stories im Englischunterricht der Sekundarstufe II". – In Freese, P., et al. (Eds.): *Die Short Story im Englischunterricht der Sekundarstufe II. Theorie und Praxis.* Paderborn, 1979, S. 38.

Hermes, L.: „Thurbers Fabeln im Englischunterricht". *Die Neueren Sprachen,* Neue Folge 24, 1975, 61–69.

Jochum, K. P.: „Die Fabeln James Thurbers". – In Hasubek, P. (Ed.): *Die Fabel. Theorie, Geschichte und Rezeption einer Gattung.* Berlin, 1982, S. 236.

Leibfried, E., Werle, J. M. (Eds.): *Texte zur Theorie der Fabel.* Stuttgart, 1978 (= Sammlung Metzler M 169).

Leyburn, E. D.: *Satiric Allegory: Mirror of Man.* New Haven, 1956.

Lindner, H.: *Fabeln der Neuzeit. England, Frankreich, Deutschland. Ein Lese- und Arbeitsbuch.* München, 1978 (= Kritische Informationen 58).

Payrhuber, F. J.: *Wege zur Fabel. Didaktisches Konzept für eine variationsreiche Behandlung.* Freiburg, 1978.

Schrader, M.: *Epische Kurzformen. Theorie und Didaktik.* Königstein, 1980.

Thurber, J.: *The Thurber Carnival.* New York, 1945.

Peter Hasenberg, Bochum

'A Conjuring Trick':
Christianna Brands "Aren't our Police Wonderful?" und
das Genre der *very short crime story*

1 Die Kurzform in der Kriminalliteratur[1]

Aus der gattungsgeschichtlichen Perspektive ergibt sich: am Anfang war die
Kurzform. Edgar Allan Poes Kurzgeschichten um den Amateurdetektiv
Auguste C. Dupin gelten allgemein als die markanten Grundsteine einer
neuen Gattung.[2] In den ersten Jahrzehnten nach Poe repräsentierte die Kurzform noch in besonderer Weise die gesamte Gattung. Mit Conan Doyles
Sherlock-Holmes-Geschichten beginnt nach Auffassung von J. Symons das
erste 'Golden Age', ein Höhepunkt der Gattungsentwicklung[3], der erst mit
dem bekannteren zweiten 'Golden Age', der Blütezeit des Detektiv*romans* in
der Zeit zwischen den beiden Weltkriegen, noch einmal erreicht und über-
schritten wurde. Die Kurzform wurde nach dem I. Weltkrieg durch den
Roman immer stärker verdrängt.[4] Bekannte Kriminalautoren und -autorinnen
wie Agatha Christie, Dorothy Sayers, Michael Innes u.a. schrieben zwar
auch immer noch *short stories,* ihren Ruhm verdanken sie jedoch ihren
Romanen.

Dennoch blieb die *short story* für die Gattungsentwicklung nicht unbedeu-
tend. Als in den 20er Jahren eine 'Rebellion'[5] gegen den traditionellen
Detektivroman in Amerika einsetzte, war zunächst wiederum die Kurzform
dominant: in dem heute legendären *pulp magazine* 'Black Mask', das von
1920 bis 1951 erschien, entstand mit den Kurzgeschichten von Carroll
John Daly, Dashiell Hammett und anderen Autoren die sogenannte 'hard-
boiled school.'[6] Doch alle bekannteren Vertreter dieser 'Schule' verdanken
ihren Rang in erster Linie ihren Romanen. Die *paperback novels* verdrängten
wiederum die *pulp magazines.*[7] Daß die Kurzform in der Kriminalliteratur
nicht vollkommen unterging, ist vor allem einer Publikation zu verdanken:
dem 1941 gegründeten *Ellery Queen's Mystery Magazine,* dem bis heute
wichtigsten Forum für die Kurzform innerhalb der Gattung.[8]

Überblickt man die Gattungsentwicklung, kann man nur feststellen, daß die
Kurzform trotz mancher Anstrengung von einzelnen Autoren und Heraus-
gebern doch zunehmend an Bedeutung verloren hat. Unter den Autoren
des 20. Jahrhunderts gibt es nur wenige, die ihren Ruf in großem Maße

auch ihren Kurzgeschichten verdanken wie z.B. Cyril Hare, Stanley Ellin, Henry Slesar oder Roald Dahl, wobei die letzten drei Autoren mit ihren makaber-hintergründigen Kurzgeschichten eine Sonderstellung einnehmen und nicht immer eindeutig dem Bereich der Kriminalliteratur zuzuordnen sind.[9]

Der unbestreitbaren Tatsache, daß der 'Krimi' heutzutage vorwiegend durch die Langform des Romans repräsentiert wird, stehen die Äußerungen von Autoren und Gattungstheoretikern gegenüber, die die Affinität der Gattung zur Kurzform betonen. Die *detective story* wurde in die Nähe des Rätsels gerückt[10], die Langform nicht selten als eine bloße Erweiterung der Kurzform aufgefaßt[11], wenn auch nur wenige Theoretiker so weit gehen wie F. Dannay und M. B. Lee (= Ellery Queen), die behaupten:

> ... the original, the "legitimate", form was the short story. The detective novel is a short story inflated by characterization and romantic nonsense, too often for purposes of padding, and adds only one innovation to the short-story form: the byplot, or red herring, which when badly used serves only to irritate when it is meant to confuse.[12]

Eine derart negative Einschätzung des Romans resultiert aus dem Bemühen der Autoren, eine Lanze für die Kurzform zu brechen. Wenn die Kurzform auch nicht immer als einzig 'legitime' Form herausgestellt wird, so werden doch wenigstens besondere Vorzüge lobend hervorgehoben. So bemerkt z.B. L. A. G. Strong:

> ... it has the great advantage that it need not be prolonged beyond the vital needs of the idea.[13]

Es ist jedoch nicht zu übersehen, daß Kurzgeschichten, sieht man einmal von Poe und Conan Doyle ab, in der Gattungsdiskussion kaum eine Rolle gespielt haben. Untersuchungsobjekte sind in der Regel Romane, vorzugsweise die typischen *Whodunits* aus dem Goldenen Zeitalter. Das liegt nicht zuletzt daran, daß die Vorzüge der Kurzform nicht so eindeutig sind, wie manche Autoren es darstellen.

2 Probleme der extremen Kurzform

Neue Gesichtspunkte drängen sich auf, wenn man die extreme Kurzform in Betracht zieht. In der Regel sind Detektiv- oder Kriminalgeschichten nämlich nicht unbedingt von extremer Kürze. In Ellery Queens Sammlung der besten Kurzgeschichten aus 101 Jahren, die 1941 erschien, gibt es nur zwei Geschichten mit weniger als acht Seiten.[14] Die meisten Geschichten haben einen Umfang von 15 bis 25 Seiten. Quantitative Festlegungen, die bei der Diskussion von Kurzgeschichten stets getroffen werden, besagen nicht viel. Ellery Queen geht von einem Durchschnittswert von 6000–8000

Wörtern aus[15], Q. Patrick legt für die extreme Kurzform einen Orientierungsrahmen von 1200–2000 Wörtern fest.[16] Wichtiger als quantitative Betrachtungen sind jedoch Auseinandersetzungen mit der Frage nach den besonderen Problemen der extremen Kurzform.

Schon auf den ersten Blick erscheint die extreme Kurzform als problematisch: wie läßt sich all das, was nach allgemeiner Auffassung den besonderen Reiz der Gattung ausmacht, auf wenigen Seiten unterbringen? Ein exzentrischer Detektiv als markante Zentralfigur kann auf wenigen Seiten seine Fähigkeiten kaum richtig zur Schau stellen, der Fall und die Lösung dürfen nicht kompliziert sein, weil für seitenlange Erklärungen einer ausgeklügelten Mordmethode kein Platz ist, eine große Zahl von Verdächtigen kann nicht aufgebaut werden, der Raum für das Verstecken von *clues* und *red herrings* ist aufs Äußerste eingeengt, ein interessantes Milieu läßt sich kaum entfalten. Q. Patrick zieht daraus den Schluß:

> Many ideas, which might be excellently developed in a regular length short story, turn out to be disastrous in the short short. Any ideas, for example, which depend upon "red herrings", an involved method of murder or a complicated motive must be ruthlessly abandoned. What is needed is a simple but clever murder plan comprising one or two little flaws which the detective can, by his developed reasoning process, discover and turn into damning evidence against the murderer.[17]

Der von Q. Patrick hervorgehobene Zwang zu Vereinfachungen fordert vom Autor, daß er die wenigen Ideen, die sich in der *very short story* unterbringen lassen, besonders effektvoll darbietet. Der Autor muß versuchen, die Geschichte so wirksam zu machen, daß sie auch nach Abschluß des Lesevorgangs im Gedächtnis haften bleibt und den Rezipienten beschäftigt.

Die Kurzgeschichten-Theorie hat sich immer wieder mit der Frage auseinandergesetzt, wie sich aus dem Zwang zur Kürze eine besondere Konzentration der Bedeutung ergibt.[18] Bestimmte Strategien wie die Steigerung der Aussage durch vielschichtige Symbole oder besonders komplexe und repräsentative Weltausschnitte spielen für die Kurzgeschichte in der Kriminalliteratur keine Rolle. Ausgenutzt werden hier vor allem die besondere Wirkung eines *surprise ending*, was die Wirkung der Geschichte insofern verstärkt, als die Schlußwendung den Leser zwingt, die Handlung noch einmal in einem neuen Licht zu betrachten, und die Wirkung von extrem ausgefallenen Mordideen, die oft bis ins Absurde gesteigert sind.[19]

3 Die Ausrichtung auf den Leser

Die *very short crime-detective stories* haben die Funktion, den Leser zu unterhalten. Sie gehören eindeutig zum Typ der kommerziellen Kurzgeschichte[20], der in der Kurzgeschichtentheorie weitgehend als diskussionsunwürdig abgetan wird.

Die allgemeine Feststellung, daß Trivialformen oft der Gattungsentwicklung 'hinterherhinken'[21], trifft für die Detektiv- oder Kriminalgeschichte ohne Zweifel zu. Ähnlich wie die Science-Fiction-Autoren, in der Regel sogar noch stärker als diese, verzichten Kriminalautoren auf erzähltechnische Experimente. Der vorherrschende Typ der Kriminalkurzgeschichte orientiert sich an dem von O. Henry gepflegten und heute als 'kommerziell' in Verruf geratenen Typ der Geschichte mit einem Überraschungseffekt am Ende. Sie gehört zum Typ der *plot story*[22], der in der allgemeinen Kurzgeschichtentheorie heute als veraltet gilt.[23] Charaktere und Milieu sind beschränkt auf klischeehafte Andeutungen, die Originalität liegt in der Raffinesse des Gedankens, der den Angelpunkt des *plot* bildet und häufig an einen bestimmten Gegenstand, ein sogenanntes *gimmick*, gebunden ist.[24]

Ausschlaggebend ist nicht die Komplexität der Idee, sondern die geschickte Präsentation. Die Ausrichtung auf den Leser gehört seit langer Zeit zu den interessantesten Themen der Diskussion um die Gattung der Kriminalliteratur. Nachdem sich die vor allem von Autoren propagierte Sichtweise des Detektivromans als eines fairen Spiels zwischen Detektiv und Leser als wenig tauglich erwiesen hat, ist der Weg frei für eine genauere Betrachtung der Rezeptionsvorgänge.[25] Gerade die extreme Kurzform wird hier besonders interessant, da die Möglichkeiten der effektvollen Steuerung des Lesers, die dem Autor zur Verfügung stehen, in der schon erwähnten Weise limitiert sind, so daß nur die sichersten Strategien zum Einsatz kommen können. M. Gilbert, selbst ein Krimiautor, hat in einer Einleitung zu den Kurzgeschichten von Cyril Hare das Vorgehen eines Autors treffend gekennzeichnet:

> [The crime story] is often presented as a conjuring trick. The narrative is but a piece of entertaining patter, designed to fix your attention upon the conjuror's right hand, whilst his left hand is palming the blackjack with which he plans to hit you in the final line.[26]

Vor dem Hintergrund der in den vorangegangenen Abschnitten entworfenen Gattungsperspektive soll eine konkrete Kurzgeschichte analysiert werden, die die grundlegenden Möglichkeiten der extremen Kurzform demonstriert, wobei vor allem die Ausrichtung auf den Leser ein besonderes Gewicht bekommt.

4 Analyse der Kurzgeschichte *"Aren't our Police Wonderful?"*[27]

4.1 Die Autorin[28]

(Mary) Christianna (Milne) Brand gehört zwar nicht zu den Kriminalschriftstellerinnen ersten Ranges wie Agatha Christie, Dorothy Sayers, Margery

Allingham oder Patricia Highsmith, aber sie hat doch bei Kennern der Gattung durch einige ihrer Romane und Kurzgeschichten Beachtung gefunden. Die 1909 in Malaya geborene Autorin verbrachte ihre Kindheit in Indien, wurde später auf einer Klosterschule in Taunton, Somerset, erzogen und heiratete 1939 den Arzt R.S. Lewis. Neben Kriminalromanen und -kurzgeschichten schrieb sie auch einige *straight novels*, die aber nur wenig Beachtung fanden.

Wie jede Kriminalschriftstellerin hat auch Christianna Brand eine Detektivfigur als 'Markenzeichen': Inspektor Cockrill von der Kent County Police, der in sechs ihrer Romane auftritt. Bemerkenswert ist darunter der Roman *Green for Danger* (1944), der später die Vorlage für einen Film lieferte, der zu den besten englischen Detektivfilmen gezählt wird.[29] J. Symons, der Christianna Brands Romane eher als "too hectic" ablehnt, hat jedoch den Roman *Cat and Mouse* (1959) als ihr bestes Werk angesehen und in seine Liste der 100 besten Kriminalromane aufgenommen.[30]

Typisch für die Romane und Kurzgeschichten von Christianna Brand sind vor allem ausgefallene *plots* mit überraschenden Lösungen, die man mit O. Henrys *surprise endings* verglichen hat, ungewöhnliche Schauplätze und der oft ironische Ton der Darstellung.[31]

Wie die meisten ihrer Kolleginnen hat sich Christianna Brand eindeutig zu der Unterhaltungsfunktion ihrer Werke bekannt:

> I write with enormous respect for correctness and style, endlessly altering and fiddling with my work, and with scrupulous fairness in the puzzle aspect. But all that being said, I make no claim to do anything other than entertain.[32]

4.2 Der Charakter des unterhaltsamen Spiels

"Aren't our Police Wonderful?" erzählt die Geschichte eines Mordes mit einem verblüffenden Clou: der Ich-Erzähler, Charley mit Namen, ist mit seiner Frau Lil und seinen Kindern auf den Bauernhof seines alten Vaters zurückgekehrt. Um nach dem Tod des Vaters in den Besitz des Hofes zu kommen, versucht er, den legitimen Erben, seinen Bruder George, zu ermorden. Mit Hilfe eines fingierten Briefs, der sich als das typische *gimmick*, der Angelpunkt des *plot*, erweist, will der Erzähler den Mord als die Tat eines eifersüchtigen Ehemannes darstellen. Der ausgeklügelte Plan gelingt, der ahnungslose George wird hinterrücks erschlagen. Die Polizei findet – wie geplant – den fingierten Brief, dessen Wirkung ist jedoch überraschend; er macht Charley zum Hauptverdächtigen, da seine Frau – wie sich herausstellt – ein Verhältnis mit George hatte.

Die Geschichte stellt einen besonders häufigen Typ der *very short crime story* dar: die Geschichte eines raffinierten Mordplans, der doch letztlich einen Fehler enthält, die Geschichte einer Kalkulation, die nicht aufgeht. Daneben gibt es im Bereich der extremen Kurzgeschichten auch einen Typ der *very short detective story,* in deren Mittelpunkt die traditionelle Detektivfigur steht.[33] Geschichten dieses Typs sind jedoch meist weniger eigenständig. Da die *very short story* es dem Autor kaum ermöglicht, eine eindrucksvolle Detektivfigur auf wenigen Seiten aufzubauen, tauchen in den extremen Kurzformen meist Detektive auf, die dem Leser aus Romanen bekannt sind. Da Geschichten mit einem Detektiv als Zentralfigur (ob in Kurz- oder Langform) bisher am ausführlichsten behandelt worden sind, erscheint es interessanter, eine Geschichte anderen Typs an dieser Stelle zu untersuchen. Daß Geschichten, die auf einen Detektiv verzichten, besonders häufig sind, läßt sich aus der für die *very short story* ausschlaggebenden Forderung nach Ökonomie erklären. Die Grundidee ist von ähnlicher Art – ein Mord mit kleinen Fehlern –, der Detektiv als eine Art Moderator im unterhaltsamen Rätselspiel kann nahezu problemlos wegfallen.

Die *very short crime stories* sind kaum mehr und wollen kaum mehr sein als eine amüsante Spielerei mit der Idee des perfekten Verbrechens. Dadurch bringt die extreme Kurzform häufig stärker zutage, was ein Merkmal der gesamten Gattung ist: den Charakter des unterhaltsamen Spiels. Gibt es schon bei den Kurzgeschichten von mittlerer Länge eine Reihe von Beispielen für Geschichten, die durch einen Rahmen (z.B.: Mitglieder eines Clubs stellen reihum Morddrätsel) den geselligen Charakter des Erzählens von Mordgeschichten betonen, so zeigt sich bei der *very short story* eine Tendenz zu Ironie und Komik, was bewirkt, daß die Rezeption der Geschichten als ernsthafte Darstellungen von Verbrechen von vornherein unmöglich gemacht wird. Die *very short story* beruht, wie das Beispiel von Christianna Brand zeigt, nicht selten auf einem geschickten Bluff des Autors, der dann am besten gelingt, wenn die augenzwinkernde Einstellung des Autors zu seiner Geschichte deutlich spürbar wird.

Daß man die Geschichte "Aren't our Police Wonderful?" nicht als ernsthafte Darstellung eines Verbrechens auffassen soll, wird durch die vielen Elemente des Komischen unmißverständlich klar gemacht. Schon der Erzähler, dessen Allerweltsname Charley eher auf den Typ des netten Kumpans oder freundlichen Nachbarn als auf den Typ des skrupellosen Mörders verweist[34], schlägt in seiner saloppen Ausdrucksweise, die den Stil des mündlichen Erzählens imitiert, einen komischen Ton an:

> Chap called Hocker, it was, and he wanted to do in a pal of his for the money the pal was supposed to carry around. (S. 82)

And I wrote a letter breathing love and passion and referring back to a lot of goings-on and saying that the lady's wicked, jealous husband was beginning to suspect and I put a lot of tripe about I tremble for your life and stuff like that. (S. 83)

Durch seine schamlos egoistische Haltung, die ohne jegliche Anzeichen von Reue oder Schuldgefühl ist, setzt sich der Erzähler in ironische Opposition zu den *troubled narrators,* die in ähnlicher Situation, unter dem Eindruck des unaussprechlichen Grauens, ihre verdammungswürdige Tat gestehen, wie sie aus Geschichten wie "The Black Cat" oder "The Tell-Tale Heart" von Poe bekannt sind.[35] Weitere Elemente des Komischen sind: die Typenhaftigkeit der Figuren (der gewitzte Sohn, der in den Genuß des Erbes kommen will, der senile Vater, der ihm das Erbe vorenthalten will, der naive Tölpel von einem Bruder – alles bekannte Komödienfiguren), das bäuerliche Milieu der finstersten Provinz, eher ein typisches Schwankmilieu, die Einbeziehung von banaler Alltagsrealität, die man überhaupt nicht mit Verbrechen in Verbindung bringen würde ("Woolworth") und schließlich die komische Handlungsstruktur: das Motiv des betrogenen Betrügers, die Komik einer Figur, die die raffiniertesten Pläne ersinnt, das Nächstliegende aber übersieht und so in die selbstgebaute Falle stolpert.[36]

Indem Christianna Brand deutlich macht, daß es ihr nicht um eine ernsthaft zu betrachtende Thematik geht, stellt sie nur ein allgemeines Merkmal vieler Werke der Gattung in deutlicher Weise heraus. Auch andere Merkmale der Geschichte weisen auf allgemeinere Charakterzüge der gesamten Gattung hin. Wichtig sind hier vor allem: (1) die Eindeutigkeit der Moral, (2) die Einstellung zum Verbrechen und (3) die Klischeehaftigkeit der Motive und Rollen der Figuren.

Die Moral der meisten Detektiv- oder Kriminalgeschichten steht fest: *Crime doesn't pay.* Interessant wird ein Werk der Kriminalliteratur keineswegs durch die Originalität der abzuleitenden Moral. Da die Moral ohnehin festgelegt ist, kann sie der Erzähler in "Aren't our Police Wonderful?" gleich vorwegnehmen:

> ... it didn't do Hocker no good in the end, as it turned out; and it hasn't done me no good, neither, so I don't advise you to try it. (S. 82)

Die Einstellung des Erzählers zum Verbrechen läßt sich mühelos auf die Einstellung des Autors zur Gattung projizieren. Mord wird als Gedankenspiel gesehen. Auf die Idee kommt es an: "... it was quite an idea, I thought." (S. 82) Der Entwurf des Mordplans durch den Erzähler wiederum kann in Beziehung zum Entwurf einer Kriminalgeschichte durch den Autor gesetzt werden. Charley gewinnt seinen Mordplan durch Variation: er nimmt eine

Mordidee, die schon erprobt wurde, ersetzt bestimmte Größen (Figuren, Schauplatz) durch andere und erhält so eine neue Konstellation. In analoger Weise gewinnt der Autor das Muster seiner Geschichte, indem er bestimmte Strukturelemente der Gattung variiert.[37] Betrachtet man die Figurentypen und Motive der Geschichte, so stößt man überall auf bekannte Klischees der Gattung: der gerissene Mörder, das ahnungslose Opfer, die in ihren Detektionsfähigkeiten eingeschränkte Polizei, der fingierte Brief, das Erb-Motiv, die Dreieckskonstellation, das Eifersuchts-Motiv, schließlich das Kain-und-Abel-Motiv, das für manche Theoretiker auf den Ursprung der gesamten Gattung verweist.[38]

Löst man diese einzelnen Elemente aus dem Kontext der Darstellung, so erscheinen sie äußerst abgegriffen, und es muß um so mehr erstaunen, daß die Geschichte überhaupt 'funktioniert'. Man findet hier ein allgemeines Grundgesetz der Gattung bestätigt: nicht auf das *Was* kommt es an, sondern auf das *Wie*, nicht auf die Originalität der einzelnen Bausteine, sondern auf die Art und Weise ihres Zusammenwirkens in der Vorführung durch den Autor als 'Zauberkünstler'.

4.3 Handlungsstruktur und Leserlenkung

Für die Wirkung der Geschichte ist der Einleitungsteil besonders relevant, der die Erzählsituation umreißt, die Überschrift als Themenformulierung der Geschichte aufgreift, durch Vorausdeutungen des Endes Spannungen beim Leser erzeugt und ihn durch den besonderen Ton auf die geforderte amüsiert-lockere Lesehaltung einstimmt. Abgesehen von diesem Einleitungsteil, der für eine Kurzgeschichte als durchaus typisch gelten kann, verläuft die Geschichte von ihrem Aufbau her nach simplen Erzählmustern ab. Nacheinander werden die Phasen einer Handlung nach dem Schema Konfliktsituation – Handlungsausführung – Endsituation dargestellt. Im Detail ergibt sich folgende Struktur:

(1) Einleitung: Erzählsituation, Thema, Vorausdeutung
(2) Mordidee
(3) Auslösende Konfliktsituation: Erbstreitigkeiten
(4) Ausführung des Mordplans in mehreren Phasen
   (a) Verfassen des fingierten Briefes
   (b) Vorgetäuschte Bedrohung des Opfers
   (c) Polizeibesuch als Ablenkungsmanöver
   (d) Ausführung der Tat
(5) Endsituation: überraschende Überführung des Täters

Vergleicht man die Geschichte mit anderen *very short stories* der Gattung, so erkennt man eine durchaus häufige Grundstruktur. Am ehesten wird der Einleitungsteil (1) weggelassen. Vom Umfang her ist der Teil (4) am längsten. Die Grundstruktur in der *very short detective story* ist ähnlich, nur daß an die Stelle der Mordidee und der Konfliktsituation die aufzulösende Rätselsituation tritt und die in Phasen dargestellte Durchführung des Mordplans durch die in Phasen dargestellte Fahndungsarbeit des Detektivs ersetzt wird.

Die Geschichte bietet sich an zur Untersuchung der Steuerungsstrategien des Autors und der durch sie hervorgerufenen möglichen Leserreaktionen. Hier sind drei wesentliche Phasen zu beachten: die Strategie der Lesersteuerung im Anfangsteil (1)–(2); die Strategie im Mittelteil (3)–(4) und die Strategie im Schlußteil (5).

Die Strategie der Autorin zu Beginn der Geschichte besteht darin, daß sie einerseits Elemente verwendet, die dem Leser vertraut sind, gleichzeitig aber Elemente einbaut, die den gängigen Erwartungen widersprechen. Erwartetes und Unerwartetes treten in ein Spannungsverhältnis, das die ganze Geschichte bestimmt. Die Erzählsituation – ein Mörder gesteht seine Tat und deutet das Ende der Erzählung an – ist durchaus vertraut, das Lob der Polizei jedoch ("Well, you can't help admitting it: it's like people say – our police are wonderful." S. 82) widerspricht allen gängigen Erwartungen. Zwischen dem Sprecher, der als Mörder und damit als Gegenspieler der Polizei gekennzeichnet wird, und dem Sprechakt (Lob der Polizei) klafft eine zunächst unüberbrückbar scheinende Kluft. Nicht zuletzt wird das spannungsauslösende Moment dieses offensichtlichen Widerspruchs dadurch vergrößert, daß die Berechtigung des Lobes in keiner Weise untermauert wird. Der Leser wird dazu neigen, diese 'Leerstelle'[39] durch eine naheliegende, aus dem Text abzuleitende Hypothese zu überbrücken. Die vom Text suggerierte Lösung ist die, daß sich das Lob auf die erfolgreiche Aufdeckung des Verbrechens durch die Polizei beziehen muß.

Die Einleitung stellt die 'Optik' des Lesers in bestimmter Weise ein, setzt Aufmerksamkeitssignale, deutet an, auf welche relevanten Aspekte sich das Interesse bei der Lektüre des folgenden Textes richten soll: (1) auf die Frage, welcher Fehler zum Scheitern des Täters geführt haben mag oder (2) auf die Frage nach der Rolle, die die Polizei gespielt hat. Beide Fragen weichen von den 'Standardfragen' der Gattung, 'Wer war der Täter?' oder 'Wird es der Polizei gelingen, den Täter zu fassen?', insofern ab, als die Auswahl der möglichen Antworten nicht limitiert ist.

Wichtig ist im Einleitungsteil darüber hinaus die Tatsache, daß hier zum ersten Mal das *gimmick,* der fingierte Brief, erwähnt wird.[40] Dieses Hauptelement im Plan des Mörders, das zum Hauptindiz für dessen Überführung wird, ist das am häufigsten wiederaufgenommene Textelement. Es erscheint wieder in den Teilen (4.a), (4.d), und (5).

Im Lichte der im Einleitungsteil aufgebauten Aufmerksamkeitssignale scheint der Teil (2) zur Lösung der Ungereimtheiten beizutragen: der Erzähler behauptet von sich, kein Narr zu sein, aber das, was er als besonders raffinierte Abwandlung der Mordidee hinstellt, erscheint kaum als genial. Eine mögliche Selbstüberschätzung des Erzählers deutet sich an.

Aber die Geschichte nimmt einen unerwarteten Verlauf. Im Mittelteil (3)–(4) ändert die Autorin ihre Strategie. In ausführlicher Darstellung wird die Vorgehensweise des Erzählers entwickelt, wobei die besondere Anstrengung sowie die Einordnung eines jeden Schritts in einen Plan betont wird. Die im Anfangsteil angedeutete Möglichkeit, daß der Erzähler doch in größerem Maße ein *fool* ist, als er selbst erkennt, wird nicht durch neues Material untermauert. Im Gegenteil: je weiter sich die Geschichte entwickelt, um so mehr trumpft die Hauptfigur auf. Der Leser wird immer stärker verleitet, sich mit dem Erzähler zu identifizieren, weil

(1) er der einzige Perspektiventräger ist und damit ohnehin schon dem Leser näher steht als die anderen Figuren,

(2) der Erzähler/Mörder die einzige Figur ist, in deren Handlungen der Leser Einblick erhält,

(3) die nachvollziehbaren rationalen Handlungspläne des Erzählers/ Mörders durch den Handlungsverlauf immer wieder bestätigt werden, seine Schachzüge gelingen,

(4) die anderen Figuren, vor allem George, das Opfer, gegenüber der Hauptfigur eindeutig abgewertet werden, sie als ahnungslose Dummköpfe erscheinen.

Die Autorin spekuliert hier auf berechenbare Leserreaktionen: der Leser wird sich eher auf die Seite des gerissenen Intriganten stellen als auf die Seite des Opfers[41], das so maßlos dumm und naiv erscheint, weil es immer wieder der Wahrheit auf der Spur ist ("This is a rum go", S. 83, "The whole thing's a hoax", S. 85), aber nicht in der Lage ist, den naheliegenden Schluß, den der Vater mit seinem Hinweis auf Kain und Abel (S. 84) sogar noch andeutet, zu ziehen.

Der Mittelteil, der den Erzähler als überlegenen Intriganten herausstellt, läßt insgesamt mehrere Reaktionen zu, je nachdem, wie der Leser den Anfangsteil aufgefaßt bzw. noch im Gedächtnis hat:

(1) der Leser hat die Andeutungen des Anfangsteils vergessen und ist gespannt auf weitere raffinierte Schachzüge der Hauptfigur,

(2) der Leser hat die Andeutungen des Anfangsteils noch genau in Erinnerung und ist gerade deshalb darauf gespannt, wie die zentralen
Fragen, die sich am Anfang herauskristallisierten, beantwortet werden;
er erwartet z.B., daß auf den ausgeklügelten Mordplan eine noch
genialere Fahndungsmethode der Polizei folgt,

(3) der Leser erinnert sich an die Andeutungen des Anfangsteils, ist aber
verunsichert durch den weiteren Verlauf der Geschichte und stellt
Hypothesen darüber auf, ob die als Andeutung des Scheiterns auf-
gefaßten Hinweise doch vielleicht anders zu interpretieren sind.

Das Interessante ist, daß eine Reihe von Leserreaktionen denkbar und wahrscheinlich sind, daß aber auch alle der Absicht der Autorin, den Leser über
die tatsächliche Lösung in Unwissenheit zu halten, dienlich sind.

Dem aufmerksamen Leser wird auffallen, daß der Ton des Anfangsteils
stärker ins Gedächtnis zurückgerufen wird. Es ergeben sich wieder die
Diskrepanzen zwischen den Urteilen über Handlungen anderer, die der
Sprecher fällt, und den Reaktionen, die man von ihm erwartet hätte, so z.B.
wenn er sich über die Undankbarkeit seines Bruders beschwert ("So that's
what thanks I get for going along with him to meet a bunch of roughs.",
S. 84), während er genau weiß, daß er selbst der einzige böse Bube ist, mit
dem sein Bruder rechnen muß.

Im Schlußteil wird die Kreisstruktur der Geschichte offenbar, rein äußerlich
schon dadurch, daß wieder explizit auf Titel und Einleitungsteil durch Wie-
derholung des Themas ("But it's like I said – our police are wonderful.",
S. 85) Bezug genommen wird. Der Schlußteil setzt sich vom Mittelteil auch
dadurch ab, daß sich hier deutlich die Erzählhaltung ändert. Während im
Mittelteil die Handlungen in ihrem Verlauf detailreich geschildert wurden,
werden am Schluß nur noch Handlungsergebnisse mitgeteilt. Schlag auf
Schlag fallen die Enthüllungen.

Der Schluß enthält eine doppelte Überraschung: es zeigt sich, daß die Kal-
kulationen des Mörders einen Fehler enthalten, und die Behauptung über
die Polizei erhält eine unerwartete Auslegung. Die Perspektive wird vollkommen umgedreht. Während die Geschichte bisher von einem cleveren
Intriganten zu handeln schien, steht der Schlaue nun am Ende als der Dumme
da. Die Lösung enthält eine doppelte Paradoxie: der Mörder wollte von sich
ablenken, hat aber dadurch gerade auf sich verwiesen; die Polizei ist so 'dumm'
wie erwartet, sie zieht nur die nächstliegenden Schlüsse, und obwohl sie
nicht hinter den Mordplan kommt, gelingt es ihr dennoch, den richtigen
Täter zu fassen.

Während im ersten Teil der Geschichte immer ein deutlicher Kontrast zwischen dem wissenden Erzähler und den unwissenden anderen Figuren bestand, stellt sich am Ende heraus, daß alle wichtigen Beteiligten in ihrer Einsicht beschränkt sind, der Mörder, sein Opfer, die Polizei – und letztlich auch der Leser, der die Lösung in dieser Form nicht voraussehen konnte.

Mit dem Wissen um die Lösung der Geschichte eröffnet sich eine ganz neue Perspektive für eine zweite Lektüre. Bestimmte Elemente des Textes erhalten neues Gewicht, weil sie als Hinweise auf die Lösung interpretiert werden können:

(1) die Diskrepanzen im Urteilsvermögen des Erzählers erscheinen als Hinweis auf die limitierte Perspektive,

(2) bestimmte Aussagen über George und sein Verhältnis zu Frauen werden zu verräterischen Indizien, wobei einfache Wiederholungen von Schlüsselwörtern die Verbindungen andeuten ("George was always ... messing about after girls", S. 82, "George was always a one after the Pennington *girl*", S. 83; George bezeichnet Lil, zu der er "quite good", S. 82, steht, als *"fancy girl"*, S. 82; der Mörder benutzt für den fingierten Brief *"fancy* notepaper", S. 83, was die Möglichkeit andeutet, daß dieses Schriftstück mit Lil in Verbindung gebracht werden könnte),

(3) die bewußt offen gehaltenen Stellen im Plan des Mörders (die Tatsache, daß der fingierte Brief nicht auf bestimmte Personen verweisen soll) enthüllen sich als die fatalen Stolpersteine.

Daß der Leser die im Grunde genommen naheliegende Lösung nicht vorhersehen konnte, liegt daran, daß zwei verschiedene Dimensionen ins Spiel kommen: (1) die Logik der handelnden Figur und (2) die Logik der Erzählung bzw. des Autors. Die Logik der Figur wird dadurch plausibel gemacht, daß auf die Pläne jeweils die berichteten geglückten Schachzüge folgen. Die Logik der Erzählung wird erst sichtbar, wenn man den Text als fixierte Sprechhandlung des Autors auffaßt und dessen Intentionen rekonstruiert. Die Regeln der Erzählung sind erst im nachhinein erkennbar. So gilt z.B. die Regel: wenn einer Figur einmal eine Charaktereigenschaft zugesprochen wird, so trifft diese Eigenschaft immer auf sie zu. Wenn George als Kind den Mädchen hinterherlief, so tut er das als Erwachsener auch noch. Derartige Regeln sind aber willkürliche Festlegungen und nicht vorhersehbar.

Die Geschichte funktioniert, weil die Hinweise auf die Lösung an Stellen fallen, an denen die Aufmerksamkeit des Lesers auf andere Aspekte gelenkt ist. So wird der Hinweis auf Georges Beziehungen zu den Mädchen an einer Stelle gegeben, wo es thematisch um die Charakterisierung eines Ortes geht:

... it wasn't Hampstead Heath, of course, it was Duck's Copse – on the main London road, that is, this side of Pennington, if you know our part of the world? George was always in Pennington when we was kids together, messing about after girls. (S. 82)

Der Leser fällt auf die Tricks der Autorin herein, weil er konventionellen Lesegewohnheiten folgt. Er realisiert die fiktive Welt aus der vorgegebenen Perspektive und übernimmt dabei die Relevanzkriterien der Erzählerfigur, soweit diese nicht in Frage gestellt werden, d.h. er sieht das als bedeutsam an, was der Erzähler als bedeutsam hinstellt.

Die Tatsache, daß die Geschichte viele klischeehafte Elemente enthält, hilft dem Leser nicht, sondern trägt eher dazu bei, daß er in die Falle läuft, die die Autorin aufgebaut hat, da die Entdeckung von Klischees in gleicher Weise die Erwartung auf eine konventionelle Weiterführung als auch auf eine unkonventionelle Durchbrechung der Erwartung stützen kann.

So wie sich beim Spiel der Reiz aus der Kombination von festgelegten Zügen ergibt, so funktioniert auch die *very short crime story* aus einer durch den Autor begrenzten Anzahl von Elementen mit begrenzten Entwicklungsmöglichkeiten, die aber vielfältige Kombinationen zulassen. Der Leser unterliegt seinerseits Beschränkungen durch seine konventionalisierten Lesegewohnheiten, die nur dann aufgegeben werden, wenn klare Anweisungen des Textes dies fordern bzw. unumgänglich machen. Als Hinweis auf den Spielcharakter der Geschichte läßt sich, wenn man so will, die zentrale, im Titel festgehaltene Aussage interpretieren, die ihren ungewöhnlichen Charakter verliert, wenn man ihr eine passende Situation zuordnet: die Situation am Ende eines Spiels, in der der 'gute Verlierer' (hier: der Mörder) dem Gewinner (hier: die Polizei) ein anerkennendes Lob ausspricht. Ein Lob, das auch der erfolgreich genasführte Leser der Autorin der Geschichte zollen kann.

Anmerkungen

1 Wichtige Werke zum Studium der Kurzform sind u.a.: Queen, E.: *The Detective Short Story: A Bibliography.* New York, 1942; Mundell, Jr., E. H., Rausch, G. J.: *The Detective Short Story: A Bibliography and Index.* Manhattan, Kansas, 1974; Queen, E.: "Introduction" zu *101 Years' Entertainment: The Great Detective Stories 1841–1941.* New York, 1941. S. v–xviii; Queen, E.: *Queen's Quorum: A History of the Detective-Crime Short Story as Revealed in the 106 Most Important Books Published in this Field since 1845,* rpt. New York, 1969 ([1]1948).

2 Vgl. Queen, E.: *Queen's Quorum*, S. 10f.; Just, K. G.: „Edgar Allan Poe und die Folgen". – In Vogt, J. (Ed.): *Der Kriminalroman I.* München, 1971, S. 9–32, bes. S. 11.

3 Symons, J.: *Bloody Murder – From the Detective Story to the Crime Novel: A History*. rpt. Harmondsworth, 1975, S. 81–95.

4 Ebd., S. 96.

5 Ebd., S. 138–149.

6 Vgl. z.B. Braun, H.-M.: *Prototypen der amerikanischen Kriminalerzählung: Die Romane und Kurzgeschichten Carroll John Dalys und Dashiell Hammetts*. Frankfurt/M., 1977.

7 Vgl. Ellin, S.: "The Crime Short Story: An American View". – In Gilbert, M. (Ed.): *Crime in Good Company: Essays on Criminals and Crime-Writing*. London, 1959, S. 168.

8 Vgl. Symons, J.: A.a.O., S. 176; Buchloh, P. G., Becker, J. P.: *Der Detektivroman: Studien zur Geschichte und Form der englischen und amerikanischen Detektivliteratur*. Darmstadt, 1978, S. 156.

9 Stanley Ellin ist vielleicht der einzige moderne Kriminalschriftsteller, der durch eine einzige Kurzgeschichte, "The Specialty of the House" (1946), berühmt wurde. Vgl. u.a. Symons, J.: A.a.O., S. 177f.

10 Vgl. Jolles, A.: *Einfache Formen: Legende / Sage / Mythe / Rätsel / Spruch / Kasus / Memorabile / Märchen / Witz*. Tübingen, 1958, S. 148; Suerbaum, U.: „Der gefesselte Detektivroman". – In Vogt, J. (Ed.): A.a.O., Bd. II, S. 449, spricht deutlicher von einem „Scherzrätsel".

11 Vgl. Suerbaum, U.: „Der gefesselte Detektivroman", S. 451.

12 Queen, E.: "Introduction", S. vi.

13 Strong, L. A. G.: "The Crime Short Story – An English View". – In Gilbert, M. (Ed.): *Crime in Good Company*, S. 151.

14 Vgl. Queen, E.: *101 Years' Entertainment*. A.a.O.

15 Queen, E.: "Introduction". – In *The Detective Short Story*. o. S.

16 Patrick, Q.: "The Mystery Short Short". – In Burack, A. S. (Ed.): *Writing Detective and Mystery Fiction*. Boston, 1967, S. 239.

17 Ebd.

18 Vgl. u.a. Wolpers: „Kürze im Erzählen". *Anglia* 89, 1971, 48–86.

19 Vgl. Patrick, Q.: A.a.O., S. 239.

20 Vgl. Strong, L. A. G.: A.a.O., S. 152.

21 Vgl. Goetsch, P.: *Literarische und soziale Bedingungen erzählerischer Kurzformen: Die Short Story*. Tübingen, 1978 (= Studienmaterial Englisch: Fernstudium für Englischlehrer Sekundarstufe II), S. 79.

22 Den Vorrang des *plot* betonen u.a. Strong, L. A. G.: A.a.O., S. 153; Gilbert, M.: "Introduction". – In Gilbert, M. (Ed.): *Best Detective Stories of Cyril Hare*. London, 1959, S. 13.

23 Vgl. Goetsch, P.: A.a.O., S. 45. Siehe auch Wenzel, P.: "Die Pointe in der Very Short Story", in diesem Band S. 9ff.

24 Vgl. Patrick, Q.: A.a.O., S. 240.

25 Vgl. hierzu bes. Suerbaum, U.: „Warum *Macbeth* kein Krimi ist: Gattungsregeln und gattungsspezifische Leseweise". – Erscheint in *Poetica* 14, 1982.

26 Gilbert, M.: A.a.O., S. 13.

27 Der Text der Geschichte ist abgedruckt in diesem Band auf S. 82ff.

28 Biographische Informationen in Arnold, A., Schmidt, J.: *Reclams Kriminalroman-führer.* Stuttgart, 1978, S. 83f.; Reilly, J. M. (Ed.): *Twentieth-Century Crime and Mystery Writers.* London, 1980, S. 170–172; Steinbrunner, C., Penzler, O. (Eds.): *Encyclopedia of Mystery and Detection.* New York, 1976, S. 45.

29 Vgl. Everson, W. K.: *The Detective in Film.* Secaucus, N.J., 1972, S. 48f. *Green for Danger* wurde auch in die Liste der lesenswertesten Romane aufgenommen in Winks, R. W. (Ed.): *Detective Fiction: A Collection of Critical Essays.* Englewood Cliffs, N.J., 1980, S. 240.

30 Vgl. Symons, J.: A.a.O., S. 223; Reilly, J. M. (Ed.): A.a.O., S. 172.

31 Vgl. Reilly, J. M. (Ed.): A.a.O., S. 172.

32 Zit. ebd., S. 171.

33 Gute, auch für die Schule geeignete Kurzgeschichtensammlungen, die die wesentlichen Typen des Genres enthalten, sind z.B. Finn, F. E. S. (Ed.): *Crime.* London, 1982. (= The Short Story Series) und Gibson, J., Ridout, A. (Eds.): *Detection.* London, 1979. (= The Short Story Series).

34 Schon Poe nennt den Mörder in seiner parodistischen Kriminalgeschichte "Thou Art the Man" (1844) Charley Goodfellow.

35 Zu den Erzählern bei Poe vgl. Gargano, J. W.: "The Question of Poe's Narrators". *College English* 25, 1963, 177–181. – Allgemein kann man feststellen, daß Geschichten von Poe wie "The Black Cat", "The Tell-Tale Heart" oder "The Cask of Amontillado" als Muster für *very short crime stories* oftmals wichtiger sind als die Geschichten um Dupin.

36 Zur Komik der Geistesabwesenheit vgl. Bergson, H.: "Laughter". – In Sypher, W. (Ed.): *Comedy.* Garden City, N.Y., 1956.

37 Vgl. Smuda, M.: „Variation und Innovation: Modelle literarischer Möglichkeiten der Prosa in der Nachfolge Edgar Allan Poes". – In Vogt, J. (Ed.): A.a.O., Bd. I, S. 33–63.

38 Vgl. Queen, E.: *Queen's Quorum,* S. 3.

39 Vgl. die Terminologie der Rezeptionsästhetik bei Iser, W.: „Die Appellstruktur der Texte". – In Warning, R. (Ed.): *Rezeptionsästhetik.* München, 1975, S. 228–252.

40 Das entspricht der Forderung von Patrick, Q.: A.a.O., S. 240.

41 Die Popularität und Attraktivität von gerissenen Schurkenfiguren ist durch berühmte Beispiele aus der hohen Literatur (z.B. Iago) ebenso zu belegen wie durch Beispiele aus dem Unterhaltungsgenre (z.B. die Figur des J. R. Ewing in der TV-Serie "Dallas").

Christianna Brand

Aren't our Police Wonderful?

Well, you can't help admitting it: it's like people say, really – our police are wonderful.

I got the idea for my murder from a case that happened a hundred years ago. Chap called Hocker, it was, and he wanted to do in a pal of his for the money the pal was supposed to carry around. So he got his pal up on Hampstead Heath, outside London, and beat him up there and left him dead; and in his pocket he left a letter pretending to come from some girl-friend of the pal's, saying that her big, strong brother had found out all about their affair and was threatening to beat up the pal. Of course there wasn't no girl-friend and there wasn't no big, strong brother and Hocker had written the letter himself. It was quite an idea, I thought. But it didn't do Hocker no good in the end, as it turned out; and it hasn't done me no good, neither, so I don't advise you to try it. It's what I say – you've got to hand it to them, our police are wonderful.

I didn't copy the idea exactly, naturally: I'm not such a fool. The police might have remembered that Hocker affair and put two and four together. No, I made it a jealous husband in my case, and it wasn't Hampstead Heath, of course, it was Duck's Copse – on the main London road, that is, this side of Pennington, if you know our part of the world? George was always in Pennington when we was kids together, messing about after girls.

I suppose it was when the old Gov'nor had his second stroke that I really made up my mind. I knew that the day he died, the farm would go to George, and me and Lil and the kids would be out on our ears. Not that George wasn't quite good to Lil and the kids: it was me he resented and always had. He never would have it, that I should have come back to the farm.

"You shoved off to London," he said, that day I showed up again with Lil. "You was too good for the old place then, you went off to make your fortune and left me and the Gov'nor to struggle along on our own. And now when I've worked and slaved and near killed meself," he says, "getting the place on its feet and making a go of it, back you come marching with your fancy girl and want to cut in."

"Well, all right, why not?" I says. "Half of its mine, anyway, or will be when the Gov'nor goes."

"Oh no, it won't," says the old boy, who's sitting by in his wheel-chair listening in. "George is in the right of it, Charley," he says to me. "He hasn't had much assistance from me," he says, "what with me health, and he's the one that's made the farm what it is today; and lock, stock and barrel, when I'm gone, it goes to George. You can stay and muck in, Charley," he said, "as long as you pull your weight, such as it is, and Lord knows that isn't much considering the size of you. But the day I die, the farm goes to George and after that it's up to him."

"The day it's up to me," says George, "is the day Charley leaves." And five years later, I knew that the day was near.

Well, I wrote the letter. It was a job, but I wrote it. I got some fancy notepaper from Woolworth's, like a woman might use, and I bought a bottle of cheap scent and ponged it up a bit and threw the bottle away, not taking any chances, and the notepaper, too. And I practised and practised till I got a fist that mightn't be like anybody's fist but wasn't like mine. And I wrote a letter breathing love and passion and referring back to a lot of goings-on and saying that the lady's wicked, jealous husband was beginning to suspect and I put a lot of tripe about I tremble for your life and stuff like that. I signed it "Baby"; that didn't tie it down to any particular person, and the idea was to get him along to Duck's Copse and beat him up there, which I could easily do, me being twice his size; and leave the letter in his pocket like that murderer Hocker done with his pal. As I say, George was always a one after the Pennington girl – the police would go off after a half a dozen jealous husbands in the neighbourhood, and certainly would never dream of me murdering my brother to inherit the farm, when the old man wasn't even dead yet.

And I wouldn't go dropping no buttons about, either, like Hocker done: that's what copped *him*.

But first I got busy and sort of planted the thing: Hocker never thought of that. I sent a telegram to George from Pennington, asking him to be at a certain crossroads at a certain time. He thought it was a bit funny, but he went there, from curiosity – and of course no one turned up. Then I rang up and put my handkerchief across the mouthpiece and asked him to meet me – no names, of course – at another place; and nobody was there, neither.

"This is a rum go," he said. "What's the game, do you think?"

"Jealous husband after you, I expect," I says, laughing.

"Don't talk silly," he says.

"Well, I don't like it," I says. "It looks fishy to me: I should go to the police."

But I had to try a couple of times more before he did. "I'll go with you," I says. "I don't like the look of things."

"You two are full of brotherly love all of a sudden," says Lil.

"About as full as Cain and Abel," said the old man, dribbling out of the side of his mouth. You'd better look out, old geyser, I thought, or you'll be for it next, when your precious George isn't here no more, to protect you. But as it happens, he'll outlive the two of us.

The police didn't think much of it. A farmer makes quite a few enemies – in our part of the world they do, anyway; and I put it into their heads again, joking like, about the jealous husband. I suppose they thought someone wanted to get him alone and fight it out over some deal in land, or sheep, or some woman; and if two chaps like to have a scrap, well, it's no concern of theirs. But I'd got it into their heads that there was someone who was trying to arrange a meeting at some quiet place; and that he would probably go, out of curiosity. And after the lack of interest they'd shown, I knew he wouldn't consult the police next time. That was all I wanted.

When the day came, I phoned him again, from Pennington. He said he'd come right away. "And mind you be there, this time," he said, "because I want to get this over once and for all, and if you don't show up, it'll be the last time I come."

I biked slowly out to meet him, as if by chance, on the road beyond the copse. He told me he'd had another message. "I'll come along with you," I said, turning back my bike.

"I don't want no protection," he said, a bit stiff.

"Well, you're going to get it," I said. "An undersized little rat like you," I says, coddling him along a bit, "you'd never have a chance against them louts from Baker's Farm: and that's what it is, I bet you, them boys of Baker's ganging up against you because of that argument with them last year about the hay."

"I never thought of that," he says. "And there's four of them; all right – come on."

"Not exactly falling over yourself with gratitude, are you?" I says.

"Well, considering it was you let me in for the trouble with Baker in the first place," he says. ... So that's what thanks I get for going along with him to meet a bunch of roughs.

When we came to the copse, we got off and he propped his bike against the stile. "Wheel it in a bit further," I said, shoving mine ahead of me. "If they see it there, they'll bust it up for extra."

So we wheeled them in and I hid them a bit, in case anyone saw mine with his before I got away. "I'll take this along with me," I said, fishing out a whacking great spanner from my tool kit. "It might come in handy."

"Oh, well, they're only kids," he said. He always was soft.

Of course there was no one in the wood. "The whole thing's a hoax," he said. "It's the last time I'll be such a fool as to come." And he bent down to get a drink from the little stream that runs down, cool and clear, between the trees.

So I let him have it with the spanner, like I planned, and washed my hands and the spanner in the stream, and it ran as cool after that, but not as clear. And I shoved the letter in his pocket and made sure I took the right bike, and pushed off home.

But it's like I said – our police are wonderful. It took them about five minutes to discover what had been going on under my nose for years. Of course Lil vowed and swore she never wrote him no letter about no jealous husband, but I guess they reckoned she'd say that anyway.

I suppose I've just got too decent a mind, that's the truth, ever to have thought of it. I mean, my own brother and my wife! But there you are – in my innocence, I make up this "jealous husband" to murder my brother; and all the time, I'm supposed to have been a jealous husband myself.

George and Lil! You wouldn't believe it, would you? – the rotten things people do.

Jürgen Klein, Siegen

Roald Dahl: The Wish[1]

A. Biographische Notiz[2]

Roald Dahl wurde 1916 in Südwales geboren. Er besuchte die Repton School und diente 1939–1945 in der Royal Air Force, zuletzt als Wing Commander. Von 1933 bis 1939 hatte Dahl für die Shell Company in London und Daressalam gearbeitet. Dahl ist ein bekannter Autor von Kurzgeschichten, er schrieb aber auch Kinderbücher, Fernsehspiele, Theaterstücke sowie einen Roman.

Unter seinen vielen Veröffentlichungen ragen die unheimlichen und grotesken Kurzgeschichten als besondere Leistungen heraus. Für den Schulgebrauch sind die Sammlungen *Someone Like You* (1953; 1961 u.ö.) und *Kiss, Kiss* (1960 u.ö.) besonders empfehlenswert. Aus der erstgenannten Sammlung stammt die hier untersuchte Kurzgeschichte "The Wish".

Roald Dahl

The Wish

Under the palm of one hand the child became aware of the scab of an old cut on his kneecap. He bent forward to examine it closely. A scab was always a fascinating thing; it presented a special challenge he was never able to resist.

Yes, he thought, I will pick it off, even if it isn't ready, even if the middle of it sticks, even if it hurts like anything.

With a fingernail he began to explore cautiously around the edges of the scab. He got the nail underneath it, and when he raised it, but ever so slightly, it suddenly came off, the whole hard brown scab came off beautifully, leaving an interesting little circle of smooth red skin.

Nice. Very nice indeed. He rubbed the circle and it didn't hurt. He picked up the scab, put it on his thigh and flipped it with a finger so that it flew away and landed on the edge of the carpet, the enormous red and black and yellow carpet that stretched the whole length of the hall from the stairs on which he sat to the front door in the distance. A tremendous carpet. Bigger than the tennis lawn. Much bigger than that. He regarded it gravely, settling his eyes upon it with mild pleasure. He had never really noticed it before, but now, all of a sudden, the colours seemed to brighten mysteriously and spring out at him in a most dazzling way.

You see, he told himself, I know how it is. The red parts of the carpet are red-hot lumps of coal. What I must do is this: I must walk all the way along it to the front door without touching them. If I touch the red I will be burnt. As a matter of fact, I will be burnt up completely. And the black parts of the carpet ... yes, the black parts are snakes, poisonous snakes, adders mostly, and cobras, thick like tree-trunks round the middle and if I touch one of *them*, I'll be bitten and I'll die before tea time. And if I get across safely, without being burnt and without being bitten, I will be given a puppy for my birthday tomorrow.

He got to his feet and climbed higher up the stairs to obtain a better view of this vast tapestry of colour and death. Was it possible? Was there enough yellow? Yellow was the only colour he was allowed to walk on. Could it be done? This was not a journey to be undertaken lightly; the risks were too great for that. The child's face – a fringe of white-gold hair, two large blue eyes, a small pointed chin – peered down anxiously over the banisters. The yellow was a bit thin in places and there were one or two widish gaps, but it did seem to go all the way along to the other end. For someone who had only yesterday triumphantly travelled the whole length of the brick path from the stables to the summer-house without touching the cracks, this carpet thing should not be too difficult. Except for the snakes. The mere thought of snakes sent a fine electricity of fear running like pins down the backs of his legs and under the soles of his feet.

He came slowly down the stairs and advanced to the edge of the carpet. He extended one small sandalled foot and placed it cautiously upon a patch of yellow. Then he brought the other foot up, and there was just enough room for him to stand with the two feet together. There! He had started! His bright oval face was curiously intent, a shade whiter perhaps than before, and he was holding his arms out sideways to assist his balance. He took another step, lifting his foot high over a patch of black, aiming carefully with his toe for a narrow channel of yellow on the other side. When he had completed the second step he paused to rest, standing very stiff and still. The narrow channel of yellow ran forward unbroken for at least five yards and he advanced gingerly along it, bit by bit, as though walking a tightrope. Where it finally curled off sideways, he had to take another long stride, this time over a vicious-looking mixture of black and red. Half-way across he began to wobble. He waved his arms around wildly, windmill fashion, to keep his balance, and he got across safely and rested again on the other side. He was quite breathless now, and so tense he stood high on his toes all the time, arms out sideways, fists clenched. He was on a big safe island of yellow. There was lots of room on it, he couldn't possibly fall off, and he stood there resting, hesitating, waiting, wishing he could stay for ever on this big safe yellow island. But the fear of not getting the puppy compelled him to go on.

Step by step, he edged further ahead, and between each one he paused to decide exactly where next he should put his foot. Once, he had a choice of ways, either to left or right, and he chose the left because although it seemed the more diffi-cult, there was not so much black in that direction. The black was what made him nervous. He glanced quickly over his shoulder to see how far he had come. Nearly half-way. There could be no turning back now. He was in the middle and he couldn't turn back and he couldn't jump off sideways either because it was too far, and when he looked at all the red and all the black that lay ahead of him, he felt that old sudden sickening surge of panic in his chest – like last Easter time, that afternoon when he got lost all alone in the darkest part of Piper's Wood.

He took another step, placing his foot carefully upon the only little piece of yellow within reach, and this time the point of the foot came within a centimetre of some black. It wasn't touching the black, he could see it wasn't touching, he could see the small line of yellow separating the toe of his sandal from the black; but the snake stirred as though sensing the nearness, and raised its head and gazed at the foot with bright beady eyes, watching to see if it was going to touch.

'I'm not touching you! You mustn't bite me! You know I'm not touching you!'

Another snake slid up noiselessly beside the first, raised its head, two heads now, two pairs of eyes staring at the foot, gazing at a little naked place just below the sandal strap where the skin showed through. The child went high up on his toes and stayed there, frozen stiff with terror. It was minutes before he dared to move again.

The next step would have to be a really long one. There was this deep curling river of black that ran clear across the width of the carpet, and he was forced by this position to cross it at its widest part. He tought first of trying to jump it, but decided he couldn't be sure of landing accurately on the narrow band of yellow the other side. He took a deep breath, lifted one foot, and inch by inch he pushed it out in front of him, far far out, then down and down until at last the tip of his sandal was across and resting safely on the edge of the yellow. He leaned forward, transferring his weight to his front foot. Then he tried to bring the back foot up as well. He strained and pulled and jerked his body, but the legs were too wide apart and he couldn't make it. He tried to get back again. He couldn't do that either. He was doing the splits and he was properly stuck. He glanced down and saw this deep curling river of black underneath him. Parts of it were stirring now, and uncoiling and sliding and beginning to shine with a dreadfully oily glister. He wobbled, waved his arms frantically to keep his balance, but that seemed to make it worse. He was starting to go over. He was going over to the right, quite slowly he was going over, then faster and faster, and at the last moment, instinctively he put out a hand to break the fall and the next thing he saw was this bare hand of his going right into the middle of a great glistening mass of black and he gave one piercing cry of terror as it touched.

Outside in the sunshine, far away behind the house, the mother was looking for her son.

B. Analyse der Kurzgeschichte "The Wish"

1. Thema

In der Kurzgeschichte "The Wish" sinniert ein Junge darüber, ob er nicht durch eine Mutprobe dazu beitragen kann, sich seinen größten Geburtstagswunsch zu erfüllen. Er möchte einen kleinen Hund haben – und er sieht im Gelingen der Probe ein untrügliches Indiz, daß ihm der Hund geschenkt werden wird.

"And if I ..., I will be given a puppy for my birthday tomorrow."[3] Die Idee zu solch einer Mutprobe kommt in dem Jungen auf, weil er der Versuchung nicht zu widerstehen vermochte, einen Wundschorf am Knie abzuheben, nicht wissend, ob ihm dies ohne neuerliche Verletzung gelingen würde. Der Gelingensfall tritt ein: der Junge wird kühner und denkt sich eine riskantere Prüfung aus, deren Gelingen er durch einen stillschweigenden Analogieschluß vorwegnimmt und mit seinem Geburtstagswunsch verknüpft. Gelingt diese Wette, so bekommt er morgen den kleinen Hund geschenkt.

Der Junge übersetzt seinen Wunsch nunmehr in das Ritual einer Beschwörungshandlung. Sie soll den Wunsch zur Erfüllung oder Versagung lenken. Diese mythische Prüfung besteht darin, daß in der Phantasie des Jungen der Wohnzimmerteppich sich ausdehnt in ein Abenteuerfeld. Dieses Gebiet teilt sich nach den Teppichfarben: „rot" steht für glühende Kohlen, welche die Gefahr des Verbrennens bedeuten, „schwarz" steht für Felder, in denen sich Giftschlangen mit tödlichem Biß aufhalten. Allein wenige gelbe Stellen bieten Möglichkeiten, das Gefahrengelände unverletzt zu durchqueren. Der Wunsch des Jungen, sein Geburtstagsgeschenk zu erhalten, wird also vom Gelingen dieser merkwürdigen Mutprobe abhängig gemacht. Damit ist das Thema dieser Kurzgeschichte umrissen.[3a]

2. *plot*

Die Frage „Wie ist das Thema erzählerisch umgesetzt worden?" läßt sich beantworten, wenn die Erzählstruktur über die Erzählfolge erklärt wird, wobei die jeweiligen Gelenkstellen hervorzuheben sind:

– Die Geschichte beginnt mit einem Abschnitt, in welchem beschrieben wird, daß der Junge sich Wundschorf vom Knie mit den Fingernägeln entfernt hat, ohne sich dabei zu verletzen. Dabei war er gleichsam von der Testsituation besessen: er mußte diesen Versuch unternehmen.

– Diese Einleitung wird fortgesetzt durch Gedanken des Protagonisten an eine weiterreichende Mutprobe: der Junge will den Wohnzimmerteppich überqueren – das Feld der glühenden Kohlen und Schlangengruben. Ziel der Mutprobe und Belohnung fallen zusammen. Gelingt die Überquerung des Gefahrenfeldes, so bekommt er den kleinen Hund zum Geburtstag, den er sich so sehr wünscht. Die Intensität des Wunsches läßt sich an der Riskanz der Mutprobe ablesen. Die Phantasie des Jungen transformiert demnach den Wohnzimmerteppich in ein lebensgefährliches Gelände, so daß die Tapferkeit groß genug sein kann, um die Wunscherfüllung zu verdienen: je höher der Einsatz, desto „größer" der Preis.

– Im folgenden wendet sich die Geschichte zur Strategie der Mutprobe hin, da der Junge den Testgedanken mit solcher Entschlossenheit verfolgt, daß er schon Vorbereitungen zur Durchführung trifft. Vom Wohnzimmer aus führt eine Treppe zu den oberen Räumen des Hauses. Der Junge steigt auf der Treppe nach oben, um sein „Kampfgelände" wie ein Soldat zu inspizieren, die Chancen abzuwägen sowie sein Vorgehen zu bestimmen.

Derselbe Abschnitt macht deutlich, wie fasziniert das Kind von seinem Plan ist, wie sehr es sich aber auch vor den Schrecknissen der Aufgabe fürchtet. Die Mentalität von Kindern beim Märchenlesen oder -hören wird von Dahl offensichtlich in Aktion umgesetzt. Der Junge wird zum Mythenproduzenten, wobei rituelle Handlung und wirkliche Lebensvollzüge konvergieren.[3b] Mit den von ihm entwickelten Vorstellungen konzipiert er ein mythisches Verfahren als dynamische Struktur, deren Muster zwischen „positiv" (Gelingen, Leben, Wunscherfüllung) und „negativ" (Tod, Mißlingen, Wunschversagung) allein durch das knappe Gelb vermittelt wird. So bilden die Phänomene rot/schwarz: Kohlen, Schlangen (negativ) und gelb (positiv) das Muster einer abstrakten (Spiel-)Struktur, in der sich der Protagonist bewegt: es ist sein mythisches Modell.[4]

– Im nächsten Absatz beginnt das eigentliche Abenteuer durch den ersten vorsichtigen Schritt, den der Junge auf den Teppich setzt. Die Gefährlichkeit des Schrittes wird erhöht durch die Einführung der Tatsache, daß der

Junge Sandalen trägt. Bereits diese Textstelle bringt das Problem des literarischen Genre ins Spiel.

Fiktionale Texte gehen von der Voraussetzung aus, daß erzählte Geschehnisse in sich kohärent sind: wenn also die roten Stellen des Teppichs für glühende Kohlen, die schwarzen für Schlangennester stehen und diese Gleichung vom Leser akzeptiert wird, dann ergibt sich aus dem Tragen von Sandalen eine Erhöhung der Dramatik, die wiederum davon abhängt, daß der Leser sich ohnehin auf die Fiktionalität des Textes, auf den Als-ob-Charakter der Text-Welt einläßt.

Der Abschnitt zeigt die ungeheure Anspannung dieser Prüfung, die von der vollkommenen geistig-physischen Konzentration und vom Zufall (Wahrscheinlichkeit: Wette) abhängt. Jeder Schritt ist ein Abenteuer in sich und fordert den Kampf um die Existenz. Der Wunsch des Jungen ist durch die Mutprobe zum existentiellen Kampf auf Leben und Tod umgeformt worden. Jedes Erreichen eines gelben Fleckens gibt der Anspannung Möglichkeit des Nachlassens, des Ausruhens vor dem nächsten Schritt, der fatal sein könnte. – Der Weg des Jungen kann daher nur als Vorwärtsbewegung gelten, denn es gibt – schon auf Grund der Kräftebegrenzung – keinen Weg zurück.

– Bei einem weiteren Schritt[5] gerät der sandalenbeschuhte Fuß des Jungen bedenklich in die Nähe eines schwarzen Feldes. An dieser Stelle exakt wird der Übergang zum Fiktionalen vollzogen, das hier in der Form des Phantastischen auftritt. Dahl spricht nunmehr von der *Schlange*, die durch die Nähe des Fußes aufgestört wird:

> and raised its head and gazed at the foot with bright beady eyes, watching to see if it was going to touch.[6]

Der Ausruf des Jungen

> *I'm not touching you! You mustn't bite me! You know I'm not touching you!*[7]

thematisiert die Gefahr des Jungen, beinhaltet den Widerruf seines Abenteuers, auf das er sich einließ, um die Wunscherfüllung durch sein magisches Ritual zu sichern. Ein Ritual hat feste Regeln; es muß diesen Regeln folgen. Indem der Junge die strukturale Ebene der magischen Probe verläßt und auf die kommunikative Ebene umschaltet, insofern er die Schlangen direkt anredet, bricht er die Bedingungen des rituellen Spiels: die an die Schlangen adressierte Verständigungshandlung verkennt nicht nur das Magiemodell, sondern auch die Natur der Schlangen.

Jetzt steht die Gefahr um den Jungen. Die Schlangen regen sich in ihrer Gleichheit wie Automaten: die feindliche Macht ist aufgeschreckt aus der

Starre der schwarzen Teppichflecken. Bewegung ruft Bewegung hervor: die Situation nimmt einen bedrohlichen Charakter an.

– Beim folgenden Schritt[8] erreicht der Junge das nächste gelbe Feld, vermag sich aber nicht in der Balance zu halten. Er schwankt – und fällt in den "deep curling river of black underneath him."[9] Die Schlangen regen sich, schimmern in einem schrecklichen öligen Glanz. Beim Fall will sich der Junge mit der Hand stützen, doch sie richtet sich direkt in die schwarze Schlangenmasse hinein. Dies wahrnehmend, sich schlagartig seiner Lage bewußt werdend, stößt der Junge einen durchdringenden Schrei des Schreckens aus – just als er die Schlangen berührt.

– Der letzte Satz berichtet von der Mutter des Jungen, die ihren Sohn weit hinter dem Haus im Sonnenschein sucht. Dieser letzte Satz bezieht sich auf das *Außen* des Tageslichts, während sich die Geschichte des Jungen im *Innern* seines Bewußtseins oder des geschlossenen Raumes, jedenfalls in einem fest umrissenen Spiel-Feld ereignet.

Dieser *plot* setzt die Ereignisse nicht als Elemente der Kurzgeschichte um, sondern geht nach dem kausalen Zeitschema vor, dessen zunehmende Dramatik die Spannungssteigerung mit sich bringt. Die Kausalität stiftet hier einen Zusammenhang zwischen Realität und Fiktionalität. Dies geschieht textlich durch eine vielfältige Ausnutzung von Oppositionen, die eine Veränderung oder Instrumentalisierung des Wunsches ermöglichen in einer vorgestellten Mutprobe, die sich aber ins Phantastische wendet und zum genuinen Erlebnis transformiert.

3. Charakter

Über den „Helden" der Geschichte berichtet der Autor kaum etwas. Eine Personenbeschreibung fehlt völlig, ebenso eine Individualgeschichte des äußeren oder des inneren Lebens. Selbst das Alter des Jungen läßt sich nur aus dem Text erschließen, aus dem Wunsch, aus dem Abheben des Wundschorfs, aus der Besorgnis der Mutter.

Die Geschichte konzentriert sich auf den Charakter des Jungen, der sich einer selbstgewählten magischen Mutprobe unterzieht, um sich einen Lieblingswunsch zu erfüllen. Charakter und *plot* hängen dabei eng zusammen, weil Roald Dahl keine statische Beschreibung des Jungen bietet, sondern ihn allein lebendig werden läßt durch die Handlungskonsequenzen, welche dieser Charakter aus seinen Gedanken zieht. Im Sinne von Brooks/Warren wird *character* literarisch benutzt "as a complex of potentialities for action."[10]
Die Vorstellungslage des Wunsches geht über in die Handlung, sich selbst aufs Spiel zu setzen, nimmt aber dadurch eine intensivere literarisch-fiktionale

Qualität an, weil Vorstellung und Aktion, Wunsch und Handlung konver-gieren. Die Reduktion des Charakters auf Wunsch, Vorstellung und Aktion ohne minutiöse Schilderung seiner Persönlichkeit beläßt ihm etwas Typisches, mit dem Identifikation über imaginative Ausfüllung sehr gut möglich ist.

Der Gang durch das Land des Todes oder des Unheimlichen gewinnt eine Eigendynamik, in deren Gefolge der auslösende Wunsch (magische Wunsch-sicherung) in den Hintergrund gerät, so daß Spannung und Angst im Protago-nisten vorherrschen. Die wagemutige Tat und die akzelerierenden Angst-vorstellungen, die *nicht* Bedingungen dieses Textes sind, münden in ein Crescendo des Schreckens, das zugleich ein völliges Eintauchen in die fik-tionale Welt bedeutet.

4. point of view

"The Wish" ist die Geschichte eines Jungen, aber erzähltheoretisch gesehen auch die Geschichte des Erzählers. Dieser Erzähler berichtet in der dritten Person des Präteritum. Dabei wird eine Erzählperspektive eingehalten, die zwar analytische Züge aufweist, denn der Autor kennt die inneren Bedin-gungen der Mutprobe recht genau. Doch läßt sich darauf die Bestimmung des *point of view* nicht beschränken, denn der Erzähler nimmt im Verlauf der Geschichte zunehmend die Haltung des objektiven Beobachters an, der sich außerhalb des erzählten Geschehens befindet. Wie ist dieser Wandel zu begründen? Roald Dahl gelingt es über den Einsatz einer Doppelfunktion des Erzählers, (1) die Motivations- und Vorstellungsebene des Jungen als des Protagonisten klarzumachen, (2) auf Grund dieser Disposition in der objekti-vierenden Erzählweise das Phantastische auf die Ebene der Plausibilität zu heben.

Auf diese Weise wird der Leser zunächst für das interessiert, was den Jungen innerlich bewegt. Ist das Interesse geweckt, so vollzieht sich ein narrativer Gestaltwandel: die Alltagswelt wird zur Text-Welt[11] des Abenteuers, in welcher der Junge seinen lebensgefährlichen Weg zwischen den glühendheißen Kohlen und den Giftschlangen – immer nach vorn ausgerichtet – beschreitet. Die Perspektive dieser Kurzgeschichte konvergiert so mit der Perspektive der Schauerliteratur. Im Raum höchster Gefahr ist es immer eine Frage des Zeit-punkts, der Eventualität, wann das Schicksal eintritt als Tod oder abstrakte Negativität.

Der *point of view* der Geschichte ist also zugleich auf den Erzähler und den Protagonisten bezogen. Vom Protagonisten aus gesehen ist die geistig-seelische Verarbeitung des Wunsches die Bedingung für die Ausrichtung des Erzähl-vorgangs: indem der Junge im Rahmen von verschiedenen Oppositionen sich seine Spielmarken und seinen Spielverlauf bestimmt, tritt er in ein dramatisches, zugleich aber irreversibles Geschehen ein.

5. Schluß der Geschichte

Der Schluß der Geschichte trägt sibyllinische Züge: die reale Welt und die Welt der Vorstellungen oder der Fiktion werden verbindungslos parallelisiert. Der Junge stürzt in die Schlangengrube. Die Mutter sucht ihren Sohn am hellichten Tag in der Umgebung des Hauses. Diese Parallelisierung erscheint als ein Kunstgriff Roald Dahls, die Faszination des Unheimlichen zu relativieren, ohne damit die erzeugte Spannung aufzulösen. Jeder Leser, der sich mit dem Geschick des Jungen schaudernd identifiziert, gelangt in eine Urteilsunsicherheit[12] bezüglich der Frage, welcher Welt er selbst denn nun angehört, welcher aber der Protagonist? Dahls geschickte Benutzung faktischer Details (Sandale) sowie die ambige Bedeutung zentraler Wörter (Teppich/Gefahrenfeld) begünstigt in der Rezeption die Unentschiedenheit in bezug auf die Aussageebene: Was ist Vorstellung, Einbildung, was Beschreibung oder objektiver Bericht?

Die Bewegung der Geschichte läuft somit von einem realen Wunsch des Protagonisten ins Phantastische, ohne daß es möglich wäre, diesen Übergang auf der Ebene empirischer Kausalität erklärungsorientiert zu bestimmen. Die scheinbar festen Bedeutungen der alltagsweltlichen Sprache werden durch Wörter der fiktionalen Welt bloß umbesetzt, ohne daß damit gewährleistet ist, daß nunmehr „eine" zweifelsfreie Text-Bedeutung (Name: Gegenstand) konstituiert werden könnte. Die literarische Qualität der Kurzgeschichte "The Wish" besteht in der Verwandlung der Bezugsebenen, aber auch von der Rezeption aus betrachtet, in der „Verwirrung" der Vorstellungsräume, so daß am Schluß eine völlige Verrätselung übrig bleibt. Dabei erscheint die Produktion des Texts als „ein kombinatorisches Verfahren, als Knüpfen und Herstellen von Beziehungen, die gedanklich zusammenpassen."[12a]

Die Welt der Wunder existiert im Alltag. Sie wird aufgeboten, ohne daß sie damit der Bestimmbarkeit verfällt.

C. "The Wish": Fiktionalität und Gattung

Roald Dahls Kurzgeschichte "The Wish" steht im Zusammenhang mit Erzählformen, die sich auf das Geheimnisvolle, das Groteske und das Unheimliche beziehen. Dabei gilt Tzvetan Todorovs Feststellung: „Die Gattungen sind genau die Relais, an denen das Werk in Beziehung zum Universum der Literatur tritt."[13]

In der literarischen Form der Kurzgeschichte drängt Dahl die Charakterzüge des Schauerromans (Gothic Novel), ja das Phantastische überhaupt, zusammen, wobei er umgekehrt wie der Gotische Roman nicht vom Wunderbaren ausgeht, das in die Normalwelt einbricht, sondern in der Alltagswelt einsetzt, deren Detailbeschreibungen den Übergang ins Phantastische als Kennzeichen einer anderen Welt plausibel machen.

> Conventional human responses to bizarre circumstances domesticate Roald Dahl's carefully detailed, grotesque world. This shock of the familiar makes credible the logic of a cautionary tale in a universe that initially seems devoid of guidelines.[14]

Durch den so instrumentalisierten Übergang von der lebensweltlichen Realität ins Ungewöhnliche erreicht Dahl beim Leser ein Erstaunen, oder besser: ein Infragestellen von Wirklichkeit überhaupt. Wirklichkeit gerät in seinem Text daher zum Vorstellungskomplex eines Menschen: der Wandel dieser Struktur macht verschiedene Ich-Welten möglich und führt diese kohärent vor, auch dann, wenn auf der Ebene empirischer Kausalität Widersprüche zu gewärtigen wären. Die Tatsache, daß Dahl die Kurzgeschichte als literarische Form benutzt, legt nahe, daß solche Bewußtseins- oder Wirklichkeitstransformationen am besten an einem einzelnen "mind" – am Protagonisten nämlich – gezeigt werden können, der sich individuellen *Übergängen* von einer Welt zur anderen überläßt.

Es handelt sich dabei um eine Art psychischen Gestaltwandels, der auf Grund der gewählten literarischen Form der Notwendigkeit entgeht, sich in einem größeren Erzählschema behaupten zu müssen, das eine Vielzahl von Figuren und Interaktionen voraussetzt.

Von daher wird Dahls Vorliebe für Wetten und Probesituationen als Anfang seiner Geschichten erklärlich, denn in solchen Situationen setzt sich derjenige, der sie eingeht, gegen eine andere Welt ab. Er fordert das Sosein heraus, um *seine Weltkonstruktion,* "The Wish" (!), durchzusetzen. Seine Perspektive bestimmt dann das „Sein der Dinge" im Sinne Nelson Goodmans, für welchen Rezeption und Interpretation untrennbare Operationen sind.[14a] Wenn man überhaupt davon ausgeht, daß Welterfassung nur selektiv und aspektiv möglich ist, dann kann die Objekt- oder Weltkonstruktion eines "other mind" nicht in Zweifel gezogen werden von einem Rezipienten, welcher von mentalen Vorgängen in einem "other mind" durch einen „objektiven" Erzähler erfährt.

Genau an diesem Punkt wird deutlich, daß die Heranziehung der Gothic Novel-Elemente sowie des Phantastischen für Dahls Zwecke besonders geeignet erscheinen. Die Tücke des Zufalls, des Ungefähr in einer solchen Probe erhöht die Spannung, auch wenn keine übernatürlichen Wesen auftreten[15], sondern die vorgebliche Realität sich *bloß* verwandelt.

Daraus folgt bereits, daß in der Dahlschen Kurzgeschichte die *Modalität* von besonderer Bedeutung ist.[16] Diese tritt aber nicht über den Einsatz von Modalverben oder "modal qualifiers" auf, sondern sie wird implizit in den Texten verankert.

In einer Erzählung oder Kurzgeschichte ist der „neutrale Bericht", den auch Roald Dahl mit Vorliebe benutzt, nicht *nicht-modal*:

> The speaker takes upon himself the responsibility for vouchsafing the factuality of what he reports, and thus modalizes his utterance in a specific way. It is simply an arbitrary fact about English surface syntax that the modality of this speech act isn't explicitly marked by some word like may or DID. Syntactically "unmarked" modality is still modality, still implies a specific kind of personal involvement in the act of speech.[17]

Die Benutzung einfacher Aussagesätze in der Kurzgeschichte "The Wish" suggeriert die Modalität der Wirklichkeit, auch und gerade wenn Modalitätstransformationen vorgenommen werden. Diese Sprachbenutzung kommt der Kohärenz des Textes zugute, ebenso wie die Reflexivität.

Die Textreflexivität macht die Welt Dahls hermetisch: tritt man als Leser in sie ein, so ist man gleichsam in ihr „gefangen". In der vorliegenden Geschichte zeigt sich die Reflexivität schon gleich zu Beginn. Hinsichtlich des *Wunsches* sind "agent" und "patient" identisch. Die Vorstellungen und Aktionen können sich im eigenen Ich des Protagonisten abspielen, aber auch in einer Außenwelt: immer ist dieselbe Figur Subjekt und Objekt. Die entfesselte Aggression ließe sich als masochistisch bezeichnen, dann nämlich, wenn die Wunscherfüllung über äußerste Riskanz der Probe gesichert werden soll. Die bloße Ebene des psychischen Ich und die der Dramatisierung desselben gehören zu einer Person.

Diesen kohärenzschaffenden Faktoren entspricht auch das Erzählmuster über die Benutzung von Oppositionen. Geht man davon aus, daß jede Erzählung ausgeht (1) von einem status quo, der sich (2) in einer Phase der Veränderung neu organisiert, um schließlich (3) einen neuen Zustand zu erreichen, so geht Dahl in (1) von einem kleinen Jungen aus ("child"), der sich einen kleinen Hund zum Geburtstag wünscht (Hund: freundlich, tolpatschig, verspielt, warm, kindlich). Die Ausgangssituation ist balanciert: der Wunsch, der Wünschende und das Gewünschte befinden sich auf einer Ebene. Diese Balance bezieht sich auch auf das glatte Abheben des Wundschorfs. Erst in (2) wird der Wunsch dramatisiert durch die Probe, die das Aufgeben der Balance verlangt durch den Eintritt in das Gefahrenfeld: „rot" nimmt bedrohliche Formen an – glühende Kohlen –, „schwarz" sind die Schlangen: kalt, schleimig, gefährlich, tödlich. Die Schlangen stehen im direkten Gegensatz zum Wunsch des Jungen, zu dem kleinen Hund, sind aber mitsamt den Kohlen als Konstituentien des Gefahrenfelds die Bedingungen der magischen Wunschrealisierung. Die Geschichte endet (3) beim Mißlingensfall: der Sturz in die Schlangengrube zerstört den Wunsch.

Anmerkungen

1 In Dahl, R.: *Someone Like You*. S. 129–132.
2 Vgl.: Cheyer, A. H.: "Roald Dahl". *Wilson Library Bulletin*. New York, 1962, 442. *Contemporary Authors*, Vol. 1. Detroit, 1967, S. 223–224. Kendle, B.: "Roald Dahl". – In Vinson, J., Kirkpatrick, D. L. (Eds.): *Contemporary Novelists*. London, New York, 1976, S. 330–333. Petschek, W.: "Roald Dahl at home". *New York Times Magazine*, 25 December 1977. *The Writers' Directory*. London, 1979, S. 287.
3 Dahl, R.: "The Wish", S. 130 im Original.
3a "Certainly it is one of the characteristics of a 'literary' reading that we ask what a text is 'about' with the implication that the answer will not be self-evident" (David Lodge: *The Modes of Modern Writing*, S. 4). Lodge bezeichnet das Thema eines literarischen Werkes als Verallgemeinerung oder Abstraktion, "as such being closely related to all forms of hypothesis-building" (ebd., S. 3).
3b Vgl. Lévi-Strauss, C.: *Strukturale Anthropologie*. S. 204–225.
4 Vgl. ebd., S. 337. Vgl. Todorov, T.: *Einführung in die fantastische Literatur*. S. 88.
5 Vgl. Dahl, R.: "The Wish", S. 131 (2. Abschn.).
6 Ebd.
7 Ebd.
8 Vgl. ebd., S. 131–132.
9 Ebd., S. 132.
10 Brooks, C./Warren, A.: *Understanding Fiction*, S. 584. Vgl. auch: Fowler, R.: *Linguistics and the Novel*, S. 29–31; S. 36f.
11 Vgl. Klein, J.: *Theoriengeschichte als Wissenschaftskritik*. S. 116–183.
12 Vgl. Todorov, T.: *Einführung*. S. 31–39.
12a Lubbers, K.: *Typologie der Short Story*. S. 3.
13 Todorov, T.: *Einführung*. S. 11.
14 Kendle, B.: "Roald Dahl". – In Vinson, J., Kirkpatrick, D. L. (Eds.): *Contemporary Novelists*. S. 332.
14a Vgl. Goodman, N.: *Languages of Art*. S. 8. Vgl. Lodge, D.: *Modes*. S. 8–9.
15 Vgl. Todorov, T.: *Einführung*. S. 99.
16 Vgl. Fowler, R.: *Linguistics and the Novel*. S. 43.
17 Ebd., S. 43–44.

Brooks, C., Warren, A.: *Understanding Fiction*. New York, 1943.

Dahl, R.: *Someone Like You*. Harmondsworth, 1970.

Fowler, R.: *Linguistics and the Novel*. London, 1977 (= New Accents).

Goodman, N.: *Languages of Art*. Indianapolis, Cambridge, 1976.

Klein, J.: *Der Gotische Roman und die Ästhetik des Bösen*. Darmstadt, 1975 (= Impulse der Forschung, 20).

—: *Theoriengeschichte als Wissenschaftskritik. Zur Genesis der literaturwissenschaftlichen Grundlagenkrise in Deutschland*. Königstein, 1980 (= Monographien zur philosophischen Forschung 201).

—: *England zwischen Aufklärung und Romantik. Literatur und Gesellschaft einer Übergangsepoche*. Tübingen, 1983.

Lodge, D.: *The Modes of Modern Writing*. London, 1979.

Lévi-Strauss, C.: *Strukturale Anthropologie*. Frankfurt, 1969.

Lubbers, K.: *Typologie der Short Story*. Darmstadt, 1977 (= Impulse der Forschung 25).

Otten, K.: „Der englische Schauerroman". - In See, K. v. (Ed.): *Neues Handbuch der Literaturwissenschaft*, Bd. 15: *Europäische Romantik II*, hrsg. v. K. Heitmann. Wiesbaden, 1982, S. 215–242.

Todorov, T.: *Einführung in die fantastische Literatur*. München, 1972.

Vinson, J., Kirkpatrick D. L. (Eds.): *Contemporary Novelists*. London, New York, 1976.

Erwin Otto, Bochum

The living are dead – the dead are alive.
Two very short ghost stories

1.

Ronald Duncan und Richard Hughes können zwar kaum als „klassische" Vertreter des Genres bezeichnet werden, doch haben beide Autoren einige Ghost Stories verfaßt und auch mehrere solcher kurzen Geschichten geschrieben, die von der unheimlichen Atmosphäre und dem rätselhaften Ereignis leben und der traditionellen Gespenstergeschichte nahe verwandt sind. Beiden oben abgedruckten Very Short Stories kommt deswegen eine besondere Bedeutung zu, weil sie als Geschichten mit einer überraschenden Schlußwendung den Leser verblüffen und auf diesen Effekt unter entgegengesetzten Voraussetzungen, mit unterschiedlichen Techniken der Verschleierung hinarbeiten, aber auch subtile Hinweise auf die „tatsächlichen Gegebenheiten", die fiktionale Realität nicht scheuen. Solche Hinweise, die Zweifel an der doch offensichtlich eindeutigen Erzählperspektive aufkommen lassen könnten, werden allerdings allzu leicht, vielleicht sogar bereitwillig überlesen, denn läßt sich der Rezipient schon auf die Lektüre einer Ghost Story ein, so in dem Bewußtsein, sich außerhalb seiner Alltagswelt einem vielleicht spannenden aber in jedem Fall doch unterhaltsamen Stück Literatur hinzugeben. Duncans *When We Dead Awaken* gibt sich allerdings trotz ihrer Überschrift nicht allzu leicht als Ghost Story zu erkennen und fesselt den Leser vor allem durch die unerklärlichen Erlebnisse des Erzählers. Hughes' *The Ghost* hingegen entführt uns sehr direkt in die Welt des Übernatürlichen und überrascht gerade deswegen wesentlich stärker mit der unerwarteten Schlußwendung. Die Geschichte ist psychologisch raffinierter konstruiert und lenkt ständig von der Möglichkeit frühzeitiger Erkenntnis der Pointe ab. Diese wiederum könnte ein versierter Leser in *When We Dead Awaken* durchaus vor dem Ende erkannt haben, er würde die Short Story in diesem Fall eher amüsiert zu Ende bringen, da er dem Erzähler gegenüber offensichtlich einen Wissensvorsprung gehabt hat.

Mit welchen erzähltechnischen Mitteln beide Autoren ihre jeweilige Intention verfolgen, wie sie die Pointe kaschieren, subtil oder gar offensichtlich auf sie hinweisen, soll im folgenden untersucht werden. Erst die Kenntnis der Pointe jedoch ermöglicht in einem zweiten Durchgang der Texte die Analyse der Paradoxie von Sein und Schein, der Techniken von Verschleierung, Andeutung und scheinbarer Preisgabe und schließlich von Erkenntnis- und Lösungs-möglichkeiten, die sich in der überraschenden Schlußwendung quasi als Pointe in der Pointe verbergen.

2.

Ronald Duncan, geboren in Cornwall, dort auch als Farmer tätig gewesen und mittlerweile als "poet and playwright" – von wohl eher regionaler Bedeutung – bezeichnet, hat sich zwar einmal, durchaus erfolgreich, an einer Dramenform, "masque and anti-masque", mit dem Titel *This Way to the Tomb* versucht, dürfte aber eher als Librettist von Benjamin Brittens Oper *The Rape of Lucretia* und inzwischen auch durch einige in Anthologien publizierte Short Stories bekannt geworden sein. "When We Dead Awaken" wurde erstmals 1971 in *A Kettle of Fish* und später u.a. im Penguin-Band *Cornish Short Stories* (1976) veröffentlicht.

Die Geschichte spielt in Cornwall ("the great gaunt Cornish rocks"); wichtiger als die Bezeichnung der County jedoch ist der Schauplatz der Küste. Überraschen mag bei der Kürze der Short Story die relativ ausführliche Einleitung, in der der Ich-Erzähler die Beweggründe seines Handelns darlegt, darüber hinaus aber – und das nur in einem Nebensatz – als Information lediglich die Existenz seiner Frau vermittelt. Ihre realistisch und gleichzeitig ironisch formulierte Opposition gegenüber der Sammelleidenschaft ihres Mannes kann dessen Motivation, "something for nothing" selbst unter Schmerzen zu bekommen, keineswegs mindern. Seine konsequente Haltung, mit der er sein Ziel verfolgt, das er durch "feast" noch eher positiv, durch "profit" aber sicher mehr negativ beschreibt, wird etwas überraschend schon im ersten Teil der Geschichte relativiert, da er Beeren, Pilze und andere Sammelobjekte als "will-o'-the wisp delicacies" bezeichnet und bei Abwägung von zeitlichem Einsatz und Ergebnis solcher hobbyistischer Aktivitäten feststellt, "that it is impossible to obtain anything for nothing."

Der Hauptteil der Geschichte beginnt mit der Erzählung des konkreten Ereignisses. Der Erzähler klettert im Frühling in die Felsenküste seiner heimatlichen Umgebung, um Möweneier zu sammeln, kann sich jedoch mit nur dreien nicht zufriedengeben – immerhin hat einer seiner Freunde immer einen ganzen Korb voll mit nach Hause gebracht, also "something for nothing" erhalten – und begibt sich höher hinaus, hat Erfolg, den er kurzfristig genießt, denn nun hat er eben doch etwas für nichts bekommen. Doch schon der übernächste Satz ("But I could not see…") bringt den Umschwung, auch eine Teilung des Hauptteils, in dem sich nun die Spannung beträchtlich steigert, der Erzähler seine Lage recht hektisch reflektiert, erkennt, daß er in seiner

Gier nach "something for nothing" den Blick für Machbares (den Weg zurück) verloren hatte – "I had managed to keep my balance over nothing";
"nothing" nun mit fatal negativer Implikation – und trifft schließlich die fol-
genschwere Entscheidung, "this narrow ledge, this one-foot plank" im Lauf-
schritt zu bezwingen, wieder den Blick auf einen Punkt fixiert. Hatte ihm
diese Fixierung vorher den Blick für den sicheren Weg zurück genommen,
so wird er in seiner neuerlichen Fixierung nun entscheidend gestört und kann
den möglichen Weg zurück nicht zu Ende gehen. Der Leser kann dies allerdings nur vermuten, denn der Erzähler deutet lediglich an "I hesitated.."

Nach der nun folgenden Zäsur der Geschichte ist der Leser zwar halbwegs
beruhigt, setzt doch der Ich-Erzähler seinen Bericht fort. Die sich häufenden
Negationen jedoch ("I do not know", "I cannot tell" etc.) sowie die kon-
junktivisch formulierten Vermutungen des Erzählers über eine offensichtlich
bestehende Gedächtnislücke ("I may have dozed", "I may have slept") und
schließlich die völlige Ungewißheit über die mittlerweile vergangene Zeit ("The
tide may have turned or the year turned.") verunsichern eher wieder. Ebenso
können die Erzählererwartung ("I thought of my wife waiting") und die von
ihm vorgefundene Realität ("The room was empty") und auch die Reaktion
seiner Frau ("she made no reply", "she screamed") keine Klärung herbeiführen und belassen den Leser in etwa dem gleichen Zustand wie den Erzähler,
in einer als "bewildered" charakterisierten Gefühlslage. Die Atmosphäre des
Unwirklichen verdichtet sich noch, Indizien wie "we seldom light fires during
May", "my neighbour sat in my chair" oder "Nobody looked at me" steigern
das Geschehen nahezu ins Geisterhafte, ohne allerdings zu einer Entscheidung
zu führen, welche der beiden Seiten – der Erzähler oder dessen Umgebung –
eher als Illusion zu verstehen sind. Erst als der Erzähler seine Frau zum zweiten Mal berührt und sie wieder mit Entsetzen und Schreien reagiert, bringt
die Bemerkung eines Gastes Aufklärung und entlarvt den Erzähler als einen
für die Lebenden unsichtbaren Toten.

2.1

Auf den ersten Blick also könnte man Duncans Geschichte als Pointenstory
bezeichnen. Der Erzähler arbeitet jedoch von Beginn an mit einer Reihe zum
Teil subtiler Mittel, welche die Rezeption in dem Moment zu einem In-
dizienspiel werden lassen, in dem der (geübte) Leser zumindest vermutet,
daß es sich beim Erzähler um einen Toten handelt.

Das Zusammenspiel von Überschrift und Ich-Erzählperspektive legt diese Vermutung erstmals nahe, doch könnte hier, da das Genre der Ghost Story ja
noch nicht erkannt sein dürfte, auch der Bericht eines Menschen vermutet

werden, dem Unfall oder Krankheit vorübergehend einen „Blick ins Jenseits" ermöglichten. Solche Erzählungen haben insbesondere im Bereich der Horror Story durchaus Tradition, und dies nicht erst, seit die Psychoanalyse in die Literatur und deren Deutung Eingang gefunden hat. Ambrose Bierce etwa hat sich mit einigen seiner *Tales of Soldiers and Civilians* (1891) als Meister des Verwirrspiels zwischen Tod und Leben erwiesen, man denke nur an "One of the Missing" oder die Standard-Schullektüre "An Occurrence at Owl Creek Bridge". Insbesondere in "One of the Missing" schien Bierce seiner Zeit weit voraus, als er mit diesem „Blick ins Jenseits" Visionen eines "insufferable light" oder eines "rhythmic thunder of a distant sea breaking in successive waves" assoziierte; Bilder, die aus gut achtzig Jahre später erschienenen Berichten Betroffener bekannt geworden sind.

Daß unser Erzähler also ein „Geist" sein könnte, läßt sich in der Einleitung wohl kaum erhärten. Auch der Wechsel in der Erzählzeit vom Präsens zum Imperfekt erscheint verständlich, folgt der Einleitung doch das konkrete, in der Vergangenheit liegende Ereignis. Als der Erzähler mit dessen Schilderung beginnt, haben wir allerdings über ihn als Protagonisten, über seine Erscheinung oder sein Alter trotz der ausführlichen Einleitung, in der er seine Beweggründe darlegt, nichts erfahren. Dies ändert sich auch im weiteren nicht; doch dem Leser wird dieses Defizit bei der ersten Lektüre kaum auffallen, da die Handlung schnell vorangetrieben und gleichermaßen durch präzise Beschreibung der mißlichen Lage des Protagonisten wie seines nervlichen Zustandes Spannung erzeugt wird. Daß wir es nicht mit einem mutigen oder nervenstarken Erzähler zu tun haben, gesteht dieser selbst mehrfach ein: Die Skala seiner negativen Empfindungen reicht von "nervous (eye)", über "sharp panic spread over me", "My nerve had gone" bis zu der folgenschweren Erkenntnis "I knew I could not do it again". Im Zusammenspiel mit den den Protagonisten umgebenden äußeren Umständen – "a ledge of cliff four feet wide", "a sheer drop of one hundred feet", "the sea's snarl at the bottom", "one-foot plank" (= "nothing") – deutet sich die Katastrophe an, die dem Erzähler allerdings noch vermeidbar erscheint: "It could soon be over" und "In two seconds I would be across." Diese Gedanken weisen jedoch auch auf seinen Irrtum hin. Zwar steht das "would" als (zuversichtliche) Zukunftsform der indirekten Rede, doch kann die Formulierung "I would be across" ihre ironische zweite Bedeutung – das Jenseits – kaum verbergen.

Es sind also die Empfindungen und die Fehleinschätzungen des Protagonisten, die den fatalen Ausgang geradezu zwangsläufig herbeiführen. Sein Gefühl für die Bedrohung durch die Natur ("the great gaunt Cornish rocks") und seine unverständliche Grundnervosität werden zuerst dominiert von Gier und blindem Ehrgeiz, verselbständigen sich nachher jedoch, um – potenziert zu Angst und Panik – zum Tode führen.

Zwar haben wir zu Beginn des Schlußteils – "Then later I found myself sitting on the beach…" – noch keine Gewißheit, doch reihen sich nun über die Gedanken und Feststellungen des Erzählers immer offensichtlichere Hinweise auf seinen Zustand aneinander, die eine der beiden als Wirklichkeit suggerierte Parteien als Illusion preisgeben. Daß der Erzähler nicht spätestens jetzt mit Sicherheit als Toter identifiziert wird, liegt an einfachen „Tricks" des Autors, im Grunde sogar einzig an der Ich-Perspektive und der damit verbundenen Sichtweise des Lesers durch den Protagonisten auf den von ihm wahrgenommenen und reflektierten Wirklichkeitsausschnitt. Da dem Rezipienten der Titel der Geschichte jedoch noch präsent sein dürfte, wird er seine Entscheidung „zuungunsten" des Protagonisten nun wohl treffen und alle weiteren diesen verunsichernden Erscheinungen als Indizien für den Bestand der durch die beteiligten Personen schon zahlenmäßig stärker vertretenen realen Welt werten.

Wer den Trick mit der Erzählperspektive, wer die Hinweise darauf vor der Auflösung nicht durchschaut hat, so könnte man amüsiert resümieren, ist dem Ich-Erzähler allzu bereitwillig gefolgt und hat sich ebenso wie dieser von der Pointe überraschen lassen. Der Autor jedoch gibt sich hiermit nicht zufrieden. Seine Ghost Story wäre keine Ghost Story, ließe sich alles rational erklären. Es bedarf zwar keiner Erklärung, daß der Ich-Erzähler ein Toter ist – hiervon lebt die Geschichte, und dies ist genrespezifisch – doch ist unser „Geist" offensichtlich in der Lage, seine Frau körperlich zu berühren und sich dadurch ausschließlich für sie sichtbar zu machen. Sie wirkt durch ihre Reaktion wiederum nervenkrank auf ihre Umgebung. Den Leser muß die Gleichzeitigkeit von durch den Erzähler zwar als real suggerierter, in „Wirklichkeit" aber doch nur durch die Frau subjektiv empfundener Berührung verblüffen. Denn der „Geist" ist unsichtbar, nicht körperlich und folglich zu einer Berührung nicht fähig, und er übt von sich aus keinen Einfluß auf Lebende aus, noch hat er Macht über sie. Wollen wir uns also mit den spezifischen und eine Erklärung des letzten Details nicht fordernden Gegebenheiten der Welt der Ghost Stories nicht zufriedengeben, so müßten wir Duncans Geschichte als das Produkt der Phantasie einer Frau ansehen, die das ungeklärte Verschwinden ihres Mannes nachzuvollziehen sucht, indem sie sich in ihn hineinversetzt und seine letzten Stunden wie auch einige spätere Zeitabschnitte, die aus dem Wunsch nach seiner Rückkehr resultieren, durchlebt. So wäre Duncan nicht nur eine packende Ghost Story gelungen, sondern auch ein raffiniert verpacktes Psychogramm einer durch den Verlust ihres Mannes seelisch erkrankten Frau; eine Möglichkeit, die sich aus der Anlage der Geschichte jedoch nicht zwingend ableiten läßt und von Duncan nicht ganz ausgeschöpft wurde.

Während die alte Gespenstergeschichte den Leser in eine Welt des Unwirklichen und Übernatürlichen entführte, sozusagen eine Insel in der Alltagswelt darstellte, auf die der Leser dem Erzähler bewußt folgte, bietet die neuere Ghost Story einige Raffinessen, die das Genre verschleiern und damit die Vorstellung der "Otherworld" gar nicht erst aufkommen lassen. Der Rezipient stellt im allgemeinen nichts in Frage, verfolgt eine im besten Fall spannende aber letztlich unverdächtige alltägliche Handlung, befindet sich in einer zwar fiktiven aber realistisch dargestellten Welt und wird erst durch das "surprise ending" in eine Art Phantasiewelt entführt, die er hinter dem vorher Erlebten insbesondere aufgrund der Authentizität suggerierenden Ich-Perspektive nicht vermutet hätte.

Die gleiche Perspektive aber einen völlig anderen Trick benutzt der im Jahre 1900 geborene Waliser Richard Hughes in seiner Short Story "The Ghost", erstmals publiziert in seinem Kurzgeschichtenband *A Moment of Time* (1926) und unter anderem in die Anthologie *Modern Short Stories* der Everyman's Library (1939) aufgenommen. Hughes wurde vor allem durch seinen Roman *A High Wind in Jamaica* (1929) berühmt, der heute als eines der bedeutendsten Erzählwerke über Kinder und ihre Welt anerkannt wird. Der Roman wurde von P. Osborn 1943 dramatisiert (*The Innocent Voyage*) und von A. Mackendrick 1965 verfilmt. Neben weiteren Romanen – *In Hazard* (1938) sowie den beiden ersten Teilen einer geplanten Trilogie, *The Fox in the Attic* (1961) und *The Wooden Shepherdess* (1973), – schrieb Hughes auch Gedichte, Dramen und Kindergeschichten. Seine Romantrilogie *The Human Predicament* konnte der 1976 verstorbene Autor nicht mehr vollenden.

"The Ghost" beginnt mit der in beklemmender Direktheit geschilderten Ermordung der Erzählerin. Das Überraschende gleich zu Beginn ist die Erzählperspektive, die Ich-Form, durch die die Tote den Leser in ihre irreale Geisterwelt entführt und die Lesererwartung steuert. Ohne Schwierigkeiten stellt man sich darauf ein, den weiteren Fortgang der Handlung aus der Perspektive der körperlosen Seele der Erzählerin zu verfolgen, da diese Seele in einem aus der christlichen Glaubensvorstellung vertrauten Bild offenbar über dem Schauplatz des Geschehens schwebt und in der Lage ist, ihren eigenen Körper zu beobachten ("I saw him look up from the body..."). Den Hauptteil der Geschichte bildet der Versuch der Erzählerin, ihren vormals Geliebten als Geist zu verfolgen ("I would haunt him.") und auf diese Weise Rache zu üben. Sie beschimpft den durch die dunklen Straßen gehenden John *"Murderer! Murderer!"* oder droht ihm *"I'll finish you!"*, wird von ihm jedoch nicht wahrgenommen, sondern nur von anderen Leuten: "'Strange, that I should be so real to all those people ... it seemed doubtful whether he even saw me.'"

Als sie dem Rat ihres Gewissens endlich folgen und John nicht weiter belästigen will, ist es bereits zu spät. Der Mörder stellt sich der Polizei. Der kurze Schlußteil der Geschichte bringt die überraschende Lösung. Nicht etwa John hat sie, sondern sie hat John getötet, und folglich lebt sie noch. Der Leser sieht sich durch diese ironische Pointe in seiner Erwartung getäuscht. Hatte er sich doch darauf eingestellt, daß eine Ghost Story selbstverständlich auch von einem Geist erzählt werden kann, so wird er hier jäh eines Besseren belehrt und aus seiner irrealen Welt herausgerissen: Denn, so die Ironie des "surprise ending", natürlich konnte die Frau nicht tot sein, wie hätte sie sonst die Geschichte erzählen können? Und hinzuzufügen wäre noch: Schließlich gibt es ja eine ausreichende Zahl von Belegen für das Leben der Frau. Doch solche Indizien werden im allgemeinen überlesen, obwohl sie im Nachhinein nichts an Deutlichkeit vermissen lassen.

Schuld an der fehlgeleiteten Lesererwartung ist die Ausgangssituation der Geschichte. So wird immer nur eine der möglichen Bedeutungen aller folgenden Begebenheiten in der Perspektive der auch hier Authentizität suggerierenden Ich-Erzählerin als richtig erkannt. Nahezu jeder Handlungsteil – so zeigt sich nach der ersten Lektüre – ist jedoch umkehrbar. Das onomatopoetische *"Bang!"* läßt gar mehrere Deutungen zu: in der vom Autor intendierten Lesart als den Mord an Millie; John zerschmettert ihren Kopf auf dem Pflaster; nach der Auflösung der Geschichte als Mord an John; Millie zertrümmert Johns Kopf auf dem Pflaster oder – wie die Polizei meint – mit dem Hammer; und schließlich auch als jene Schläge, die Millie nach ihrer Tat sich selbst mit dem Hammer zugefügt haben könnte. Hieraus ergibt sich sogar eine quasi rationale Erklärung ihrer im folgenden den Leser fehlleitenden geistigen Verwirrung; und dies wäre trotz des gegenüber "When We Dead Awaken" konträr konstruierten Tricks des Autors eine verblüffende Parallele zwischen beiden Geschichten.

Die auf das "surprise ending" von "The Ghost" hinweisenden Indizien lassen sich im weiteren Verlauf der Short Story jeweils in Verbindung mit den beteiligten Personen, ihren Aktionen, Reaktionen und – in bezug auf Millie – Reflexionen erklären.

1. John: Millie "saw him look up from the body in a fixed sort of way.";
"John ... still staring in front of him."; "but he didn't seem to see it, he just stared."; "he didn't seem properly to see me."; "there was a sort of hard look about him"; "John must have heard *that* : but no"; "it seemed doubtful whether he even saw me."; "Still the police took no notice of him."; "for at last his face had softened." Johns Blick wird von der Erzählerin als starr, unbeweglich und leer beschrieben, er kann Millie weder sehen noch hören, und er wird auch von der Polizei nicht wahrgenommen,

da einzig Millie vor dem Revier anwesend ist, die im Moment der Auflösung "sieht", wie Johns Gesichtszüge sanfter werden, den Augenblick seines Todes also visionär nacherlebt.

2. Millie: "I saw him"; "I could see him plainly"; "I was afeard"; "I gave back before him"; "I could still see him as clear as if it was daylight."; "I made those dead leaves rise up on their thin edges". Hier deutet sich Körperlichkeit an; ein körperloser Geist stände nicht in der Notwendigkeit, vor einem Menschen zurückzuweichen, und es dürfte auch nicht als selbstverständlich angesehen werden, daß er Materie in Bewegung setzt. (Das „traditionelle" Gespenst beschränkt sich z. B. auf die Verursachung eines Luftzugs.) Ist die Körperlichkeit schon ein befremdendes Attribut für den Geist, so dürfte dessen Gewissen ein noch ungewöhnlicheres Merkmal sein: "Some sort of voice in me seemed to say: 'Leave him … *before it is too late!*'"; "'You drove him to it … Now his death is on your head.'" In der Stimme des Gewissens selbst ist die Eindeutigkeit des Bezugs noch einmal aufgehoben. Wir können aufgrund der Visionen Millies von einer chronologischen Abfolge der Ereignisse nicht mehr ausgehen. So könnten beide o. g. Zitate sich auf die Zeit kurz vor und nach dem Mord an John beziehen, und ebenso verhält es sich mit Millies doppeldeutiger „Beichte": "I never wished him any harm, never, not *really!* … Oh John … forgive me! I didn't mean to do it! It was jealousy, John, what did it … because I loved you.'" Ihre herausgeschrienen Worte richten sich einerseits an ihr Gewissen – sie wollte John eben aufgrund ihrer Liebe zu ihm nicht in die Arme der Polizei treiben –, andererseits haben sie die Funktion des Geständnisses ihrer Tat und rekurrieren auf ihre Verzweiflung kurz nach dem von ihr bitter bereuten Mord aus Eifersucht. Es besteht einmal die Möglichkeit, daß Millie diese Worte direkt nach der Tat benutzt hat und sie vor der Polizei visionär wieder ins Gedächtnis rücken. Es ist jedoch auch nicht auszuschließen, daß wir in der Geschichte neben dem Perspektiventrick einem weiteren Kniff des Autors aufgesessen sind, da offenbar eine bis hierhin nicht vermutete Divergenz von Erzählzeit und erzählter Zeit vorliegt, die die als Handlung dargestellten Ereignisse in das Bewußtsein Millies verlegt und zu einer Kette (blitzartiger) Gedanken reduziert. Hierfür spräche die Reaktion der Polizei, die Millie sofort als Täterin erkennt, und dies kann logischerweise am einfachsten am oder in relativ direkter Verbindung zum Tatort geschehen.

3. Andere Personen: Die Reaktionen der durch Millies an John gerichteten Beschimpfungen und Drohungen aufgeschreckten Personen schließlich können als weitere Indizien für die „reale" Existenz der Erzählerin angeführt werden: "So other people could hear, at any rate."; "They had all heard." Sie deuten aber auch darauf hin, daß Millie möglicherweise „tatsächlich" den von ihr beschriebenen Weg zurückgelegt hat, nur eben alleine. Lediglich die Vision

von John war ihr Begleiter, Indiz für ihren Schock nach einer im Grunde ungewollten Tat, Auslöser auch für ihre totale Verwirrung. Jeder Außenstehende müßte aufgrund von Millies Drohungen – *"Murderer! Murderer!"* und *"I'll do you. I'll finish you!"* – zumindestens eine ernste Auseinandersetzung auf der dunklen Straße vermuten. Der wiederum doppelte Bezug der zweiten Bemerkung legt noch einmal einen Bruch der Chronologie nahe: Denn Millie könnte ihre aggressive Drohung ebensogut kurz vor der Tat ausgestoßen haben, oder aber sie könnte, wie ihr oben zitiertes reuevolles Geständnis, ein zweites Mal visionär von ihrem Gedächtnis „abgerufen" worden sein; zum einen also verstanden als Rache an dem John, der eine Geliebte hat, zum anderen als Rache für den eingebildeten Mord an ihr selbst.

Die Polizei nimmt in dieser Geschichte die traditionelle Rolle der aufklärenden Instanz ein. Die Aufklärung besteht aus vier Informationen, deren erste – *"'she done it … brained him'"* – die Umkehrung der geschilderten Ereignisse beinhaltet, während die zweite – *"'Looks as if she tried to do herself in with the 'ammer, after'"* – Millies Geisteszustand teilweise zu erklären vermag. Die dritte Information – *"'Holy Mary! … She's seeing him!'"* – erweist sich als logische Konsequenz der zweiten, und die vierte schließlich relativiert den Mord, mildert die Verwerflichkeit der Tat, die nun nicht mehr ausschließlich das bittere Ende eines Eifersuchtsdramas ist, sondern die Verzweiflungstat einer jungen Frau, die ein Kind erwartet: *"'They'll not hang her,' another whispered. 'Did you notice her condition, poor girl?'"*

3.

In beiden hier vorgestellten Geschichten spielt ein „echter" bzw. vermeintlicher Geist die Hauptrolle. Während der „echte" Geist vorgibt zu leben, gibt der vermeintliche Geist vor, bereits tot zu sein. Da jeweils das Gegenteil der Fall ist, kann man davon ausgehen, daß beide Geschichten um dieses Effektes willen geschrieben, ja konstruiert wurden, wobei die Autoren sich wohl darüber im klaren waren, daß der traditionellen Ghost Story, die sich z.B. durch Setting und Formula, insbesondere aber durch ihr Accessoire von vornherein bewußt als solche zu erkennen gibt, die überraschenden Momente fehlen. Dennoch gibt es auch im 20. Jahrhundert noch solche „reinen", aus der Volksliteratur hervorgegangenen und unter dem Einfluß der Romantik und der Gothic Novel vielfältig modifizierten Gespenstergeschichten, deren Erfolg beim Leser – ebenso wie der Erfolg aller anderen eskapistischen Literatur – vorwiegend aus den jeweiligen gesellschaftlichen Bedingtheiten abgeleitet werden kann. Ob die Gesellschaft sich in einem Umbruch befindet, ob sie sich einfach gelangweilt fühlt oder ob die alltägliche Belastung unerträglich

geworden zu sein scheint, immer gibt es einen gewissen Hang zum Übernatürlichen, Unheimlichen, kurz Irrationalen, und gerade im 20. Jahrhundert
zur Nostalgie. Julia Briggs führt die Beliebtheit der Ghost Story insbesondere
auf diese inhärent romantische Sehnsucht zurück:

> ... the combination of modern scepticism with the nostalgia for an older,
> more supernatural system of beliefs provides the foundation of the ghost
> story, and this nostalgia can be seen as inherently romantic ...[1]

David Punter äußert in diesem Zusammenhang die Befürchtung, daß die Ghost
Story dieser Sehnsucht allerdings immer seltener gerecht zu werden vermag.
Einerseits muß sie ihren Ort offenbar in der historischen – besser: literar-
historischen – Vergangenheit haben, andererseits droht sie aber gerade deswegen, zur Formelhaftigkeit zu erstarren. Folge wäre ein neues Leserbewußt-
sein. Nicht das prickelnde Gefühl des Ungewissen, das bewußte Aussteigen
aus der Alltagsrationalität würden den Leser leiten, sondern sein Wissen um
die Fiktionalität dieser Literatur. Sind die Autoren des Genres nicht in der
Lage, eine solchermaßen distanzierte Rezipientenhaltung zu überwinden, so
bedeutet dies gemeinhin den Niedergang der Gattung. Nicht das überraschende
Moment sei ein Teil des Schreckens – so Punter über Conan Doyle und
M. R. James – sondern die Bestätigung unserer Vorhersage und Erwartungs-
haltung.

> ... from the first act of settling into an armchair, or from the first in-
> trusion of the surprise visitor, we know in advance the intention and
> approximate structure of what we are reading ...[2]

Duncan und Hughes haben mit ihren beiden Geschichten der Ghost Story
also sicher einen guten Dienst erwiesen. Sie haben ihrer Erstarrung entgegen-
wirken können durch die Pointe, den Perspektivtrick, das alltägliche Setting,
die Atmosphäre. Zwar bedienen sich beide Autoren auch traditioneller Elemente – so etwa der Paradoxie von Sein und Schein, des aus der Gothic
Novel bekannten Rachemotivs und des aus der Schauerliteratur vertrauten
"single moment of revelation" –, doch rücken diese erst nach der ersten
Lektüre ins Bewußtsein. Ihre strukturbestimmende Funktion konnte durch
die fehlleitende Erzählperspektive kaschiert werden. Beide Geschichten heben
sich auch und insbesondere durch die Atmosphäre von traditionellen Ghost
Stories ab. So fehlt ihnen deren verbale Austattung in bezug auf
- den Ort (haunted place, accursed spot, dismal haunt, remote lane, cemetery,
  marsh, castle, torturechamber etc.)
- die Zeit (dusk, nightfall, dark night, dismal hour, midnight etc.)
- die Requisiten (grave, corpse, skull, ghost, heavy rain, fog, candle, arms,
  concealed door etc.)
- die Ereignisse (mysterious, nightmare etc.).

Besonders deutlich wird der Unterschied zwischen unseren beiden Geschichten und älteren, etwa viktorianischen, bewußt auf Schauereffekte angelegten Ghost Stories im Bereich menschlicher Empfindungen, insbesondere des Fühlens aber auch des Sehens und Hörens:
- fear, terror, horror, chill, shiver etc.
- nervous, startled, afraid, frightened, terrified, horrified, aghast, alarmed, shocked, paralysed etc.
- ghastly sound, mystic laughter, strange eyes, fearful sight, horrid resemblance, gloom, shadow, strange frown, crying fiercely, terrified shrieks etc.

Solche und ähnliche Listen lassen sich beliebig fortsetzen. Insbesondere E. A. Poes Horrorgeschichten bieten ein nahezu unerschöpfliches Reservoir an Empfindungen und Beschreibungen des Grauenerregenden, Phantastischen, Abenteuerlichen, die die atmosphärische Dichte seiner Geschichten kreieren. Die Atmosphäre und die Verzerrung im Bereich der Wahrnehmung wirken suggestiv auf den Leser, sie erwecken die Vorstellung von der Realität der Halluzination. Eben dieser Effekt wird bei Duncan und Hughes auch erreicht. Der Einsatz ihrer Mittel jedoch gilt nicht der Schaffung einer unheimlichen und damit die Lesererwartung auf das Übernatürliche einstimmenden Atmosphäre, sondern ihrem Gegenteil. Nicht das arabeske, sondern das alltägliche Dekor dominiert. Auf diese Weise erst konnte der Leser fehlgeleitet und die Voraussetzung für eine wirkungsvolle Pointe geschaffen werden.

3.1

Welche Bedeutung haben die beiden Geschichten von Duncan und Hughes im Kontext der Schauerliteratur? Sie stellen eine Kontrastfolie dar zur älteren Literatur dieser Gattung, d.h. ausgehend von ihren Protagonisten, einem „tatsächlichen" und einem vermeintlichen Geist, läßt sich rückschließen, daß die Geister der klassischen Schauerliteratur eben nicht wie unsere „modernen" aktiv waren, aus eigenem Antrieb handelten oder direkt und oft physisch intervenierten.[3] Die moderne Ghost Story kommt ohne die Einstimmung des Lesers auf das Schreckliche, Übernatürliche, Phantastische, ohne düstere Atmosphäre aus. Ihr Instrumentarium wurde so weit reduziert, daß die Geschichten kaum mehr mit dem Element des Gruseligen assoziiert werden können, sondern aufgrund ihrer Pointe sich eher der Kriminalgeschichte nähern. Sie dürften somit zu den Ausnahmen des Genres gehören. Dem Leser vertrauter sind vermutlich jene stärker in der Tradition der Volksliteratur stehenden Ghost Stories, in denen eine übernatürliche Erscheinung meist am selben Ort, an den sie z.B. durch einen Fluch gebunden ist, und meist zu einer bestimmten Zeit auftritt. In diesen Erzählungen geht es nicht um die Lösung, sondern eher um die Erlösung des Geistes. Sie verharren bewußt im Irrationalen, ihr besonderes Merkmal ist die Rätselhaftigkeit. Richard Hughes selbst hat Geschichten dieses Zuschnitts verfaßt. In seiner Very Short Story "A Night at a Cottage"[4] erscheint der Geist eines früheren Bewohners, der sich ertränkt hatte und durch diese Schuld an den Ort gebunden bleibt. Die durch den Geist vermittelte Erklärung kann nur im Kontext der Ghost Story als solche Gültigkeit haben. Eine realistische Lösung wird nicht angestrebt.

Einen Schritt weiter geht z.B. Murray Gilchrist in seiner ebenfalls sehr kurzen Geschichte "The Return"[5], deren Protagonist nach zwanzigjähriger Abwesenheit seine Geliebte wiedergefunden zu haben glaubt, die Nacht mit ihr verbringt, am Morgen jedoch auf ihrem Grabstein erwacht. Das Mädchen hatte nach dem Weggang des Protagonisten vor zwanzig Jahren Selbstmord begangen. Die Lösung kann hier außerhalb des Kontextes der Ghost Story als durchaus überzeugend angesehen werden: Der Held erlag einer Halluzination, die durch Relikte der Vergangenheit und seine Sehnsucht nach der Geliebten ausgelöst worden war. Der Trick des Erzählers besteht lediglich in einer möglichst realistischen Darstellung der halluzinatorischen Ereignisse. Eine solche Geschichte wirkt schon deshalb „moderner", da die Psychologie, konkreter die Einbildungskraft, eine Rolle spielt, die den Protagonisten täuscht. Die Kenntnis der Tiefenpsychologie hat für die Verfasser von Ghost- und Horror Stories zweifellos eine entscheidende Rolle gespielt. Bereits 1891 hatte Ambrose Bierce z.B. "The Man and the Snake" in seinem Kurzgeschichtenzyklus *In the Midst of Life* veröffentlicht. Der Protagonist erliegt hier der Faszination der Augen einer vermeintlich realen Schlange durch Autosuggestion, die – einhergehend mit einem unerklärlichen Zwang zur Selbstzerstörung – zu seinem Tode führt. Ebenso spielt die übergroße Einbildungskraft in Les Freemans Kurzgeschichte "Late"[6] die entscheidende Rolle, führt sie doch ebenfalls zum Tode des Protagonisten, der sich zwanghaft, durch eine für den Leser nicht erklärbare Kraft, in Gefahr gebracht hatte.

Schließlich sollten in diesem Zusammenhang noch zwei Very Short Stories erwähnt werden, die eine vergleichbare Struktur aufweisen – es wird eine Geschichte in der Geschichte erzählt –, sich die Faszination der Zuhörer von rätselhaften Erscheinungen zu eigen machen und durch ihre Pointen die traditionelle Ghost Story ironisieren.

In Richard Hughes' "The Victorian Room – and James"[7] sind die äußeren Umstände ("The night is dark and gloomy") auslösendes Moment für die Geschichte in der Geschichte, die der Erzähler selbst erlebt zu haben vorgibt und in der er kurz vor seiner eigenen Ermordung durch ein von einem Geist geführten Rasiermesser stand. Durch die desillusionierende Lösung –

"'Thank Heaven it was a safety-razor Janet gave me last Christmas!'" – ironisiert Hughes die Ghost Story auf humorvolle Art. Lassen sich die Zuhörer hier bewußt in den Bereich des Unwirklichen und Übernatürlichen entführen, so spielt Saki in seiner Geschichte "The Open Window"[8] mit der Leichtgläubigkeit jener Menschen, die durch einige atmosphärische Accessoires und eine erfundene Begebenheit (die Geschichte) die Wirklichkeit als Trugbild „erkennen" und – wenn auch umgekehrt wie in unseren oben besprochenen Short Stories von Duncan und Hughes – der Paradoxie von Sein und Schein erliegen.

In all diesen Short Stories wird der Leser mit einer Realität konfrontiert, die in (der fiktiven) Wirklichkeit Irrealität ist. Im Bewußtsein einer literarhistorisch bedingten Ästhetik des Unheimlichen und Übernatürlichen muß er sein Gattungsverständnis revidieren. Die Substanz der Geschichten liegt im psychischen Bereich; dessen Zusammenspiel mit dem Übernatürlichen führt nicht nur zur Fehlleitung des Lesers, sondern zuvor schon zu einer Fehleinschätzung durch den Protagonisten, dem die tragische Ironie seiner Lage erst durch die Erkenntnis der tatsächlichen Gegebenheiten in einem dekuvrierenden Moment der Offenbarung bewußt wird.

Anmerkungen

1 Briggs, J.: *Night Visitors. The Rise and Fall of the English Ghost Story.* London, 1977, S. 19.
2 Punter, D.: *The Literature of Terror. A history of Gothic Fictions from 1765 to the present day.* London, 1980, S. 316.
3 Vgl. Lichius, F.: *Schauerroman und Deismus.* Frankfurt, 1978, S. 22.
4 Hughes, R.: *A Moment of Time.* London, 1926, S. 205–209.
5 Gilchrist, R. M.: "The Return". – In Lamb, H. (Ed.): *Victorian Nightmares.* London, 1977; Coronet edition 1980, S. 43–48.
6 Freeman, L.: "Late". – In Lamb, H. (Ed.): *The Taste of Fear.* London, 1976; Coronet edition 1977, S. 198–209.
7 Hughes, R.: *A Moment of Time.* London, 1926, S. 210–212.
8 Saki: "The Open Window". – In Black, E. L., Parry, J. P. (Eds.): *Aspects of the Short Story.* London, 1969 ([1]1956), S. 12–15.

Ronald Duncan

When we dead awaken

I do not think I am more avaricious than most men; but the chance of obtaining something for nothing has always appealed to me. Especially when I could pick it with my own hands; blackberries, for these I will tear my clothes to pieces, nettle my face and hands, all for pleasure of reaching the inaccessible something for nothing, and the pleasure of holding the plump fruit in my fingers. So, too, with mushrooms; as a child I began the search; and as a man, with less energy but the same incentive, I continue it. I will walk my friends' feet off to find a few more of those will-o'-the-wisp delicacies; and always there is a hope at the back of my mind that I will again find a complete mushroom ring, enough for a feast and to sell the rest as sheer profit. Such frail chances are strong ropes tethering many of us to pursuits and hobbies which, were we to consider the time we devote to them, would prove to us that it is impossible to obtain anything for nothing. And, as my wife has often reminded me, there is little profit in obtaining three pounds of wild fruit at the cost of a torn shirt and a large cleaning bill.

As the spring came round, I looked greedily across the beach to the great gaunt Cornish rocks where I knew the gulls would soon nest and lay their clutches of mottled blue and black eggs; to my taste a gull's egg is a delicacy, whereas a fowl's egg is just an egg.

And so, with my wife's blessing and a pair of old rubber shoes on, I set off with the privileged loan of her precious basket to the rock.

I knew every inch of the way and was soon scaling the precipitous surface which, being dry, seemed safe even to my nervous eye. Gulls scissored the air and sliced the sky and then would stay poised, and then fall and then rise. I kept my eyes to the rock and felt like a wood louse invading their pinnacle of a home. The top of the rock was relatively flat. I climbed on to my feet and eyed the ground for the precious eggs. To my disappointment I found only three where I had expected at least three dozen, though I saw scores of clumsily built, empty nests littered with the husks of my own seed corn. I could not allow myself to return with only three eggs; for there would be six of us to luncheon and I promised my wife that I could provide the *pièce de résistance* for that meal. On descending the rock I noticed that a great number of gulls circled a ledge of the main cliff some hundred feet above me. It was there, I supposed, that a friend of mine went for his eggs; for he always returned with a full basket and sold them for sixty pence a dozen, something for nothing. The cliff looked easy, that is, as easy as the rock I had already climbed. So, with my basket in my teeth, I began the ascent. Within ten

114

minutes I was at the top, my basket full, it had been easy. I smoked a cigarette and admired the view, meditating on the pleasure the eggs would give my wife and wondering whether she would be able to preserve some for the winter. I had two pounds' worth of eggs; something for nothing, I was happy. I picked up my basket and then looked for my way down. But I could not see how I had managed to climb to where I now stood. I stood on a ledge of cliff four feet wide; at the back of me was an overhanging precipitous cliff which I knew it was impossible to scale. And each side of me a sheer drop of one hundred feet with the rocks and the sea's snarl at the bottom. In front, the ledge narrowed till it was a foot wide – no more than a plank – and on each side a sheer drop with nothing to hold on to.

Instantly, as though pricked by a hypodermic syringe, sharp panic spread over me and the sick fear of what lay before me settled in my throat as I realized what I had done. I had walked this narrow ledge, this one-foot plank, without noticing it, with my eyes searching for something for nothing; I had managed to keep my balance over nothing. But now it was a different matter. My nerve had gone. I could not even stand where the ledge was comparatively wide. So I crawled inch by inch to where it narrowed and peered over. Each side was a sheer descent of slate-smooth rock. The ledge was less than a foot wide and more than five yards long. I must have crossed this without noticing it.

I knew I could not do it again.

I knew that I must do it again.

There was no other way, no other alternative. If only I could regain my nerve. I lit another cigarette and lay flat out, my hand holding a crack in the rock. My only chance was to make a run for it, with my eyes on some distant point, some imagined gull's nest. I could soon be over and, when it was, I swore in my panic to keep so many resolutions. I thought of my wife waiting for the eggs, and our laughing over my present predicament. Standing up, I threw my cigarette away and, with my eyes on a fixed point the other side, began to run towards the ledge, the sea almost meeting underneath it, the gulls swooping over it. I was on the ledge, my eyes still fixed on the point beyond it. In two seconds I would be across. A gull swooped towards me, my eyes lost their fixed objective, I hesitated ...

Then later I found myself sitting on the beach; I do not know how long I had sat there. I cannot tell; I may have dozed, I may have slept. The tide may have turned or the year turned. I do not know. I picked up my basket and walked up the path from the beach to the cottage. I thought of my wife waiting, the table laid, the guests' inconsequential chatter.

I put my basket behind my back and opened the door. The room was empty, there was no table laid, I went upstairs still carrying the basket of eggs. My wife lay on the bed. She was sobbing. I asked her what was wrong, she made no reply. Sobbing, she looked away from me. I begged her to tell me why she was crying. She made no answer. I put out my hand and touched her smooth, hot forehead. Instantly she screamed, rose from the bed and ran down the stairs out into the night. I followed, but could not find her. I returned to the empty house and went to my study and lay there, miserable and bewildered.

How long I slept there I do not know. The day may have drunk the night a dozen times for all I know; but when I awoke the stream still ran by the cottage. And I listened. My study is next to the sitting-room. Through the door I could hear voices and a fire crackling. It could not be the luncheon party, for we seldom light fires during May. I listened. My sister was there, she was serving coffee. My wife was there and there were two men with them; one was my neighbour, the other a friend of the family. Both people who would often drop in for an evening. I listened; my wife was no longer crying, the wireless was on. I opened the door slowly and went in; my neighbour sat in my chair, so I went over to the divan.

Nobody looked at me, nobody spoke to me and nobody passed me any coffee. They went on talking with the music playing.

My wife looked pretty; she went on knitting. What had I done to be left unnoticed?

I stood up and went to my wife's chair and on her lap placed the basket of gulls' eggs. Her eyes rose slowly from her knitting and she screamed. 'Take them away, take them away!' she screamed, and ran from the room crying. My sister followed her. Then my friend said to my neighbour: 'Poor woman, she's still unnerved. That's the second time she's thought she's seen her husband carrying gulls' egg ... She must go away.'

I went into the study. So I was dead, was I? When will we dead awaken?

Richard Hughes

The Ghost

He killed me quite easily by crashing my head on the cobbles. *Bang!* Lord, what
a fool I was! All my hate went out with that first bang: a fool to have kicked up
that fuss just because I had found him with another woman. And now he was
doing this to me – *bang!* That was the second one, and with it *everything* went
out.

My sleek young soul must have glistened somewhat in the moonlight: for I saw
him look up from the body in a fixed sort of way. That gave me an idea: I would
haunt him. All my life I had been scared of ghosts: now I was one myself, I
would get a bit of my own back. *He* never was: he said there weren't such things
as ghosts. Oh, weren't there! I'd soon teach him. John stood up, still staring in
front of him: I could see him plainly: gradually all my hate came back. I thrust
my face close up against his: but he didn't seem to see it, he just stared. Then he
began to walk forward, as if to walk through me: and I was afeard. Silly, for me –
a spirit – to be afeard of his solid flesh: but there you are, fear doesn't act as you
would expect, ever: and I gave back before him, then slipped aside to let him
pass. Almost he was lost in the street-shadows before I recovered myself and followed him.

And yet I don't think he could have given me the slip: there was still something
between us that drew me to him – willy-nilly, you might say, I followed him up
to High Street, and down Lily Lane.

Lily Lane was all shadows: but yet I could still see him as clear as if it was daylight. Then my courage came back to me: I quickened my pace till I was ahead of
him – turned round, flapping my hands and making a moaning sort of noise like
the ghosts did I'd read of. He began to smile a little, in a sort of satisfied way: but
yet he didn't seem properly to see me. Could it be that his hard disbelief in ghosts
made him so that he *couldn't* see me? '*Hoo!*' I whistled through my small teeth.
'*Hoo! Murderer! Murderer!*' – Someone flung up a top window. 'Who's that?'
she called. 'What's the matter?' – So other people could hear, at any rate. But I
kept silent: I wouldn't give him away – not yet. And all the time he walked
straight forward, smiling to himself. He never had any conscience, I said to myself: here he is with new murder on his mind, smiling as easy as if it was nothing.
But there was a sort of hard look about him, *all* the same.

It was odd, my being a ghost so suddenly, when ten minutes ago I was a living
woman: and now, walking on air, with the wind clear and wet between my
shoulder – blades. Ha-ha! I gave a regular shriek and a screech of laughter, it all

felt so funny ... surely John must have heard *that:* but no, he just turned the corner into Pole Street.

All along Pole Street the plane-trees were shedding their leaves: and then I knew what I would do. I made those dead leaves rise up on their thin edges, as if the wind was doing it. All along Pole Street they followed him, pattering on the roadway with their five dry fingers. But John just stirred among them with his feet, and went on: and I followed him: for as I said, there was still some tie between us that drew me.

Once only he turned and seemed to see me: there was a sort of recognition in his face: but no fear, only triumph. 'You're glad you've killed me,' thought I, 'but I'll make you sorry!'

And then all at once the fit left me. A nice sort of Christian, I, scarcely fifteen minutes dead and still thinking of revenge, instead of preparing to meet my Lord! Some sort of voice in me seemed to say: 'Leave him, Millie, leave him alone *before it is too late!*' Too late? Surely I could leave him when I wanted to? Ghosts haunt as they like, don't they? I'd make just one more attempt at terrifying him: then I'd give it up and think about going to heaven.

He stopped, and turned, and faced me full.

I pointed at him with both my hands.

'John!' I cried. 'John! It's all very well for you to stand there, and smile, and stare with your great fish-eyes and think you've won: but you haven't! I'll do you. I'll *finish* you! I'll —'

I stopped, and laughed a little. Windows shot up. 'Who's that? What's the row?' and so on. They had all heard: but he only turned and walked on.

'Leave him, Millie, before it is too late,' the voice said.

So that's what the voice meant: leave him before I betrayed his secret, and had the crime of revenge on my soul. Very well, I would: I'd leave him. I'd go straight to heaven before any accident happened. So I stretched up my two arms, and tried to float into the air: but at once some force seized me like a great gust, and I was swept away after him down the street. There was something stirring in me that still bound me to him.

Strange, that I should be so real to all those people that they thought me still a living woman: but he – who had most reason to fear me, why, it seemed doubtful whether he even saw me. And where was he going to, right up the desolate long length of Pole Street? – He turned into Rope Street. I saw a blue lamp: that was the police station.

'Oh, Lord,' I thought, 'I've done it! Oh, Lord, he's going to give himself up!'

'You drove him to it,' the voice said. 'You fool, did you think he didn't see you? What did you expect? Did you think he'd shriek, and gibber with fear at you? Did you think your John was a coward? – Now his death is on your head!'

'I didn't do it, I didn't!' I cried. 'I never wished him any harm, never, not *really!* I wouldn't hurt him, not for anything, I wouldn't. Oh, John, don't stare like that. There's still time ... time!'

And all this while he stood in the door, looking at me, while the policemen came out and stood round him in a ring. He couldn't escape now.

'Oh, John,' I sobbed, 'forgive me! I didn't mean to do it! It was jealousy, John, what did it ... because I loved you.'

Still the police took no notice of him.

'That's her,' said one of them in a husky voice. 'Done it with a hammer, she done it ... brained him. But, Lord, isn't her face ghastly? Haunted, like.'

'Look at her 'ead poor girl. Looks as if she tried to do herself in with the 'ammer, after.'

Then the sergeant stepped forward.

'Anything you say will be taken down as evidence against you.'

'John!' I cried softly, and held out my arms – for at last his face had softened.

'Holy Mary!' said one policeman, crossing himself. 'She's seeing him!'

'They'll not hang her,' another whispered. 'Did you notice her condition, poor girl?'

Gerd Stratmann, Bochum

"Mrs Packletide's Tiger" –
Saki und die selbstironische Farce

In einem einzigen Satz enthüllt Sakis *short story* nicht nur die Mechanik der Welt, in der Mrs Packletide lebt, sondern auch das Verfahren einer typisch britischen Erzähltradition, die hierzulande kaum eine Entsprechung findet und eher mit ideologiekritischer Verachtung rechnen muß. Der bemerkenswerte Satz lautet:

> In a world that is supposed to be chiefly swayed by hunger and by love Mrs Packletide was an exception; her movements and motives were largely governed by dislike of Loona Bimberton.

Der Satz etabliert eine fiktionale Welt, aus der alle elementaren Triebkräfte und Emotionen des „Normal-Menschlichen" ausgesperrt bleiben und durch trivialste gesellschaftliche Motive ersetzt werden. Doch die distanzierte Ironie, mit der der Erzähler diese groteske Reduktion seiner Protagonistin konstatiert, dient keineswegs der sozialen Satire, wie sie der deutsche Leser erwarten würde. Sie ist vielmehr von vertrackter Zweideutigkeit; sie bekennt sich unverhohlen zu dem Vergnügen an einer Kunstwelt, an deren Herzlosigkeit und Dekadenz sie andererseits keinen Zweifel läßt. Denn eben dies ist ja die Bedeutung des zitierten Satzes: daß sich hier die Literatur das Recht nimmt, gegen die Lebenswirklichkeit des Hungers und der Liebe ("a world ... chiefly swayed by hunger and by love") eine „exzeptionelle", d.h. eine amoralische und nach entschieden künstlichen Regeln funktionierende Welt zu setzen. Vergnüglich wirkt solcher Eskapismus dadurch, daß er sich selbstironisch als Eskapismus zu erkennen gibt und relativiert; doch das Vergnügen, welches dem Leser gleichsam zugemutet wird, hat offenbar viel mit schwarzem Humor zu tun und hat einen deutlich provokativen Einschlag.

Was sich hier in einem einzelnen Satz andeutet, bestimmt zugleich die Struktur dieser kurzen Erzählung insgesamt. Drei Prinzipien wirken zusammen, um ihren unverwechselbaren Effekt hervorzubringen: die psychologische Mechanisierung, die parodistische Erzähler-Perspektive und die Selbstironie der Charaktere.

Wie man nicht erst seit Bergson weiß, entsteht die Komik immer dann, wenn menschliches Handeln als „automatisiert" dargestellt, d.h. auf *eine* quasi-mechanische Triebfeder reduziert wird. Sowohl Mrs Packletide als auch Louisa Mebbin erscheinen durchgehend als Marionetten; beide werden jeweils ausschließlich von einem Motiv getrieben: die eine von dem "compelling motive", die gesellschaftliche Publizität ihrer Rivalin zu übertreffen, die andere von ihrer krankhaften Furcht ("morbid dread"), als "paid companion" weniger Geld herauszuschlagen, als möglich ist. Zu komisch-grotesken Charakteren werden beide dadurch, daß sie in ihrer jeweiligen Besessenheit auch auf elementare Situationen nicht mehr normal bzw. menschlich reagieren, sondern nur noch mechanisch. Louisa Mebbin fürchtet nicht den Tiger, sondern die durch ihr Gehalt möglicherweise nicht mehr gerechtfertigte Anstrengung der Tigerjagd; sie setzt den Erfolg der Expedition aufs Spiel, als sie durch einen lautstarken Hinweis auf die miserable Qualität des Tigers dessen Preis drücken will, und versucht schließlich die als Köder dienende Ziege zu retten – natürlich nicht etwa aus Tierliebe, sondern um zusätzliche Kosten zu sparen: "The bait was an extra."

Mrs Packletide ihrerseits geht es allein um die pressewirksame *Rolle* der Großwildjägerin und nicht etwa um das Bestehen einer Gefahr, um das Jagdfieber, um die elementare Konfrontation zwischen Mensch und wildem Tier. So kauft sie eine "opportunity ... without overmuch risk and exertion", vertreibt sich das Warten auf die Beute mit ihren Patience-Karten und empfindet ihren Jagderfolg als einen Sieg nicht über die Bestie, sondern über Loona Bimberton:

> And their triumph and rejoicing found a ready echo in the heart of Mrs Packletide; already that luncheon-party in Curzon Street seemed immeasurably nearer.

Die eigentliche Pointe der Erzählung aber liegt darin, daß die beiden Mechanismen, nach denen Mrs Packletide und Mrs Mebbin jeweils funktionieren, in einem komplementären Verhältnis zueinander stehen, so daß der eine am Ende den anderen widerlegt: Mrs Packletide benutzt ihr Geld, um sich das ersehnte soziale Prestige zu kaufen; so kann Mrs Mebbin, um die ihrerseits ersehnte finanzielle Unabhängigkeit zu erreichen, die Prestige-Besessenheit der anderen erpresserisch nutzen. Das wäre eine boshafte, ja pessimistische Pointe, wenn die Trivialität der Motive – eine drohende Blamage, deren soziale Nichtigkeit jedenfalls für den Leser evident ist, und ein Geldverlust, der offenbar kaum schmerzt – solche moralisch-ernsten Bewertungen nicht von vornherein ausschlösse. Dennoch bleibt das Vergnügen in dieser Geschichte prekär. Es erklärt sich zu einem Gutteil aus der grotesken Mechanisierung, der perfekten Symmetrie und der zur Schadenfreude einladenden Pointierung der Handlung; es erscheint aber zugleich dekadent, da es mit problematischen Erscheinungen der sozialen Wirklichkeit (einer oberflächlichen und verschwenderischen Gesellschaftsschicht, einer kolonialistischen Attitüde, einer letztlich kriminellen Verhaltensweise) ein bewußt „unnatürliches" Spiel treibt.

Dies wird unterstrichen durch die durchgehend ironische, zuweilen fast parodistische Perspektive des Erzählers. Bereits der erste Satz der Erzählung mag das illustrieren:

It was Mrs Packletide's pleasure und intention that she should shoot a tiger.

Die Banalität ihres Einfalls und ihres „erbarmungslosen" Kampfes gegen die Rivalin tritt durch die formelhafte Wendung ("her pleasure and intention"), welche traditionellerweise dem erhabenen Willen eines königlichen Herrschers Ausdruck verlieh, noch schärfer hervor. Im folgenden wird dann die Jagd auf einen halbtoten Tiger, mit der sich die Protagonistin in die Klatschspalten der Gesellschaftspresse bringen will, durch zahlreiche Anspielungen auf die mythischen und heroischen Urbilder der Jagd ironisiert. Mrs Packletide folgt den „Fußstapfen Nimrods", da sie dem "venerable herd-robber" gegenübertritt, welcher sich, in der ausersehenen "great night", auch wirklich zu seiner "grand attack" auf das ebenfalls klassisch stilisierte Opfertier einfindet. Die Jägerin, belohnt durch rituelles Trommeln und einen "chorus of triumph", feiert das bestandene Abenteuer schließlich angemessen-unangemessen im Kostüm der Diana. Um so lächerlicher mutet die Perversion an, die hier dem „Sinn" des Jagdrituals angetan wird. An die Stelle des unberechenbaren Abenteuers tritt die, gekaufte und „korrekt" inszenierte ("a goat, ... tethered at the correct distance", "an accurately sighted rifle") Veranstaltung, an die Stelle des Jagdfiebers bzw. der irrationalen Lust am Töten und an der Todesgefahr eine gelangweilte Blasiertheit, an die Stelle eines blutrünstigen „Herdenräubers" ein uraltes Tier, das nicht an einer Kugel des Jägers, sondern an altersbedingtem Herzversagen stirbt. Saki läßt kaum ein Mittel aus, den Gegensatz zwischen dem Urbild und seinem modernen Zerrbild ins absurde Extrem zu steigern. Trotz mancher spielerisch-witziger Übertreibung – wie etwa dem Hinweis auf die Eingeborenen, die aus Angst, der Tiger könnte nicht durchhalten, seine Nachtruhe vor allen Störungen schützen – und trotz eines gewissen Kokettierens mit stilparodistischen Kabinettstückchen vermeint man hier zunächst eine satirische Absicht zu spüren. Die Sterilität, Oberflächlichkeit und Dekadenz von Mrs Packletides Welt, ihre Käuflichkeit und Korruption, ihre Erstarrung und triviale Mechanik, – all das scheint durch jene ironischen Anspielungen auf die ursprüngliche Vitalität, die natürliche Bewährung und den rituellen Sinn des Jagens in das Licht einer kultur- bzw. sozialkritischen Perspektive gerückt.

Doch Sakis Erzählung verweigert sich wirksam einer solchen eindeutig moralischen Lesart. Die Ironie kann seinen Charakteren letztlich nur wenig anhaben, weil diese sie teilen und als Selbstironie gegen ihre eigene Welt richten:

She [Mrs Packletide] refused to fall in, however, with Clovis's tempting suggestion of a primeval dance party, at which everyone should wear the skins of beasts they had recently slain. 'I should be in rather a Baby Bunting condition', confessed Clovis, 'with a miserable rabbit-skin or two to wrap up in, but then', he added with a rather malicious glance at Diana's proportions, 'my figure is quite as good as that Russian dancing boy's.'

Die Bewohner dieser dekadenten Welt (zu denen Clovis zweifellos und in besonderem Maße gehört) werden nicht zum satirischen Opfer des angedeuteten Kontrastes; sie beherrschen diesen Kontrast, spielen souverän mit ihm. Das Bild, welches Clovis beschwört und ausspinnt, ist ein brillantes Beispiel für solche Selbstironie. Eine Salongesellschaft, vereint in einem archaischen Tanz, jeder gekleidet in „die Felle der Tiere, die er letzthin erschlagen hat", – Clovis faßt die grotesken Diskrepanzen der Geschichte gleichsam noch einmal zusammen und spitzt sie weiter zu. Er konfrontiert die barbarischen Ursprünge der Jagd mit dem Schicksal des aus dem Nursery Rhyme bekannte "Baby Bunting" ("Bye, Baby Bunting, / Daddy's gone ahunting, / Gone to get a rabbit skin / To wrap the Baby Bunting in"). Doch die Ironie bleibt völlig spielerisch, ist geradezu kokett: Clovis wird sich auch in dem Kaninchenfell, das die Jägerrolle der Mrs Packletide in ihrer Lächerlichkeit noch einmal parodistisch beleuchtet, mit der souveränen Grazie eines Ballett-Tänzers bewegen.

Übrigens zeigen auch Louisa Mebbin und Mrs Packletide eine ähnliche Souveränität gegenüber ihrer eigenen Geschichte. Die bezahlte Gesellschafterin setzt am Ende ein boshaftes Zeichen, welches nichts mehr mit ihren geschäftstüchtigen Plänen zu tun hat. Der Name, den sie ihrem Sommerhäuschen gibt ("Les Fauves"), und die Tigerlilien, die sie in ihrem Vorgarten pflanzt, sind zweckfrei, – geistvolle Anspielungen, die ihre Arbeitgeberin daran erinnern sollen, wer in jenem Spiel um die Tigerjagd der eigentliche Sieger war. Sie haben die gleiche Funktion wie jene Brosche aus Tigerklauen, die Mrs Packletide der zähneknirschenden Loona Bimberton übersandt hat. Sie alle haben an einem boshaften, aber völlig irrelevanten Gesellschaftsspiel teilgenommen; sie alle lassen keinen Zweifel daran, daß sie genau dieses wissen. So wird am Ende, da auch Mrs Packletide mit dem selbstironischen Seufzer über die horrenden „Nebenkosten" der Jagd ihre Niederlage witzig verschlüsselt eingesteht, der Leser dieser Erzählung seiner amüsierten Verwirrung überlassen.

Ist "Mrs Packletide's Tiger" also kaum mehr als eine zwar perfekt gestaltete, aber federleichte *short story,* die man unmöglich ernst nehmen und etwa deutschen Schülern als Lektüre im Englischunterricht anbieten kann? Daß sie im Gegenteil zu den ausgesprochen beliebten Schultexten gehört, sollte Veranlassung genug sein, mit der Antwort zu zögern; und es gibt in der Tat einige Gründe, die ihre Beliebtheit rechtfertigen.

Zum ersten ist sie alles andere als die isolierte Fingerübung eines jungen Autors, der sich ansonsten einen Namen mit eher satirischen Kurzerzählungen machte. Saki, mit bürgerlichem Namen Hector Hugh Munro (1870–1916), schrieb den größten Teil seiner *short stories* in dem Jahrzehnt, welches dem Ersten Weltkrieg voranging; und gerade mit "Mrs Packletide's Tiger" stand er in einer Tradition, die aus dem literarischen Panorama dieser Zeit kaum wegzudenken ist. Es waren dieselben Jahre, in denen auch P. G. Wodehouse seine ersten Romane veröffentlichte, – Romane, die nicht nur unverkennbar in Mrs Packletides Welt angesiedelt waren, sondern ihre Wirkung den gleichen Prinzipien verdankten wie Sakis Erzählung. Ihr *setting* war eine unwirklich anmutende, historisch längst überholte Feudalwelt, die durch Landsitze und altehrwürdige Clubs, durch snobistische junge Müßiggänger und furchterregende aristokratische Tanten, durch trottelige Lords und respektvolle Landpolizisten beherrscht wurde. Ihre Komik beruhte vor allem auf der farcenhaften Mechanik ihrer Handlung, der ironischen, teilweise „mock-heroischen" Perspektive des Erzählers und einer Selbstironie der Charaktere, die es beinahe unmöglich machte, sie als Opfer ernsthafter satirischer Intentionen zu verachten.

Insbesondere in der Handlungsführung und Figurencharakterisierung springen die Parallelen zwischen Saki und Wodehouse ins Auge. Auch Wodehouse entwirft in der Regel Charaktere, die extrem „flach" erscheinen, da sie fast ausschließlich von jeweils *einem* Motiv bzw. von *einer* Schwäche her verständlich werden: Aunt Agatha, die Tante des Wodehouse-Protagonisten Bertie Wooster, beispielsweise aus ihrer verbissenen Absicht, ihren Neffen endlich angemessen zu verheiraten (z.B. in *The Inimitable Jeeves*, 1924), Lord Emsworth (z.B. in *Leave it to Psmith*, 1923) aus seiner Liebe zu seiner preisgekrönten Zuchtsau, Charles Edward Bliffen aus seiner grotesken Gedächtnisschwäche, die ihn sogar den Namen seiner Verlobten vergessen läßt (*Carry On, Jeeves*, 1925), Bingo Little aus seiner geradezu krankhaften Anfälligkeit für eine ständig wechselnde Liebe auf den ersten Blick (*The Inimitable Jeeves*). Die Handlung der Romane gerät dann dadurch in Bewegung, daß diese "compelling motives" der jeweiligen Charaktere in Konflikt miteinander geraten und in komplizierten strategischen Spielen zum Sieg über die „gegnerischen" Absichten geführt werden müssen. So hat in *The Code of the Woosters*[1], einem vergleichsweise späten, aber sehr typischen Wodehouse-Roman, der Held Bertie Wooster keinen anderen Ehrgeiz im Leben, als sein Junggesellendasein und die erlesenen Tafelfreuden, die er dem Koch seiner Tante verdankt, zu verteidigen. Seine Umgebung aber nutzt diese Schwäche erpresserisch aus: Er sieht sich gezwungen, von einem fanatischen Sammler ein antikes Sahnekännchen zu stehlen, einen entwendeten Polizistenhelm zu verstecken, seinerseits einen Faschistenführer, der eine heimliche Leidenschaft für Damenunterwäsche hegt, zu erpressen usw., bevor er am Ende dank der souveränen strategischen Hilfe seines Butlers Jeeves alle Gefahren erfolgreich abgewehrt hat. Wie Saki bewegt sich auch Wodehouse in dieser Geschichte durchgehend an der Grenze zur Satire, überschreitet sie aber letztlich nie. Wenn Bertie Wooster in einem Augenblick der Krise seufzt:

"There are moments, Jeeves, when one asks oneself 'Do trousers matter?'"
(S. 88), so wird der Spott über eine Welt, in der nichts so sehr zählt wie die
modische Eleganz einer Hose, aufgehoben durch die Entscheidung des Autors,
den Bereich einer derart grotesken Oberflächlichkeit nie zu durchbrechen und
aus den wenigen Hinweisen auf die Wirklichkeit z.B. des zeitgenössischen
Faschismus höchstens noch einige zusätzliche Pointen zu gewinnen. Denn auch
Roderick Spode, der Führer der "Saviours of Britain" und der "Black Shorts"
erscheint Bertie Wooster vor allem aus modischen Gründen suspekt:

> The trouble with you, Spode, is that just because you have succeeded
> in inducing a handful of half-wits to disfigure the London scene by going
> about in black shorts, you think you're someone. You hear them shouting
> "Heil, Spode!" and you imagine it is the Voice of the People. That is where
> you make your bloomer. What the Voice of the people is saying is:
> "Look at that frightful ass Spode swanking about in footer bags! Did you
> ever in your puff see such a perfect perisher?" (S. 118)

Und natürlich wird auch die Erpressung hier, wo die moralischen Kriterien des
Normal-Menschlichen ihre Geltung verloren haben, zu einer taktischen Finesse
des vorgeführten Gesellschaftsspiels verharmlost. Berties Tante kann sich –
denn das ist ja das Prinzip dieser Komik – der Sympathie des Lesers durchaus
sicher sein, wenn sie selbstgefällig feststellt:

> Good old blackmail! You can't beat it. I've always said so and I always
> shall. It works like magic in an emergency. (S. 127)

Die Literatur bewegt sich hier also in der Tat auf außerordentlich dünnem Eis.
Sie mutet dem Leser nicht nur zu, sich gänzlich aus einer bedrohlichen Lebenswirklichkeit entführen zu lassen, sondern bezieht aus der eingestandenen Ver-
drängung dieser Wirklichkeit noch einen Teil ihrer grotesk-komischen Effekte.
Gesteigert werden diese Diskrepanzen durch eine teilweise „mock-heroische"
Selbstironie der Figuren. Diese nämlich charakterisieren ihre trivialen Abenteuer ständig als heroische Unternehmungen, als "an imbroglio that would test
the Wooster soul as it had seldom been tested before" (S. 8) oder als "Matters of
Life and Death" (S. 26); Woosters Zögern wird mit dem Macbeths und Hamlets
(S. 32f.) verglichen, seine Befürchtungen erscheinen als "premonition of im-
pending doom" (S. 8), seine Expedition nach Totleigh-in-the-World, wo er den
"cow creamer" zu stehlen gedenkt, als heldenhafter Kreuzzug:

> "Chile Roland to the dark tower came, sir", said Jeeves, as we alighted,
> though what he meant I hadn't an earthly. (S. 34)

Auf die Verwandtschaft zu Mrs Packletide, die „in den Fußstapfen Nimrods"
auftritt, muß kaum hingewiesen werden.

Es ist nicht überraschend, daß der in England überaus populäre und auch von ernsthaften Kritikern hochgeschätzte Wodehouse in Deutschland nie hat Fuß fassen können. Seine besondere Mischung von farcenhafter Handlung, parodierender Perspektive und selbstironischen Charakteren ist unserer literarischen Kultur fremd, ja geradezu verdächtig. Sie ist offenbar etwas typisch Britisches und findet sich in verschiedenen Ausprägungen und Funktionen auch im englischen Drama wieder. Denn sieht man von den gattungsspezifischen Modifikationen einmal ab, entdeckt man die genannten Prinzipien auch in solchen Werken wie Oscar Wildes *The Importance of Being Earnest* (1894) oder Joe Ortons *What the Butler Saw* (1969). Eine Konfrontation mit dieser fremdartigen Tradition der „selbstironischen Farce", etwa im Rahmen des schulischen Literaturunterrichts, bedeutet also in jedem Falle eine Erweiterung des „deutschen" literarischen Horizontes.

Zweitens aber wirft diese Kunst zweifellos Fragen über die Grenzen der Literatur auf, die heute an provokativer Potenz eher noch gewonnen haben. Wodehouses Romane, Wildes Komödie und eben auch Sakis Erzählung isolieren ein ästhetisches Prinzip, welches mit der Wirklichkeit und ihren moralischen Implikationen so nonchalant umgeht, daß es, zumindest in dieser reinen Form, geradezu verantwortungslos wirken könnte. Kann man also rechtfertigen, daß hier Erpressung und Ausbeutung, soziales Parasitentum und Kolonialismus, ganz zu schweigen von einer Mosley-Karikatur wie Roderick Spode, zu Gegenständen des amoralischen Witzes, der grotesken Farce und des „reinen" Vergnügens gemacht werden? Die Frage ist im Rahmen dieser kurzen Textinterpretation unmöglich zu beantworten. Aber sie deutet zumindest an, welche Funktion die genannten Texte im Literaturunterricht übernehmen können. Sie demonstrieren die Mechanismen einer bestimmten Art von Komik und Ironie gleichsam in reiner Form, schärfen den Blick für die Möglichkeiten der komischen Phantasie und für die Grenze zwischen Satire und „zweckfreier" Farce. Wie unsicher diese Grenze ist, belegt übrigens das bereits genannte Drama Ortons, *What the Butler Saw:* Hier nämlich schlägt der Verwechslungs- und Verkleidungsklamauk in das alptraumartige Erlebnis verlorener Identität, der Irrenwitz in die Denunziation einer irrwitzigen Welt und die vom Titel versprochene Schlüpfrigkeit in die Diagnose einer neurotischen, automatisierten Sexualität um. Die Farce verweist auf die Farcenhaftigkeit einer zeitgenössischen Gesellschaft, wird zum Ausdruck einer verzweifelt zynischen Kritik.

Von all dem ist in "Mrs Packletide's Tiger" freilich so gut wie nichts zu spüren; denn Saki spielt zwar augenblicksweise mit den naheliegenden satirischen Möglichkeiten seiner Geschichte ("in a world ... supposed to be swayed by hunger and by love"), verwirft sie aber zugleich, da er *nur* mit ihnen spielt. Hier würden sich im Literaturunterricht bestimmte kreative Reaktionen auf diesen Text – etwa das „Umschreiben" der Erzählung zu einer Satire – geradezu anbieten.

Drittens schließlich empfehlen sich die genannten exemplarischen Texte auch durch das Vergnügen, welches sie hervorbringen. Angesichts des Überdrusses, den eine sich häufig allzu ernst nehmende (und allzu platte) Suche nach der „Relevanz" literarischer Lektüretexte zu wecken droht, sollte man die motivierende Wirkung eines solchen Vergnügens zuweilen nutzen.

Anmerkung

1   London, 1938. Zitiert wird im folgenden aus der Penguin-Ausgabe (1953 u. ö.), auf die sich auch die im Text angegebenen Seitenzahlen beziehen.

Saki

Mrs Packletide's Tiger

IT was Mrs Packletide's pleasure and intention that she should shoot a tiger. Not that the lust to kill had suddenly descended on her, or that she felt that she would leave India safer and more wholesome than she had found it, with one fraction less of wild beast per million of inhabitants. The compelling motive for her sudden deviation towards the footsteps of Nimrod was the fact that Loona Bimberton had recently been carried eleven miles in an aeroplane by an Algerian aviator, and talked of nothing else; only a personally procured tiger-skin and a heavy harvest of Press photographs could successfully counter that sort of thing. Mrs Packletide had already arranged in her mind the lunch she would give at her house in Curzon Street, ostensibly in Loona Bimberton's honour, with a tiger-skin rug occupying most of the foreground and all of the conversation. She had also already designed in her mind the tiger-claw brooch that she was going to give Loona Bimberton on her next birthday. In a world that is supposed to be chiefly swayed by' hunger and by love Mrs Packletide was an exception; her movements and motives were largely governed by dislike of Loona Bimberton.

Circumstances proved propitious. Mrs Packletide had offered a thousand rupees for the opportunity of shooting a tiger without overmuch risk or exertion, and it so happened that a neighbouring village could boast of being the favoured rendezvous of an animal of respectable antecedents, which had been driven by the increasing infirmities of age to abandon game-killing and confine its appetite to the smaller domestic animals. The prospect of earning the thousand rupees had stimulated the sporting and commercial instinct of the villagers; children were posted night and day on the outskirts of the local jungle to head the tiger back in the unlikely event of his attempting to roam away to fresh hunting-grounds, and the cheaper kinds of goats were left about with elaborate carelessness to keep him satisfied with his present quarters. The one great anxiety was lest he should die of old age before the date appointed for the memsahib's shoot. Mothers carrying their babies home through the jungle after the day's work in the fields hushed their singing lest they might curtail the restful sleep of the venerable herd-robber.

The great night duly arrived, moonlit and cloudless. A platform had been constructed in a comfortable and conveniently placed tree, and thereon crouched Mrs Packletide and her paid companion, Miss Mebbin. A goat, gifted with a particularly persistent bleat, such as even a partially deaf tiger might be reasonably expected to hear on a still night, was tethered at the correct distance. With an accurately sighted rifle and a thumb-nail pack of patience cards the sportswoman awaited the coming of the quarry.

"I suppose we are in some danger?" said Miss Mebbin.

She was not actually nervous about the wild beast, but she had a morbid dread of performing an atom more service than she had been paid for.

"Nonsense," said Mrs Packletide; "it's a very old tiger. It couldn't spring up here even if it wanted to."

"If it's an old tiger I think you ought to get it cheaper. A thousand rupees is a lot of money."

Louisa Mebbin adopted a protective elder-sister attitude towards money in general, irrespective of nationality or denomination. Her energetic intervention had saved many a rouble from dissipating itself in tips in some Moscow hotel, and francs and centimes clung to her instinctively under circumstances which would have driven them headlong from less sympathetic hands. Her speculations as to the market depreciation of tiger remnants were cut short by the appearance on the scene of the animal itself. As soon as it caught sight of the tethered goat it lay flat on the earth, seemingly less from a desire to take advantage of all available cover than for the purpose of snatching a short rest before commencing the grand attack.

"I believe it's ill," said Louisa Mebbin, loudly in Hindustani, for the benefit of the village headman, who was in ambush in a neighbouring tree.

"Hush!" said Mrs Packletide, and at the moment the tiger commenced ambling towards his victim.

"Now, now!" urged Miss Mebbin with some excitement; "if he doesn't touch the goat we needn't pay for it." (The bait was an extra.)

The rifle flashed out with a loud report, and the great tawny beast sprang to one side and then rolled over in the stillness of death. In a moment a crowd of excited natives had swarmed on to the scene, and their shouting speedily carried the glad news to the village, where a thumping of tomtoms took up the chorus of triumph. And their triumph and rejoicing found a ready echo in the heart of Mrs Packletide; already that luncheon-party in Curzon Street seemed immeasurably nearer.

It was Louisa Mebbin who drew attention to the fact that the goat was in death-throes from a mortal bullet-wound, while no trace of the rifle's deadly work could be found on the tiger. Evidently the wrong animal had been hit, and the beast of prey had succumbed to heart-failure, caused by the sudden report of the rifle, accelerated by senile decay. Mrs Packletide was pardonably annoyed at the discovery; but, at any rate, she was the possessor of a dead tiger, and the villagers, anxious for their thousand rupees, gladly connived at the fiction that she had shot the beast. And Miss Mebbin was a paid companion. Therefore did Mrs Packletide face the cameras with a light heart, and her pictured fame reached from the pages of the *Texas Weekly Snapshot* to the illustrated Monday Supplement of the *Novoe Vremya*. As for Loona Bimberton, she refused to look at an illustrated paper for weeks, and her letter of thanks for the gift of a tiger-claw brooch was a model of repressed emotion. The luncheon-party she declined; there are limits beyond which repressed emotions become dangerous.

From Curzon Street the tiger-skin rug travelled down to the Manor House, and was duly inspected and admired by the county, and it seemed a fitting an appropriate thing when Mrs Packletide went to the County Costume Ball in the character of Diana. She refused to fall in, however, with Clovis's tempting suggestion of a primeval dance party, at which everyone should wear the skins of beasts they had recently slain. "I should be in rather a Baby Bunting condition," confessed Clovis, "with a miserable rabbitskin or two to wrap up in, but then," he added with a rather malicious glance at Diana's proportions, "my figure is quite as good as that Russian dancing boy's."

"How amused everyone would be if they knew what really happened," said Louisa Mebbin a few days after the ball.

"What do you mean?" asked Mrs Packletide quickly.

"How you shot the goat and frightened the tiger to death," said Miss Mebbin, with her disagreeably pleasant laugh.

"No one would believe it," said Mrs Packletide, her face changing colour as rapidly as though it were going through a book of patterns before post-time.

"Loona Bimberton would," said Miss Mebbin. Mrs Packletide's face settled on an unbecoming shade of greenish white.

"You surely wouldn't give me away?" she asked.

"I've seen a week-end cottage near Dorking that I should rather like to buy," said Miss Mebbin with seeming irrelevance. "Six hundred and eighty, freehold. Quite a bargain, only I don't happen to have the money."

* * *

Lousia Mebbin's pretty week-end cottage, christened by her 'Les Fauves', and gay in summer-time with its garden borders of tiger-lilies, is the wonder and admiration of her friends.

"It is a marvel how Louisa manages to do it," is the general verdict.

Mrs Packletide indulges in no more big-game shooting.

"The incidental expenses are so heavy," she confides to inquiring friends.

Ferdinand Schunck, Bochum

Die Short Story als Frühwarnsystem: Donald Barthelmes "A City of Churches"

Donald Barthelme gilt – wenn auch nicht unumstritten – als der experimentelle Autor der zeitgenössischen amerikanischen Kurzprosa *par excellence*.[1] Die bekanntesten seiner *short stories* ("The Indian Uprising", "The Glass Mountain", "City Life")[2] sind wie Pop Art-Bilder fragmentarische Collagen aus Abfallprodukten eines konsumorientierten Müllzeitalters. Aus den scheinbar willkürlich ausgewählten Gegenständen soll sich dem Leser, wie es der Erzähler der Kurzgeschichte "See the Moon?"[3] erhofft, ein innerer Sinnzusammenhang offenbaren. Daß Barthelme aber nicht nur Werke verfaßt hat, die radikal von den Erzählkonventionen abweichen, sondern die durchaus noch über Erzählrahmen oder klar strukturierte Handlungsgerüste verfügen[4], ist bislang weitgehend unbeachtet geblieben. Es sind vor allem solche Formelemente der dystopischen Satire wie die Reise des Protagonisten in eine andere, verkehrte Welt; die Konfliktsituation als Streitgespräch zwischen einem rebellischen Besucher/Außenseiter und einem Repräsentanten der fremden Gesellschaft; die verfremdende Wirklichkeitsdarstellung im Dienste von Zeit- und Gesellschaftskritik[5], welche sich in einer Erzählung wie "A City of Churches" mit den zentralen formalen und gehaltlichen Zügen der *Innovators* – Betonung des Phantastischen; Intensivierung einer Ausgangssituation als Strukturprinzip; Themen wie Entfremdung und Identitätsverlust; Sozialkritik[6] – zu einer gelungenen Einheit verbinden.

Bereits der Titel "A City of Churches" weist darauf hin, daß im Mittelpunkt der Darstellung die Entfaltung einer fremden Welt steht. Die Exposition des *setting* erfolgt sowohl durch Erzählerbeschreibung als auch szenisch-vergegenwärtigend durch zwei Figuren während einer Stadtführung, die gleichzeitig Wohnungssuche ist, denn Cecelia, die Protagonistin, ist nach Prester gekommen, um sich dort als Repräsentantin einer Mietwagenfirma niederzulassen. Mr. Phillips, ihr Makler-Mentor, zeigt ihr eine Stadt, in der alle Gebäude Kirchen sind. Wirkt das phantastische *setting* vor allem aufgrund der Aufzählung von insgesamt zwanzig Kirchen zunächst eher komisch, was noch durch Phillips' Bemerkungen verstärkt wird, viele Kirchen erfüllten eine Doppelfunktion – so ist die Antioch Pentecostal-Kirche gleichzeitig Friseursalon! – bzw. er habe einige schöne „Glockenturmapartments" anzubieten, so ist bei näherem Hinsehen das karikaturistisch übersteigerte Bild mit bedrohlichen Zügen durchsetzt. Die Vielfalt der Baustile ("a variety of architectural styles") erweist sich in einer reinen Kirchenstadt als Schein-vielfalt, ja eigentlich sogar als eine Vergewaltigung der Geschichte durch die Gegenwart, wie das emotional gefärbte Verb „einzwängen" andeutet ("The spires and steeples of the traditional buildings were *jammed in* next to the broad imaginative flights of the 'contemporary' designs")[7], und die be-hauptete Toleranz ("Most people ... live in the church of their choice") ist angesichts des Konformismusideals ("You'll get integrated ... soon enough") eine repressive Scheintoleranz. Nicht nur Cecelia, die perspektivetragende Hauptfigur, erkennt und entlarvt die bedrückende Gleichförmigkeit dieser „schönen neuen Welt", wie ihre gefühlsbestimmten und wertenden Adjektive demonstrieren ("Do you think it's *healthy*[8] for so many churches to be gathered together in one place? ... It doesn't seem *balanced*"), sondern auch der sich mit knappen Beschreibungen und verbindenden Worten begnügende Erzähler. Seine scheinbare Neutralität erweist sich aufgrund der pejorativen Konnotationen seiner Bilder als Parteinahme für die bedrohte Protagonistin: die Kirchen treten dem Betrachter fest formiert ("solidly lined") und Schulter an Schulter ("shoulder to shoulder") gegenüber, ihre Türen öffnen sich wie gähnende Schlünde ("The mouths of all the churches were gaping open")[9], und aus ihrem Inneren dringt kein erhellendes oder erwärmendes, sondern nur schwaches und undeutliches Licht: "lights could be seen dimly". Das phantastisch übersteigerte und durch die Bildersprache negativ kommentierte *setting* erweist sich damit schon zu Beginn der Erzählung als Instrument der Satire, als Projektion gefährlicher totalitärer und konformistischer Tendenzen der Gegenwartsgesellschaft.

Der dargestellten gleichgeschalteten Welt gemäß ist die Struktur der Erzäh-lung nicht – wie sonst bei Barthelme üblich – fragmentarisch, sondern eher synthetisch. Die Handlung der Stadtführung/Wohnungssuche, die nur eine ganz kurze Zeit umfaßt, ist nach den Konventionen der Dystopie bis auf wenige berichtende oder beschreibende Einschübe dramatisiert und dialogi-siert, wobei sich der Ort des Gespräches von den kirchengesäumten Straßen (I) in ein näher spezifiziertes "belfry apartment" mit vier großen Bronzeglocken in der Mitte (II) und wieder zurück auf die Straße (III) verlagert. Wichtiger als diese lokale Gliederung ist jedoch das sich mit dem Raumwechsel deckende Strukturprinzip der Intensivierung einer Ausgangsstimmung. Beginnt Cecelia in der ersten Szene angesichts der Prester erdrückenden Gleichförmigkeit an der Richtigkeit ihres Entschlusses zu zweifeln, in diese Stadt gekommen zu sein – was sich vor allem in der Frageform äußert ("Will I fit in?"; "Do you think it's healthy ...?"), so kann sie zunächst noch auf Phillips' litanei-artige Kirchenaufzählungen mit Humor reagieren: "I can go up to a hundred and ten." = „Bis einhundertundzehn ertrag ich's noch." Beim Besuch der Glockenturmwohnung werden ihre humorvollen Antworten in Anbetracht der sich in den Glocken konkretisierenden wörtlichen und symbolischen Bedrohung[10] eher unfreiwillig-reaktiv ("God Almighty", said Cecelia involuntarily") und ihre Haltung zu Phillips zunehmend aggressiv, d.h. ihr anfänglicher Zweifel verstärkt sich zu Anschuldigungen: "You can only rent them to new people in town, she said *accusingly*"; "This town is a little *creepy*, you know that?"[11] Als sie dann gegen Ende der Szene auf Phillips' Frage "What denomination are you?" mit dem Satz "I can will my dreams" antwortet, zeigt dieses Aneinandervorbeireden, daß sie sich innerlich von ihm distanziert hat. Der Höhepunkt ihrer Auseinandersetzung wird in der dritten Szene erreicht, in der sie sich mit ihrem Kontrahenten Phillips ein Wortduell liefert, das allerdings nicht sachlich ausgerichtet ist, sondern in dem rein emotional die Willensgegensätze aufeinanderprallen, wie die chiastische Anordnung der Hilfsverben zeigt: "You must stay," he said ... "I won't stay," she said ... "I won't" ... "You must." Analog zu Cecelias wachsender Entfremdung und Rebellion ist Phillips' zunehmende Drohung zu sehen. Zunächst reagiert er noch betulich-beschwichtigend auf Cecelias Bedenken ("Not *now*," he answered. "Not *yet*" ... "You'll get integrated into the community soon enough") und versucht, die Gefahr der Gleichschaltung herunterzuspielen ("They [*sc.* the churches] are harmless"), doch schon in der Glockenturmszene wird er ermahnend, auch wenn seine Belehrung noch in höfliche Floskeln gekleidet ist: "That may be, but it's not for you to say, is it? I mean, you're new here. You should walk cautiously for a while." Auf dem Höhepunkt seines Willenskampfes mit Cecelia schließlich erinnert er mit seinem Ausspruch "We want you" an die bedrohliche Geste der bekannten *Uncle Sam*-Karikatur bzw. an Orwells *Big Brother,* wobei seine keinen Widerspruch duldenden Worte ("You are ours ... There is nothing you can do") durch die symbolische Geste des Armgriffs ("gripping her arm") untermalt werden. Aber im Gegensatz zu *1984* bleibt das Ende offen, die Frage unbeantwortet, ob Cecelia zum Opfer oder zum Keim der Veränderung in Prester wird, denn dem Besitzanspruch des die repressive Autorität verkörpernden Phillips tritt ihr rebellisches "Wait and see" entgegen.

Betrachtet man beide Figuren im Überblick, erkennt man, daß sie sich im Verlauf der Erzählung nicht eigentlich ändern oder entwickeln, sondern ihre Anfangsdispositionen intensivierend entfalten. Beide sind weniger lebendig gezeichnete Individuen als Verkörperungen der unvereinbaren Ideen von Repression und Rebellion. Daran ändert auch die Beobachtung nichts, daß Phillips durch seine Sprache scheinbar individualisiert wird. Er versucht, Cecelia mit Mitteln sprachlicher Umnebelung an Prester zu fesseln, indem er auf ihre Frage nach den geschäftlichen Aussichten in der Stadt zunächst mit Floskeln ausweicht ("Most people are pretty content right here"), dann mit einem klischeehaften Ausdruck die Unwahrheit sagt ("But you'll do fine"), diese aber am Ende zurücknehmen muß ("No one would rent a car here. Not in a hundred years"). Es ist gerade die manchmal groteske Phraseologie wie etwa in "That's St. Barnabas. Nice bunch of people over there. Wonderful spaghetti suppers" oder "You get hit in the head by one of these babies and that's all she wrote", die den Makler-Mentor als programmierten Vertreter einer verkehrten Welt entlarvt. Mit der parodistischen Nachahmung der heutigen Umgangssprache zeigt Barthelme nicht nur, daß er sich wie Thomas Pynchon um die drohende Entropie der Kommunikation sorgt, sondern er befindet sich auch in der Tradition George Orwells, der in seinem Essay "Politics and the English Language"[12] betonte, daß eine Regierung, die dauernd eine phrasenhafte Sprache benutzt, damit den einzelnen kontrollieren will.

Ist Phillips der exemplarische Vertreter der zum *mundus perversus* verzerrten Tendenzen der konformistischen Gegenwartsgesellschaft, dann ist Cecelia der nonkonformistisch-individualistische Außenseiter. Sie ist ebenso der typische "on the edge"-Charakter[13] der zeitgenössischen amerikanischen Literatur, der aus seiner prekären Randposition heraus die Absurditäten vor allem des gesellschaftlichen Lebens enthüllt, wie der gegen den Repräsentanten der Staatsallmacht aufbegehrende Rebell der dystopischen Satire. Ihre Rebellion äußert sich zunächst in der Verteidigung ihrer Privatsphäre. So setzt sie Phillips' Betonung der anderen, kollektivistischen Lebensregeln und Werte in Prester ("That's not usual here"; "It's very unusual"; "It's just that we have different values") ihr individualistisches Credo entgegen, das sich in nur leichter sprachlicher Variation durch den ganzen Mittelteil der Geschichte zieht: "I want a place of my own"; "I prefer a place of my own"; "Yes, a place of my own is essential." Die Hauptwaffe zur Verteidigung ihrer Identität und Individualität aber ist der Traum, die durch den schöpferischen Willen gesteuerte Imagination: "I can will my dreams … I can dream whatever I want." Aufschlußreich in diesem Zusammenhang ist der Inhalt von Cecelias Träumen: "Mostly sexual things." In dem durch die christliche Religion symbolisch gleichgeschalteten Prester, d.h. genau besehen in einer Gesellschaft, die Triebe und Leidenschaften nicht als notwendigen Bestandteil des Menschen begreift ("Prester is not that kind of a town"), betont die Protagonistin mit dem Verweis auf die Sexualität die Macht des Unbewußten. Wie ihre sich intensivierenden Warnungen andeuten, verspürt Cecelia sogleich, daß sie damit die stärkste Waffe gegen Phillips besitzt: "I'll dream"; "I'll dream the Secret … You'll be sorry"; "I'll dream the life you are most afraid of." Sie trifft die materiell vollkommene Welt Presters ("we are perfect") an ihrer schwächsten Stelle, die der Makler zwar verspürt, aber nicht lokalisieren kann: "We are discontented … Terribly, terribly discontented. Something is wrong." Es ist eine Unzufriedenheit, die aus der Psyche stammt und die typisch ist für den außengesteuerten Menschen in der standardisierten *affluent society*. Demgegenüber lautet Cecelias entscheidendes Stichwort "to dream", ein Begriff, der Barthelmes Wertvorstellungen brennpunktartig zusammenfaßt. Daß der Autor dieses „Träumen" nicht als solipsistisches Spiel oder tagträumerische Weltflucht verstanden haben will, sondern als die identitätsbewahrende schöpferische Imagination des Künstlers, zeigen zum einen seine Zeitschriftenkommentare zur Bedeutung von Phantasie und Imagination[14], zum anderen die Tatsache, daß die meisten seiner Erzählungen von Künstlern und deren Problemen handeln[15], und nicht zuletzt die Namenssymbolik. Angesichts von Barthelmes häufigem sprachspielerischen Vorgehen, vor allem im Umgang mit Eigennamen[16], und bei der langen Liste von nach Heiligen benannten Kirchen in "A City of Churches" liegt es nahe, daß er von der Bedeutung der heiligen Cecilia als „Beschirmerin der Künstler"[17] gewußt und ihren Namen in symbolischer Absicht verwandt hat. Zwar wird die imaginative Welt nicht weiter ausgemalt als durch den Verweis auf die Bereiche des Unbewußten und der Phantasie, aber darauf scheint es Barthelme auch weniger anzukommen als auf die Demonstration der Schwierigkeit und Bedeutung individuellen künstlerischen Lebens in einer rigoristischen Gesellschaft christlicher Abstammung.

"A City of Churches" ist mit gut fünf weitbedruckten Seiten eine relativ kurze Geschichte. Aber es gelingt Barthelme, auf diesem knappen Raum einen utopischen Gesellschaftsentwurf mit seinen Menschen, ihrer Lebensweise, ihren Problemen und ihrer Sprache satirisch so zu beleuchten, daß der präsentierte Lebensausschnitt einen hohen Grad an Verweisfähigkeit besitzt. Er erreicht diese erzählerische Dichte durch die Konzentration auf eine handlungsarme Situation (Stadtführung/Wohnungssuche); durch die fast ausschließlich szenisch-dialogische Darbietung in Form eines kurzen Streitgesprächs; durch die Beschränkung auf nur zwei[18] „flach" gezeichnete Figuren, die mit dem angepaßten Vertreter der fremden Welt und dem rebellischen Außenseiter zwei Grundhaltungen bzw. -typen der Dystopie verkörpern; durch die geringe erzählte Zeit und durch den kaum differenzierten, satirisch vereinfachten Raum. Diesen die Kürze der Geschichte bedingenden Verdichtungsprinzipien scheinen die beiden litaneiartigen Kirchenaufzählungen zuwiderzulaufen[19], doch genau besehen erfolgt die Exposition des Raumes gerade durch die phantastischen Auflistungen, welche die Stadt Prester zu einer bedrückend monotonen, durch die Institution der Kirche symbolisch gleichgeschalteten Welt machen. In diesem Zusammenhang ließe sich auch der Ortsname deuten, der etymologisch das altfranzösische "prestre" = Priester erkennen läßt.[20] Die Kürze der Erzählung wird also zum einen bestimmt durch die Suggestivität weniger signifikanter Details, zum anderen und hauptsächlich aber durch die Intention der Satire, die als primär zielbezogener Angriff einen einheitlichen Effekt erstrebt, dem eine detaillierte Ausmalung der fiktionalen Welt entgegenlaufen würde.

Daß "A City of Churches" formal und inhaltlich in der Tradition der dystopischen Satire steht, dürfte nach dem bisher Gesagten klar geworden sein. Wie stark sich aber gerade die inhaltlichen Züge mit den zentralen Anliegen der zeitgenössischen amerikanischen Erzählliteratur decken, zeigt ein vergleichender Blick auf zwei der entscheidenden Themen. So ist die Frage nach den Überlebenschancen des entfremdeten Individuums in einer verkehrten Welt – Cecelias Problem der Identitätsbewahrung durch Rückgriff auf die Welten des Traums und der Phantasie – nicht nur charakteristisch für so bekannte Anti-Utopien wie Orwells *1984* oder Zamjatins *Wir* (dort bleibt die Gesellschaft am Ende erfolgreich, indem sie dem Helden D-503 die Phantasie operativ entfernen läßt, um so vor weiteren Störungen sicher zu sein), sondern auch für die amerikanischen Nachkriegsautoren von Bellow bis Pynchon und von Malamud bis Vonnegut. Ihre Helden sind alle in der gleichen Position: Figuren am Rande der Gesellschaft, sensibel und introvertiert, die im Grenzbereich zwischen Angst und Traum ihre Individualität zu verwirklichen trachten und je nach ihrer inneren Kraft zu Rebellen oder Opfern werden. Diese Identitätsproblematik spiegelt sich in zahlreichen literaturwissenschaftlichen Publikationen wie Wylie Syphers *Loss of the Self in Modern Literature and Art*[21] oder Manfred Pütz' *The Story of Identity*.[22]

Als Warnung vor dem, was zwar noch nicht ist, aber bereits in den heutigen Verhältnissen angelegt zu sein scheint, verbindet sich die Dystopie mit dem zweiten wichtigen thematischen Bereich der amerikanischen Nachkriegsliteratur: der Entropie.[23] Das aus der Physik stammende Entropiekonzept, welches das Gesetz formuliert, nach dem endliche thermodynamische Systeme sich auf den Ausgleich der Temperaturunterschiede und damit auf einen Zustand zubewegen, in dem Wärme nicht mehr in andere Energieformen umgewandelt werden kann, dient z.B. Thomas Pynchon in seiner programmatischen Erzählung "Entropy"[24] als Verfallsmetapher im sprachlichen und gesellschaftlich-zivilisatorischen Bereich. Auf den sprachlichen Aspekt dieses Motivs in "A City of Churches" ist bereits hingewiesen worden. Aber auch im sozialen Bereich ist die Stadt Prester als relativ geschlossenes System, das offenbar niemand verlassen will oder kann, eine Manifestation zunehmender Entropie. Denn diese äußert sich nicht nur in steigender Unordnung, wie Pynchon in "Entropy" an Meatball Mulligans Party und Barthelme in "The Indian Uprising" an der Barrikade aus Wohlstandsmüll demonstrieren, sondern paradoxerweise auch in zunehmender Homogenität unter den Bestandteilen eines Systems, was Pynchon an Callistos Treibhauswelt aufzeigt. Im letztgenannten Sinne verwendet Barthelme, der in mehreren seiner Werke direkt auf Pynchon anspielt[25], das Entropiekonzept auch in "A City of Churches" und "Paraguay". In der nach dem südamerikanischen Land benannten Erzählung entwirft er einen dystopischen Staat, der alles menschliche Tun vom Schlaf bis zur Sexualität durch exakte Temperaturregelung kontrolliert, und in der „Stadt der Kirchen" ist die Konformität groteskerweise so groß, daß zwar alle Bewohner ein Auto als Mittel der Fortbewegung haben, aber praktisch niemand fort will: "Renting a car implies that you want to go somewhere. Most people are pretty content right here." Wenn nun ausgerechnet eine Mietwagenfirma sich dort niederlassen soll[26], und das mit dem Argument, der Stadt den fehlenden letzten Rest der Vollkommenheit zu verleihen[27], dann ist der groteske Gipfel des Konformismus erreicht, die Entropie eingetreten.

Im Gegensatz zu vielen seiner fragmentarischen Geschichten, die nicht zuletzt auch darin der Pop Art ähneln, daß sie den Rezipienten gegenüber dem dargestellten Gegenstand verwirrt zurücklassen, bezieht Barthelme in seiner dystopischen Satire "A City of Churches" deutlich Position. Er ist weniger Galgenhumorist wie Kurt Vonnegut, der sich in negativen utopischen Entwürfen wie *Player Piano* oder *Cat's Cradle* in das meist verzweifelte Lachen des *black humorist* flüchtet, sondern Satiriker, der vom Willen zur Veränderung geleitet wird. Wie der Erzähler von "See the Moon?" will er als "a sort of Distant Early Warning System"[28] fungieren, als Warner vor gesellschaftlichen Entwicklungen wie Kollektivismus und Konformismus, die mit der Vergewaltigung des Individuums das Menschliche schlechthin bedrohen.

1 So stellt Jerome Klinkowitz, einer der besten Kenner der zeitgenössischen amerikanischen Literatur, ihn in *Literary Disruptions: The Making of a Post-Contemporary
   American Fiction*. Urbana, 1975 über Barth (S. 5, 11) und Pynchon (S. 12), die
   er der "Literature of Exhaustion" zurechnet, während Barthelme für ihn ein echter
   "disruptionist" ist. Eine völlig konträre Meinung (Barthelme sei "a writer of
   arguable genius") vertritt Joyce Carol Oates in "Whose Side Are You On?".
   New York Times Book Review, June 4, 1972, S. 63. Zur Bedeutung Barthelmes vgl.
   auch Günter Ahrends: *Die amerikanische Kurzgeschichte: Theorie und Entwicklung*.
   Stuttgart, 1980, S. 221–227 sowie Peter Freese: „Donald Barthelmes *fictions*:
   Fragmente aus Wörtern mit Würmern". *Amerikastudien/American Studies* 19, 1974,
   S. 126–141. Die Sekundärliteratur zu Barthelme ist bislang am vollständigsten erfaßt
   in Lois Gordon: *Donald Barthelme*. Boston, 1981, S. 218–221.
2 "The Indian Uprising". – In *Unspeakable Practices, Unnatural Acts. (UPUA)*
   New York, 1969, S. 3–11; "The Glass Mountain". – In *City Life*. London, 1971,
   S. 59–65; "City Life". Ebd., S. 149–168. Die Zitate aus "A City of Churches"
   beziehen sich auf den Band *Sadness*. New York, 1972, S. 49–54.
3 *UPUA*, S. 152.
4 Vgl. etwa die Erzählungen "Game". *UPUA*, S. 105–111; "Paraguay" . *City Life*,
   S. 19–27; "Critique de la Vie Quotidienne". *Sadness*, S. 3–13; "Perpetua". Ebd.,
   S. 37–46.
5 Vgl. dazu Hans Ulrich Seeber: *Wandlungen der Form in der literarischen Utopie:
   Studien zur Entfaltung des utopischen Romans in England*. Göppingen, 1970.
6 Vgl. dazu Ahrends, S. 231.
7 Hervorhebung hinzugefügt.
8 Hervorhebung hinzugefügt.
9 Ein ganz ähnliches Bild der Bedrohung, metaphorisch noch verstärkt als "skulls'
   mouths", entwirft Louis MacNeice in seinem Sonett "Sunday Morning". *Collected
   Poems 1925–1948*. London, 1949, S. 79.
10 "Of course when they're rung you have to be pretty quick at getting out of the
   way. You get hit in the head by one of these babies and that's all she wrote."
11 Hervorhebungen hinzugefügt.
12 Abgedruckt im Band *Inside the Whale and Other Essays*. London, 1957, S. 143–157.
13 Vgl. dazu Peter Freese: „Die Story ist tot, es lebe die Story: Von der Short Story
   über die Anti-Story zur Meta-Story der Gegenwart". – In Bungert, H. (Ed.):
   Die amerikanische Literatur der Gegenwart. Stuttgart, 1977, S. 228–251, besonders
   S. 229ff.
14 Vgl. Klinkowitz, S. 81.
15 Vgl. "Kierkegaard Unfair to Schlegel". *City Life*, S. 83–93; "At the Tolstoy
   Museum". Ebd., S. 39–50; "The Glass Mountain". A.a.O.; "Engineer-Private Paul
   Klee Misplaces an Aircraft between Milbertshofen and Cambrai, March 1916".
   Sadness, S. 65–70. Viele von Barthelmes Künstlerfiguren betonen, die zeitgenössische
   Gesellschaft sei dem künstlerischen Schaffen so feindlich gesonnen, daß die Hauptfunktion des Künstlers darin bestehe, das moderne Leben zu kritisieren.
16 Vgl. Freese: "Barthelmes *fictions*". S. 134ff.

17 Vgl. dazu E. G. Withycombe: *The Oxford Dictionary of English Christian Names.* London, 1949, S. 57 und Lutz Mackensen: *Das große Buch der Vornamen.* Frankfurt, 1980, S. 214.

18 Hinzu kommt der Ausruf eines nicht weiter identifizierten Einwohners von Prester.

19 Das gilt auch für die Exposition des "belfry apartment", dessen Einrichtungs-gegenstände aufgelistet werden.

20 Zum Ursprung des häufigen englischen Nachnamens "Prester" vgl. P. H. Reaney: *A Dictionary of British Surnames.* London, 1958, S. 259.

21 New York, 1962.

22 Stuttgart, 1979.

23 Zur Entropie-Vorstellung in der zeitgenössischen amerikanischen Literatur vgl. Tony Tanner: *City of Words: A Study of American Fiction in the Mid-Twentieth Century.* London, 1976, S. 141–152.

24 Abgedruckt in Kostelanetz, R. (Ed.): *12 from the Sixties.* New York, 1967, S. 22–35.

25 In "The Police Band". *UPUA*, S. 70, spielt die Kapelle das Lied "Entropy", und in "The Rise of Capitalism". *Sadness*, S. 148, ist von "the imminent heat-death of the universe" die Rede.

26 "We want you standing behind the counter of the car-rental agency, during regular business hours."

27 "It will make the town complete ... Our discontent can only be held in check by perfection. We need a car-rental girl."

28 *UPUA*, S. 164.

Donald Barthelme

A City of Churches

"Yes," Mr. Phillips said, "ours is a city of churches all right."

Cecelia nodded, following his pointing hand. Both sides of the street were solidly lined with churches, standing shoulder to shoulder in a variety of architectural styles. The Bethel Baptist stood next to the Holy Messiah Free Baptist, St. Paul's Episcopal next to Grace Evangelical Covenant. Then came the First Christian Science, the Church of God, All Souls, Our Lady of Victory, the Society of Friends, the Assembly of God, and the Church of the Holy Apostles. The spires and steeples of the traditional buildings were jammed in next to the broad imaginative flights of the "contemporary" designs.

"Everyone here takes a great interest in church matters," Mr. Phillips said.

Will I fit in? Cecelia wondered. She had come to Prester to open a branch office of a car-rental concern.

"I'm not especially religious," she said to Mr. Phillips, who was in the real-estate business.

"Not *now*," he answered. "Not *yet*. But we have many fine young people here. You'll get integrated into the community soon enough. The immediate problem is, where are you to live? Most people," he said, "live in the church of their choice. All of our churches have many extra rooms. I have a few belfry apartments that I can show you. What price range were you thinking of?"

They turned a corner and were confronted with more churches. They passed St. Luke's, the Church of the Epiphany, All Saints Ukrainian Orthodox, St. Clement's, Fountain Baptist, Union Congregational, St. Anargyri's, Temple Emanuel, the First Church of Christ Reformed. The mouths of all the churches were gaping open. Inside, lights could be seen dimly.

"I can go up to a hundred and ten," Cecelia said. "Do you have any buildings here that are *not* churches?"

"None," said Mr. Phillips. "Of course many of our fine church structures also do double duty as something else." He indicated a handsome Georgian façade. "That one," he said, "houses the United Methodist and the Board of Education. The one next to it, which is Antioch Pentecostal, has the barber-shop."

It was true. A red-and-white striped barber pole was attached inconspicuously to the front of the Antioch Pentecostal.

"Do many people rent cars here?" Cecelia asked. "Or would they, if there was a handy place to rent them?"

"Oh, I don't know," said Mr. Phillips. "Renting a car implies that you want to go somewhere. Most people are pretty content right here. We have a lot of activities. I don't think I'd pick the car-rental business if I was just starting out in Prester. But you'll do fine." He showed her a small, extremely modern building with a severe brick, steel, and glass front. "That's St. Barnabas. Nice bunch of people over there. Wonderful spaghetti suppers."

Cecelia could see a number of heads looking out of the windows. But when they saw that she was staring at them, the heads disappeared.

"Do you think it's healthy for so many churches to be gathered together in one place?" she asked her guide. "It doesn't seem ... *balanced,* if you know what I mean."

"We are famous for our churches," Mr. Phillips replied. "They are harmless. Here we are now."

He opened a door and they began climbing many flights of dusty stairs. At the end of the climb they entered a good-sized room, square, with windows on all four sides. There was a bed, a table, and two chairs, lamps, a rug. Four very large bronze bells hung in the exact center of the room.

"What a view!" Mr. Phillips exclaimed. "Come here and look."

"Do they actually ring these bells?" Cecelia asked.

"Three times a day," Mr. Phillips said, smiling. "Morning, noon, and night. Of course when they're rung you have to be pretty quick at getting out of the way. You get hit in the head by one of these babies and that's all she wrote."

"God Almighty," said Cecelia involuntarily. Then she said, "Nobody lives in the belfry apartments. That's why they're empty."

"You think so?" Mr. Phillips said.

"You can only rent them to new people in town," she said accusingly.

"I wouldn't do that," Mr. Phillips said. "It would go against the spirit of Christian fellowship."

"This town is a little creepy, you know that?"

"That may be, but it's not for you to say, is it? I mean, you're new here. You should walk cautiously, for a while. If you don't want an upper apartment I have a basement over at Central Presbyterian. You'd have to share it. There are two women in there now."

"I don't want to share," Cecelia said. "I want a place of my own."

"Why?" the real-estate man asked curiously. "For what purpose?"

"Purpose?" asked Cecelia. "There is no particular purpose. I just want –"

"That's not usual here. Most people live with other people. Husbands and wives. Sons with their mothers. People have roommates. That's the usual pattern."

"Still, I prefer a place of my own."

"It's very unusual."

"Do you have any such places? Besides bell towers, I mean?"

"I guess there are a few," Mr. Phillips said, with clear reluctance. "I can show you one or two, I suppose."

He paused for a moment.

"It's just that we have different values, maybe, from some of the surrounding communities," he explained. "We've been written up a lot. We had four minutes on the C.B.S. Evening News one time. Three or four years ago. 'A City of Churches,' it was called."

"Yes, a place of my own is essential," Cecelia said, "if I am to survive here."

"That's kind of a funny attitude to take," Mr. Phillips said. "What denomination are you?"

Cecelia was silent. The truth was, she wasn't anything.

"I said, what denomination are you?" Mr. Phillips repeated.

"I can will my dreams," Cecelia said. "I can dream whatever I want. If I want to dream that I'm having a good time, in Paris or some other city, all I have to do is go to sleep and I will dream that dream. I can dream whatever I want."

"What do you dream, then, mostly?" Mr. Phillips said, looking at her closely.

"Mostly sexual things," she said. She was not afraid of him.

"Prester is not that kind of a town," Mr. Phillips said, looking away.

They went back down the stairs.

The doors of the churches were opening, on both sides of the street. Small groups of people came out and stood there, in front of the churches, gazing at Cecelia and Mr. Phillips.

A young man stepped forward and shouted, *"Everyone in this town already has a car! There is no one in this town who doesn't have a car!"*

"Is that true?" Cecelia asked Mr. Phillips.

"Yes," he said. "It's true. No one would rent a car here. Not in a hundred years."

"Then I won't stay," she said. "I'll go somewhere else."

"You must stay," he said. "There is already a car-rental office for you. In Mount Moriah Baptist, on the lobby floor. There is a counter and a telephone and a rack of car keys. And a calendar."

"I won't stay," she said. "Not if there's not any sound business reason for staying."

"We want you," said Mr. Phillips. "We want you standing behind the counter of the car-rental agency, during regular business hours. It will make the town complete."

"I won't," she said. "Not me."

"You must. It's essential."

"I'll dream," she said. "Things you won't like."

"We are discontented," said Mr. Phillips. "Terribly, terribly discontented. Something is wrong."

"I'll dream the Secret," she said. "You'll be sorry."

"We are like other towns, except that we are perfect," he said. "Our discontent can only be held in check by perfection. We need a car-rental girl. Someone must stand behind that counter."

"I'll dream the life you are most afraid of," Cecelia threatened.

"You are ours," he said, gripping her arm. "Our car-rental girl. Be nice. There is nothing you can do."

"Wait and see," Cecelia said.

Unterrichtsreihen Englisch

Edith Hambach, Düren

Frauen- und Männerrolle in Familie und Gesellschaft – Lehrbuchunabhängige Reihe für die Jahrgangsstufe 10

1. Vorbemerkung

Die hier vorgestellte Reihe ist Bestandteil einer pädagogischen Hausarbeit für das Lehramt am Gymnasium mit unterrichtsanalytischem Schwerpunkt, die zum Prüfungstermin 1979/80 der Ausbildungsgruppe Jülich des Gesamtseminars Köln angefertigt wurde. Die Erprobung der auf 14 Stunden angelegten Einheit erstreckte sich auf 5 Unterrichtswochen (3 Wochenstunden) und ist im Sommerhalbjahr 1979 am Stiftischen Gymnasium, Düren, in einer Lerngruppe mit Englisch als Zweitsprache, also am Ende des 4. Lernjahres, durchgeführt worden. Von den detaillierten allgemein- und fachdidaktischen Planungsüberlegungen und -schritten werden in Kapitel 2 lediglich einige für die Reihenkonzeption unmittelbar relevante wiedergegeben. Kapitel 3 enthält Übersichten zum Gesamtaufbau mit kurzen Textanalysen und knappen Zielvorstellungen. Kapitel 4 enthält einen Erfahrungsbericht. Im Anhang werden die verwandten Texte, die wichtigsten Tafelanschriebe und *hand-outs* nach Stunden fortlaufend zusammengefaßt. Die Sammlung fakultativer Texte bleibt ausgespart.

Die hier gewählte Form der Vorstellung einer Reihe soll gewährleisten, daß der Leser wichtige Stadien des tatsächlichen Unterrichtsgeschehens nachvollziehen kann. Reihenkonzepte beeindrucken zwar oft durch eine Materialfülle, die von Belesenheit und Sammlerfleiß der Verfasser zeugt, die jedoch beim Lehrer-Leser berechtigte Zweifel erweckt, daß die unterrichtliche Realisierung gelingen wird oder daß eine (Teil-)Erprobung anders als unter Laborbedingungen mit überdurchschnittlichen Schülern und begnadeten Lehrern stattgefunden haben könnte. Manche Zielangaben und Arbeitsvorschläge nähren zudem den Verdacht, daß die wissenschaftspropädeutische Ausrichtung der schulischen Textarbeit mit fachwissenschaftlichem Erkenntnisstreben gleichgesetzt wird.

2. Stufen- und reihenbezogene Überlegungen

2.1 Motivationale Faktoren und institutionelle Vorgaben

„Geplagte Lehrer" sieht Piepho in den Jahrgangsstufen 10 und 11, da „das lang-fristige Beherrschen der Redemittel, der Textelemente und der Textsorten" nicht ausreichend geplant, genügend geübt und wiederholt worden sei, so daß die Schüler angesichts ihrer Defizite „vollends die Freude am Englisch-unterricht"[1] verlieren. Damit spricht er ein Problem an, das viele am fremd-sprachlichen Vermittlungsprozeß Beteiligte als Phänomen schulischer Lang-zeitkurse beschäftigt hat: die durch das Auseinanderklaffen von *interest age* und *reading age* ab der frühen Mittelstufe einsetzende Lernmüdigkeit der Schüler, die in der ausgehenden S I oft zu völligem Verstummen führt. Da nach Erkennt-nissen der Lernpsychologie Motivation / Perseveranz den größten Teil des Lernerfolgs im FU ausmachen, suchte man nach Wegen, wenigstens einen Teil der hohen Anfangsmotivation in die Mittelstufe hinüberzuretten. In der ab Ende der 60er Jahre verstärkt einsetzenden Diskussion wurde, abweichend von Piephos Diagnose, die Ursache für die Lernmüdigkeit nicht im Vernachlässigen des sprachlichen und textuellen Kompetenzaufbaus, sondern im Abtöten der Motivation durch das Verwenden von didaktisch aufbereiteten, antiquierten, die Schüler nicht ansprechenden Texten in lehrbuchzentrierten Verfahren gesehen. Man setzte daher einerseits große Hoffnungen auf vom Lehrbuch abweichende Darbietungsformen und -verfahren, versprach sich andererseits eine Über-windung der „Gleichgültigkeit und Ablehnung ab der Klasse 8"[2] durch Auswahl lebensnaher, jugend- und zeitgemäßer landeskundlicher Texte. Heute ist zu der Abkehr von hochkulturspezifischen Inhalten und der Ausweitung des Textbegriffes bei gleichzeitiger Eliminierung bindender Stoffkataloge ein durch Kommunikationstheorie und linguistische Pragmatik verändertes Sprachver-ständnis getreten, so daß mit der zusätzlichen Orientierung an der Sprechakt-didaktik, an Textformen und textformspezifischen Sprechweisen der Lehrer ein recht komplexes Faktorenbündel in seine Planungsüberlegungen einbeziehen muß, wenn er Strategien zur Steuerung der Unlust entwickeln will.

Bisher ist nach Analyse Glaaps eine Neuorientierung des Lehrangebots in einem offenen Curriculum an den obersten Richtgrößen „Pragmatik" und „Kom-munikationstheorie" nur in einigen Bundesländern über ein Anfangsstadium hinausgekommen.[3] Themenbezogene, von den Interessen und Erfahrungen der Schüler ausgehende, lehrbuchunabhängige Unterrichtseinheiten, die sich nach einem „kommunikationsorientierten Prinzip der Qualifikationserzeugung"[4] richten, sind auf dem deutschen Lehrmittelmarkt bisher kaum vorhanden. Andererseits regen die als „offenes System" und auf „Ausfüllung und Weiter-entwicklung" (S. 7) angelegten *Vorläufigen Richtlinien* NRW für die S I vom Februar 1978 den Lehrer dazu an, insbesondere im Differenzierungsbereich

(Dritte Curriculumeinheit – Jahrgangsstufen 9/10) schon aus der „Notwendigkeit der Aktualisierung ... die zur Verfügung stehenden Lehrmittel (Lesebuch) nur in Auswahl zu benutzen und durch andere Texte, z.B. auch Übersichten und Statistiken zu ergänzen", so daß „thematisch geordnete Dossiers" (S. 54) entstehen. Überdies sind, auch als Eingangsvoraussetzungen für die S II, „differenziertere Entschlüsselungstechniken" (S. 42) und wesentliche Kommunikationsformen, insbesondere das „Erörtern und Argumentieren" (S. 46) zu üben.

Solche Dossiers mit Bezug „zur Umwelt und Wirklichkeitserfahrung des deutschen Schülers" (S. 49) lösen sicher nicht automatisch alle Motivationsprobleme in der ausgehenden S I. Nur die konkrete Erprobung in Unterrichtsreihen kann vor häufig in der Fachdidaktik anzutreffenden spekulativen Aussagen über die motivationsstiftende Wirkung bestimmter Inhalte in diesem Lernalter bewahren. Die Lernpsychologie hat sich nämlich vorrangig mit der Anfangsphase des Zweitsprachenerwerbs befaßt, die mit dem höheren Lernalter in der Sprachausbauphase zunehmende Zahl von Variablen scheint schwerer aufzuarbeiten. Müller stellt zu Recht fest, daß die Wissenschaftlichkeit des Motivationsthemas „wegen seiner Abhängigkeit von sehr vielen, schwer faßbaren Faktoren in umgekehrtem Verhältnis zu seiner Beliebtheit als Argumentationsmittel steht", schließt aber bei aller Kritik an der Pragmadidaktik nicht aus, daß diejenigen Texte am motivationshaltigsten sind, „die am stärksten mit dem Interesse der Lernenden"[5] verknüpft sind.

2.2 Begründung des Themas

Wir gehen von der Annahme aus, daß sich im EU der Differenzierungsstufe, der sich an den "needs or demands of the learners"[6] orientiert, die inhaltlich-gegenständlichen Wissensziele und die freieren funktionalen Ziele am besten mit landeskundlichen Sachtexten erreichen lassen, die kommunikationsorientierte Formen der Texterschließung ermöglichen. Sie sollten einem Gegenstandsbereich entstammen, der landesspezifisch in gewisser Weise so neutral ist, daß Vergleichsmöglichkeiten mit muttersprachlichen Erscheinungen bestehen. Durch Konfrontation mit strukturell ähnlichen Verhältnissen des Zielsprachenlandes muß eine aktive sprachliche Anteilnahme und nicht nur ein passiv-intellektuelles Hinnehmen erreicht werden, den inhaltlichen Lernzielen müssen sich textuelle, sprachliche und arbeitstechnische zuordnen lassen.

Schüler dieser Altersstufe haben gesellschaftliche Grunderfahrungen vor allem in der Familie, in der *peer group* und in der Schule gemacht. Dabei haben sie Unterschiede in Geschlechts- und Sozialrollen als einen bestimmten Faktor im Kontext ihres individuellen und sozialen Lernens kennengelernt. Außerdem sind ihnen aus Anfangs- und Aufbauphase ihres Englischunterrichts rollenspezifische Zuschreibungen bekannt. Zum Teil haben sie noch an alten Lehrbüchern das konservative, harmonisierende Einstellungssyndrom der Gesellschaft zur Rollenverteilung erfahren. Zwar sind in neueren Lehrwerken mit dem Verzicht auf das soziale Idyll der gehobenen Mittelstandsfamilie und ihrem typischen Tagesablauf starre Rollenbilder zurückgetreten, jedoch darf dieser weitgehende Verzicht auf Stereotypenvermittlung für die Schüler nicht die Tatsache verdecken, daß in der heutigen politischen Realität Großbritanniens – wie in ihrer eigenen – die Rollenverteilung ein wichtiges Thema bleibt. Nach offiziellen britischen Verlautbarungen (vgl. die *Official Handbooks* der letzten Jahre) hat das Aufbrechen von Rollendetermination und Rollenkonformität im familiären Bereich schon zu sichtbaren Veränderungen geführt, jedoch dauert trotz weitgehender Beseitigung gesetzlicher Diskriminierung die faktische Benachteiligung der Frauen im gesamtgesellschaftlichen Bereich an.

Die Reihe soll die Einsicht vermitteln, daß biologische und soziale Funktionen bei Frauen und Männern zur psychologischen Festschreibung von sog. geschlechtsspezifischen Charakterzügen, Eigenschaften und Interessen dienen, wobei Konformität mit diesen Zuordnungen durch Konditionierung vom frühen Kindesalter an erreicht wird und sozialer Druck das „Aus-der-Rolle-Fallen" verhindert. Die Systeme stereotyper Vorstellungen führen vor allem zur Diskriminierung von Frauen, die durch die oktroyierte Rollenerwartung in ihrem familiären und gesellschaftlichen Leben so behindert werden, daß sie den Schritt von der *ascribed role* (zugeschriebenen Rolle) zur *achieved role* (erworbenen Rolle) noch immer nicht wie Männer vollziehen können. Die Spiegelung von erfahrungsgeprägten Verhaltensweisen, Ansichten und Wertvorstellungen auf dem Hintergrund eines fremden Kulturkreises soll zur distanzierenden Betrachtungsweise und zur differenzierteren Meinungsbildung beitragen und so den EU in allgemeinpädagogische Zielvorstellungen einbinden.

2.3 Lernziele

Die Einbeziehung von Sprachfunktionen hilft, eine Entscheidung für Textsorten herbeizuführen, die dominant von diesen Funktionen bestimmt sind, und Entscheidungen über die zu übenden kommunikativen Fertigkeiten zu treffen. Allerdings bleibt die Orientierung am Thema Leitkriterium. Die landeskundlichen, textuellen und kommunikativen Ziele entfalten sich innerhalb des themenspezifischen Progressionszusammenhanges, wobei die aktiven Minimalformen des schriftlichen Gebrauchs immer gleich mit entwickelt werden. Die Schüler sollen

a) *landeskundlich/thematisch:* anhand der Rollenproblematik Kenntnisse über einen wichtigen Wirklichkeitsausschnitt des Zielsprachenlandes erwerben, Gründe für die geschlechtsspezifische Rollenverteilung kennenlernen, die individuellen und gesellschaftlichen Auswirkungen erkennen, die Sachverhalte zu ihrem sozio-kulturellen Umfeld in Beziehung setzen, das Für und Wider fester Rollenzuschreibung erörtern und speziell die Benachteiligung von Frauen als Ergebnis von Stereotypisierungen begreifen.

b) *textuell/methodisch:* die Fähigkeit zum sachgerechten Entschlüsseln von Texten vorwiegend argumentativer Struktur in monologischer und dialogischer Ausformung erwerben, dabei vor allem die Rolle textsorten-spezifischer Merkmale (Sprachsignale, Register etc.) für das Textverstehen erfassen, typische Kompositionsmuster im argumentativen Schreiben in elementarer Form anwenden und der Textsorte entsprechend Mittel sprachlicher Kohärenz (*links, connectives*) einsetzen.

c) *sprachlich/kommunikativ:* Besprechungsvokabular zur Verständigung über Bildmaterial und Statistiken erwerben, über Redemittel für kommunikative Grundformen in konvergierender und divergierender Gesprächsführung produktiv verfügen, dabei ein Gefühl für Wertigkeitsschattierungen bestimmter Sprachfunktionen entwickeln, Wort- und Kollokationsfelder der Sachbereiche Erziehung, Schule, Familie erweitern.

d) *arbeitstechnisch/methodisch: Annotation sheets* gezielt zur Textarbeit einsetzen, Notizen anfertigen *(note-taking, note-making)*, gegensätzliche Positionen durch tabellarische Gegenüberstellung der Pros und Cons herausarbeiten, Schlüsselbegriffe durch Unterstreichen und Markieren (*underlining, highlighting*) hervorheben.

Ein vorrangiges Ziel ist die Verbesserung des produktiven Niveaus, damit sich die Schere zwischen gedanklichem Reflexionsvermögen und sprachlichen Ausdrucksschwierigkeiten nicht noch weiter öffnet. Das Schwergewicht der Überprüfung des Lernzuwachses liegt daher im Kontinuum des Unterrichts auf der Kontrolle der mündlichen Sprachproduktion, auch wenn sich kommunikative Qualifikationen weitgehend objektivierten Kontrollverfahren entziehen. Die mündlichen Äußerungen lassen auf jeden Fall erkennen, ob gelesene oder gehörte Texte korrekt verstanden werden und ob auf die Kontexte begründet und stellungnehmend unter Einsatz erworbener Redemittel reagiert werden kann. Schriftliche Hausaufgaben (*paragraph writing, comment, pros and cons*) und Arbeitsaufgaben in der Stunde (Notizen anfertigen, Argumente zu einer These sammeln, gegensätzliche Positionen auflisten) helfen, die auf der kognitiven, pragmatischen und instrumentalen Dimension angestrebten Lernresultate zu erreichen.

2.4 Sonstige Planungselemente

Das Bestreben herrscht vor, ein einsprachiges Unterrichtsverfahren durchzuhalten, auch wenn neuerdings zweisprachige Unterrichtsstadien wieder Verfechter zu finden scheinen. Das gewählte fachspezifische Texterschließungsverfahren lehnt sich an die bekannten Vorschläge Sülzers[7] an, wird aber für die Jahrgangsstufe 10 durch das Weglassen der extensiven Erarbeitung formaler sprachlicher Aspekte vereinfacht. Die Texte werden in der Regel im Unterricht erschlossen, unter Beachtung der der Textsorte entsprechenden Darbietung (Stilles Verfahren bei primär direktiven Texten mittlerer Schwierigkeit, Präsentation über Tonträger bei direktiven Texten im gesprochenen Register etc.). Die Redemittel zur Schulung der qualifizierten Anteilnahme an Kommunikationsvorgängen werden blockweise ins Unterrichtsgeschehen eingeführt und textbezogen ergänzt. Insgesamt soll sich der Ausbau der Kompetenz zu kommunikativer Interaktion ohne spezielle Übungstypologie in der Teilnahme am Unterrichtsgespräch vollziehen. Da die Lerngruppe klein ist, steht Gesamtgruppen- und Partnerarbeit unter Einsatz von darbietenden, fragend-entwickelnden, impulsgebenden Unterrichtsverfahren im Vordergrund. Einzelarbeit behält ihre Funktion vorwiegend zur häuslichen Nach- und Vorbereitung von Unterricht. Die Gefahr, das Kompetenzgefälle zwischen Lehrer und Schüler durch Gesamtgruppenarbeit zu verstärken, wird als gering geachtet. Die Erfahrung hat gezeigt, daß weniger die Asymmetrie im Kommunikationsmodell Äußerungshemmungen bei den Schülern hervorruft als vielmehr ihre Frustration über die Diskrepanz zwischen Aussageintention und mangelnder eigener Aussagekompetenz.

3. Unterrichtsverlauf

3.1 Einführung und erste Diagnose, 1. Stunde

Thema: Bild-, text- und hörgesteuerte Einführung in die Problematik geschlechtsspezifischer Rollenzuschreibung

Material: a) "Iron Lady vs. Sunny Jim", *Time,* May 7, 1979 (1/1);

b) "Corny Jokes", *People Speaking,* S. 36f., Kassette.

Didaktische Begründung und Zielvorstellung: Als Mini-Einheit steht die Einführungsstunde für sich. Die Schüler werden anhand einer aktuellen landeskundlichen Bild-Text-Kollage und anhand von Beispielen aus dem Repertoire geschlechtsspezifischer Standardwitze in die Leitproblematik der Reihe eingeführt. Die Materialien aktivieren das Vorwissen der Schüler, führen zu einer ersten Diagnose der Rollenproblematik und bereiten als *advance organizers* den Boden für die weitere Diagnose vor. Zentrale Begriffe des Sachgebiets *(ascribed/achieved role, role stereotyping, prejudice* etc.) werden vermittelt, eine Vorstellung von ihrem Zusammenhang wird gegeben. Beschreibungs- und Besprechungsvokabular zur Versprachlichung visueller Vorgaben wird, noch unsystematisiert, benutzt, Redemittel für konstatierende und tentative Sprechakte werden eingesetzt. Die Verwendung von Sprache in personaler Funktion mit verdiktiver Perspektive wird an Äußerungen wie "I think that", "in my opinion" etc. verdeutlicht.

Stundenarbeit: Konfrontation mit Vorlage, Sammeln der Spontaneindrücke, weiterer Arbeitsanstoß: "Look at the captions once more, the headline, the choice of words." (Die fettgedruckte Überschrift kehrt die üblichen Eigenschaftszuschreibungen um, betont die unweibliche Kampfbereitschaft. Mit negativen Konnotationen belegte sprachliche Gestaltungsmittel, "campaign blitz", "brandish", stellen das Ungewöhnliche ihres Unterfangens ebenso vor Augen wie ihre tastenden und nicht ganz ernstgenommenen Versuche, in männliche Berufsrollen zu schlüpfen – "tries her hand", "gets a lesson", "hacks away" –. Sunny Jims Ehefrau paßt dagegen ins Klischee von „der Frau an seiner Seite".)

Tafelanschrieb als Ergebnis: In most societies different roles are ascribed to men and women and certain roles are expected of them. General statements like "all women are inferior", "all men are superior" are called stereotypes. These statements claims to be generally true but are based on prejudices.

Die akustische Darbietung der Witze beschließt die Stunde.

Hausaufgabe: Arbeitsblatt *Sex Checklist*, verkürzt aus *His and hers*, (clever, emotional, kind etc.) – Here are some words you might use to describe people. Which of them would you use for a man, which for a woman. Give your opinion, please.

3.2 Weiterführende Diagnose und Ursachensuche, Unit 1

Didaktische Begründung und Zielvorstellungen: Nach dem einleitenden Denk- und Redeanstoß wird in den Stunden 2–7 die Diagnose der verschiedenartigen Rollenausprägungen und -fixierungen vertieft und auf Ursachen zurückgeführt. Die Texte beschreiben und interpretieren die unterschiedlichen Rollenverhaltensweisen als Ergebnis von Konditionierung in Familie und Schule. Das visuelle Material veranschaulicht (Fotografien) und dokumentiert die Resultate der ablaufenden Prägungsprozesse. Die Schüler erkennen die Tragweite der in der 1. Stunde eingeführten Begriffe in einem größeren Zusammenhang, erweitern und differenzieren auf der kognitiven Ebene ihre Kenntnisse und ihr Sachverständnis von sozialen und gesellschaftlichen Bedingungen des Zielsprachenlandes, erwerben Wissen über spezifische Vertextungsstrategien einer wichtigen nicht-fiktionalen Textsorte und Kenntnisse über textsortenbezogene Wendungen und Sprachhandlungsstrategien. Auf der pragmatischen Ebene wird das Sprachkönnen in den vier Fertigkeiten weiter geschult. Beim Lesen hat die detaillierte Erschließung überschaubarer annotierter Texte den Vorrang.[8] Im Bereich des Sprechens liegt das Schwergewicht auf der Einübung in partnerbezogene Interaktion durch sprechaktgemäße Verbalisierung. Ebenso wichtig wie die Vermittlung von Lexis der stellungnehmenden Meinungsäußerung ist gleich zu Beginn die Bereitstellung von Redemitteln für rhetorische Strategien (*asking for further clarification, interrupting* etc.), die den Schülern die Artikulation von Schwierigkeiten ermöglichen. Im Bereich des Schreibens werden geübt: die auf das Wesentliche beschränkte zusammenhängende Wiedergabe von Diskussionsergebnissen, die Darstellung von Pros und Cons, der Aufbau einer Argumentationskette, die Kommentierung.

2. Stunde: *Thema:*   Rollenkonditionierung in der frühen Kindheit
Material: "Blue for a boy", *His and hers*, S. 4f. (2/1).

Der Text führt Stadien auf dem Wege des teils bewußt, größtenteils aber unbewußt ablaufenden Sozialisierungsprozesses vor Augen, denen Mädchen und Jungen vom Tag der Geburt an unterliegen. Unterschiedliche Erwachsenenreaktionen und -erwartungen (Aktivität bei Jungen, Passivität bei Mädchen), verschiedene Kleidung und verschiedene Haarstile mögen als Einzelfaktoren nicht wichtig sein, dienen aber in ihrer Kumulierung dazu, den Unterschied der Geschlechter von Anfang an zu unterstreichen und zu verfestigen. Expositorische und deskriptive Ansätze, durch die dem Leser an detaillierten Beispielen Einsicht in das komplexe Phänomen der Konditionierung vermittelt wird, sind durch dominant argumentativ-antithetische Gestaltungszüge (z.B. häufiges kontrastierendes "but") überdeckt. Der Leser wird ins Vertrauen gezogen (Z. 1, 9, 11) Urteile werden ihm jedoch abgenommen (Z. 5ff., 26). Die Ebene subjektiver und informeller Textkonstitution wird kaum verlassen.

Stundenarbeit: Auswertung der Hausaufgabe für stereotype Eigenschaftszuschreibungen, Diskussionsanstoß: What do you think, when does all this categorizing start? Nach Sammeln von Argumenten Texterschließung mit Annotationsliste, Bereitstellung von Redemitteln für unterrichtliche Gesprächsstrategien.

Tafelanschrieb als Zusammenfassung der Hauptthesen: Concepts of masculinity and feminity are not inborn. They are taught in a long process. Often the process is an unconscious one.

Hausaufgabe: Make a list of differences in bringing up boys and girls. Use two separate columns.

3. Stunde: *Thema:* Textaufbau und subjektive Gestaltungszüge

Material: Wie in 2 und Kinderreime zur Thematik aus *His and hers,* S. 3f. (3/2), für Hörverstehensübung zum Stundenschluß.

Stundenarbeit: Sammeln von Strukturierungsmöglichkeiten für argumentatives Schreiben in Diskussion, Anknüpfung an Kenntnisse aus dem Muttersprachenunterricht, Erarbeitung des Argumentationsaufbaus mit Hilfe des *Work Sheet* und Nachweis subjektiver Gestaltungszüge, Leitfragen zur Erarbeitung: What is your assessment of the author's attitude to different upbringing? Which expressions suggest his intention? How does he establish a relationship with the reader?

Hausaufgabe: Make a case for or against different upbringing of boys and girls. Find at least 4 examples for your pro and con arguments. Use phrases showing your opinion.

4. Stunde: *Thema:* Kindliche Rollenspiele als Projektionen künftiger Lebens- und Berufsrollen

Material: Bild-Kollage. *His and hers,* S. 11. (4/1).

Die drei Bilder führen das Thema der geschlechtsspezifischen frühkindlichen Sozialisierung weiter. Erste Ergebnisse der bipolaren Konditionierung werden nun offensichtlich: a) Die Cowboy-Kostümierung des Jungen (mit Pistole) weist auf aktive und aggressive männliche Rollenidentifikation hin. b) Die Darstellung der wäschewaschenden Puppenmutter entspricht der künftigen weiblichen Rollenerwartung und unterstreicht in der Form der – unkindlichen – Darstellung die sexuelle Determinierung. c) Die Spielsituation am Krankenbett ist eine Projektion künftiger Lebens- und Berufsrollen und paßt in die traditionellen Vorstellungen der Kompetenzhierarchien (Anweisungen geben – Anweisungen entgegennehmen).

Stundenarbeit: Tafelanschrieb zur Strukturierung des bisher Erarbeiteten. Diskussion zur Vorbereitung der Bildbeschreibung/deutung: Do you think that role stereotyping will stop after early childhood? Speculate about ways of conditioning in later childhood. Bildbeschreibung mit Hilfe der vorbereiteten *phrases.*

Hausaufgabe: Sum up in a few sentences what we have found out.

5. Stunde: *Thema:* Geschlechtsspezifische Erziehung in der Schule. Strategien subjektiver, persuasiver Argumentation.

Material: "Education, first and second class" mit Fragebogen und Grafik. *His and hers,* S. 12f. (5/1) (5/2).

Die Überschrift des Textes faßt in äußerst knapper Form die These der Verfasserin zusammen: nicht nur in der Familie, sondern auch in der Schule findet ein geschlechtsspezifischer Konditionierungsprozeß statt, so daß trotz erklärtem Gleichheitsprinzip in der staatlichen Schulpolitik Jungen im Endeffekt mehr und bessere Erziehung zuteil wird. Wie bei der Primärsozialisation kommen die geschlechtsspezifischen Erziehungsmuster in der Sekundärsozialisation zum Tragen, wobei der gesamtgesellschaftliche Zusammenhang auf den schulischen Erziehungsprozeß zurückwirkt (Z. 47/48, 56ff.). Persuasive Strategien sind textbestimmende Gestaltungsmittel. Der Autor tritt in eine Art simulierten Dialog mit dem Leser. Dieser wird aufgefordert, auf vorwiegend rhetorische Fragen (Z. 6, 7/8, 35, 45, 49ff) eine Antwort zu finden. Dabei wird ihm entweder die Antwort vorgezeichnet (Z. 26, 53/54, 59ff.) oder seine Ansicht wird gleich in Zweifel gezogen (Z. 10), wenn nicht der Autor die Antwort gleich selbst parat hat (Z. 46). Subjektive Gestaltungszüge (*attitudinal adverbs,* Z. 4, 38, 56 und *intensifiers,* Z. 15, 32/33) bestimmen in Verbindung mit kontrastiven und begründenden Sequenzsignalen *but, because, even when* die Textform Kommentierung. Die Aufforderung an den Leser, den möglichen Fächerkanon zu beurteilen, stärkt den Adressatenbezug. Die in den Text eingeschobene Grafik soll die subjektiv vorgetragenen Thesen durch objektive Angaben abstützen.

Stundenarbeit: Nach Diskussion der Ergebnisse der Fragebogenbearbeitung – Make a tick or cross where you think it fits – textvorbereitende Diskussion: Do girls really have less educational opportunities than boys? Textentschlüsselung bis Z. 37 und Herausarbeiten subjektiver Gestaltungszüge, Einführung der *termini technici text type marker, linguistic device, attitudinal adverb, intensifier.*

Hausaufgabe: Go through the rest of the text at home. Highlight expressions showing the author's view.

6. Stunde: *Thema:* wie 5

Zusatzmaterial: Fotographie "Where boys ...", *His and hers.* "Sexist bias in Schools", *A Matter of Opinion,* S. 26. (6/3), (6/4), (6/5).

Stundenarbeit: Erschließung subjektiver Gestaltungszüge mit HA-Auswertung beenden, in 5. Stunde begonnenes Tafelbild vervollständigen, Interpretation der Grafik mit Hilfe des bereitgestellten Besprechungsvokabulars, Diskussion geschlechtsunspezifischer Erziehung anhand der Fotographie, Leitfragen: Should boys be taught housework and cooking at school? Why/Why not?, zur Vorbereitung *note-making*, als Diskussionshilfe vorbereitetes *hand-out* mit Redemitteln.

Hausaufgabe: Arbeitsblatt Nr. 1, Group the word material connected with education and school. Read the text "Sexist bias in Schools" and be prepared to give a short report of the main facts mentioned.

7. Stunde: *Thema:*   Argumentative Steps in Paragraph Writing

            Zusatzmaterial: Cartoon-Strip zur Illustrierung unerwünschter Argumentationspraktiken. *His and Hers,* (7/1).

Stundenarbeit: Revision der Argumentationsschritte (3. Stunde), produktive Einübung an einfachem Modell (*hand-out* 6. Stunde), mündlich mit Aufgabenstellung Nr. 2 des Arbeitsblattes, schriftlich unter Vorgabe: The arguments between the sexes are silly!, dafür Hilfe durch Tafelanschrieb von *links* and *connectives*. REASONS AND CONSEQUENCES: because/because of the fact/the reasons for this are; as and since clauses; GIVING SEVERAL REASONS: to begin with/first of all/secondly/next/then/moreover/furthermore; GIVING EXPLANATIONS: for example/for instance/an example of this is/this can be illustrated by ...

Cartoon-Strip als Gesprächsanlaß über Vorurteilsaufbau.

3.3 Anwendung des bisher Erarbeiteten, 8. Stunde, 45-minütige Klassenarbeit

    Text: "The chance to choose", *Learning English, Modern Course. Gym 6,* S. 78. (8/1).

Dieses anscheinend authentische amerikanische Interview bewegt sich inhaltlich weitgehend im vertrauten Argumentationsrahmen. Weltweit werden Jungen und Mädchen in Familie und Schule unterschiedlich erzogen, Jungen für eine führende, Mädchen für eine zweitrangige, nachgeordnete Rolle. Ein neuer Aspekt ist, daß den Schulbüchern eine wichtige Funktion bei dem negativen Prägungsprozeß der Mädchen zugeschrieben wird. Die übliche Festlegung auf künftige soziale Positionen (Ernährer, abhängige Ehefrau) kann sich als unrealistisch und ökonomisch trügerisch erweisen. Nach Vorstellung der Frauenrechtsbewegung soll eine gemeinsame Teilhabe an Rechten und Pflichten angestrebt werden. Der Text eröffnet so über die bisher erarbeitete Sachproblematik hinaus einen ersten Ausblick auf die Möglichkeit, wie starre Rollenzuschreibungen unter erwachsenen Partnern aufzuheben wären. Mit der gewählten Arbeitsform Textaufgabe wird versucht, die Kontrollform den

Richtlinienvorgaben NW anzunähern, in denen die zusammenhängende Wiedergabe der Argumente (*summary*) und auch die ansatzweise kommentierende Stellungnahme (S. 55) für die Differenzierungsstufe gefordert wird.

3.4 Auswirkungen und Lösungsversuche, Unit 2

Didaktische Begründung und Zielvorstellungen: Der zweite große Arbeitsabschnitt umfaßt die Stunden 9–14. Er wird vorwiegend bestimmt von Material, das die Auswirkungen der bipolaren Rollenfixierung im Erwachsenenleben (Broterwerb, Hausfrauensyndrom) und die Diskussion um mögliche Veränderungen in den Vordergrund rückt. Die Materialgruppierung erfolgt nicht im Sinne einer strengen Abfolge. So führt die Rollentauschproblematik der 9. Stunde eine radikale Lösungsmöglichkeit vor, ehe die Rollenverteilung durch die Situationsbeschreibung einer typischen Frühehe in der 10. Stunde gezeigt wird. Die „vorgezogene" Stunde hat die Funktion, die Extremposition einer völligen Umkehrung als Pseudolösung aufzuweisen. Sie soll den Schülern einen Anreiz geben, die Gesamtproblematik weiter zu durchdenken. Die Stunden 11 und 13 greifen das Thema wieder auf.

Nachdem der ironische Kommentar eines europäischen Umfrageergebnisses zur Aufgabenverteilung bei der Hausarbeit die vorherrschende feste Rollenzuschreibung bestätigt und damit implizit auf die ungelöste Problematik verwiesen hat, gibt der Abschlußfragebogen den Schülern Gelegenheit, ihre eigene Einstellung oder Einstellungsänderung zur Mann-Frau-Rolle festzustellen und zu überdenken.

In der 2. Unit werden die Ziele der ersten weiterverfolgt und erweitert. Hinzu kommt beim Spracherwerb die ansatzweise Schulung des Hörverstehens über auditive Medien, vertieft und gefestigt wird die Fähigkeit zur Entschlüsselung von Sachtexten nach elementaren Kategorien und Funktionen (Argumentationskette eines Dialogs), ausgebaut wird das Repertoire an Redemitteln für divergierendes Argumentieren, verfolgt wird die Informationsentnahme aus Zusatztexten, deren Konstitutionsweise nicht im Unterricht geklärt wird, die aber über die Lexis mit dem Unterrichtsgegenstand verklammert sind.

9. Stunde: *Thema:* Rollentausch in Beruf und Familie

> *Material:* "Role-Swopping" mit Illustration, *A Matter of Opinion,* S. 26 und 2 Cartoons aus *Learning English, Gym 6,* S. 79. (9/1), (9/2).

Die zum Text gehörende Zeichnung veranschaulicht den Inhalt des kurzen Berichtes: Abkehr von der traditionellen Rollenverteilung und Übernahme eines typisch männlichen Berufs durch die Frau – angedeutete City-Kleidung durch Hut, Aktentasche, Regenschirm. Die Entwicklung setzte im 1. Weltkrieg aus einer Zwangslage ein, sie ist heute wieder verstärkt zu beobachten. Gründe (Erwerbslosigkeit, Karrieremöglichkeiten für Frauen) und Auswirkung (Hausmann) werden genannt. Die historische Herleitung und die aktuelle Situationsbeschreibung sind in Ansätzen in ein narratives Kontinuum gebracht (Zeitangaben, Z. 2, 7, 13). Außerdem finden sich argumentative Gestaltungszüge in diesem ansonsten sprachlich weitgehend informellen, gedanklich anspruchslosen und von der Textformspezifik her unergiebigen Text. Die zwei Cartoons karikieren die möglichen Auswirkungen eines kompletten Rollentauschs.

Stundenarbeit: Illustration als *visual lead-in* mit Revision des Besprechungsvokabulars aus der 3. Stunde. Textverständnis nach Arbeitsanweisung: Underline the main statements überprüfen. Pro- und Condiskussion der Frage: Is it right for a man to stay at home while his wife goes out to earn a living? Schlußsituation Karikaturenvergleich: Why do they make you smile?

Hausaufgabe: Fathers spend too little time with their children! Write about 120 words explaining why you do or do not agree with this statement. Zusatzaufgabe für 2 Schüler, 13. Stunde: Give a report about "The Position of Women in Britain Today". Illustrate your report with a few figures and examples. (9/3)

10. Stunde: *Thema:* Vor- und Nachteile früher Heirat; Arbeit an einem argumentativen Sachtext

   Material: "Teenage Marriages", *Discussing and Debating,* mit Tonträger und Cartoon, *Advanced Modern Practice,* S. 18. (10/1 (10/2).

In diesem Text werden die Gründe, die gegen und für eine frühe Heirat sprechen, abgewogen und die Einflüsse auf die künftige Lebensgestaltung und Rollenverteilung beider Geschlechter aufgezeigt. In der Gegenargumentation ist ein *sexist bias* eindeutig. Abgesehen davon, daß Teenager sowieso aus falschen Gründen heiraten, die finanziellen Schwierigkeiten sehr groß sind, stellt die frühe Heirat für den jungen Mann eine besonders schwere Belastung dar, da eine Beeinträchtigung seiner beruflichen Zukunft wahrscheinlich ist. Die junge Frau wird sich dagegen nur beim Kleiderkauf und beim Friseurbesuch einschränken müssen. Andererseits scheint der Vorteil einer frühen Heirat auch ganz auf das Konto des Mannes zu gehen. Ermutigung und Unterstützung der Frau machen den jungen Mann ehrgeiziger und daher im Beruf höchstwahrscheinlich erfolgreicher.

Dieser sprachlich einfache Text enthält eindeutige Merkmale subjektiver Argumentation (*qualifying adjectives/statements* "silly", "absurd", "not true", Z. 8, 11, 20 und *intensifying adverbs*, Z. 11 und 26, *repetitions* und *rhetorical questions*) sowie Sequenzsignale, die für argumentative Texte typisch sind ("because", Z. 2 und 3, "but", Z. 3 und 5, "after all", Z. 27, "therefore", Z. 35). – Der Cartoon "John and Mary" illustriert in pointierter Weise den Alltag einer jungen Familie.

Stundenarbeit: Zum Einstieg Sammeln von Gründen für oder gegen frühe Heirat, Festhalten der Befunde (Tafel) und Diskussion unter Leitfrage "Do you think it's unwise to get married early?" Why/Why not?; Rezeption eines Textes gleicher Thematik über Hör- und Leseverstehen, gemeinsame Erarbeitung der texttypischen Elemente (Tafel) (10/3).

Hausaufgabe: In which way is the cartoon connected with our topic? What are the general functions of cartoons? (Oral assignment).

11. Stunde: *Thema:* Bewertung der Hausfrauenarbeit. Sprachfunktionen in informeller Argumentation

   Material: "Women's Liberation" *(unscripted dialogue)* mit Tonträger, *Mainline Skills* A, S. 13 (11/1).

Der Dialog gibt die authentische Diskussion fünf befreundeter Personen wieder. Nicht nur die Frauenrolle in Haushalt und Familie, sondern auch die Fixierung der Männerrolle durch Familie und Beruf werden gleichermaßen als Zwang gesehen. Die differenzierten Verknüpfungstechniken formaler schriftlicher Argumentation werden im informellen Dialog durch andere Techniken ersetzt. Die Bedeutung abrupter Fragen und Statements wird z.T. erst von den Kommunikationspartnern "ausgehandelt", wobei akzeptierte Konventionen eingehalten werden: nachfragen, bedingt zustimmen, höflich abschwächen. Dieser Dialog führt im Bereich der Sprachfunktionen des Zustimmens/Ablehnens besonders die Technik vor, abweichende Meinungen durch Abschwächungen einzuleiten ("yes, but ...", "well, I agree ... but") oder durch einschränkende Behauptungen ("You can say that ... on the other hand") zu relativieren.

Stundenarbeit: Textentschlüsselung über Hör- und Leseverstehen nach modifiziertem Raster von Sülzer, Zusammenfassung der Hauptargumente und gemeinsames Erarbeiten der Dialogstruktur nach Arbeitsblattvorgabe. Diskussion mit vorausgehender Notizenanfertigung: Is a housewife's daily work more responsible than her husband's? Why/Why not?

Hausaufgabe: Proposition: It's a woman's job to look after the children. Make a counter-proposition: Yes ..., or agree..., or disagree gently ... or disagree strongly ... Use as many phrases as come to your mind. Look up your notes and consult the hand-outs, too.

12. Stunde: Rückgabe und Besprechung der Klassenarbeit

>*Thema:* Language Registers (12/1).

Stundenarbeit: In Fortführung der Hausaufgabe Erwerb von Redemitteln zur strikten und unhöflichen Ablehnung anhand der These: I think Women's Lib has gone too far. What we need now is a Men's Liberation Movement. (Tafel: O! come on! You must be joking! Never! (That's) rubbish! You can't be serious! (What) nonsense! etc.) Erarbeitung des Registerbegriffs mit Sätzen aus den behandelten Texten formeller und informeller Konstitution (Tafel, beliebig). Arbeitsanstoß: In which aspects do these sentences differ? Gemeinsame Erarbeitung mit Ergebnissicherung an der Tafel.

Hausaufgabe: Zusatztext "The family in Britain today"
Challenges, S. 34 (12/2) mit Arbeitsanweisungen.

13. Stunde: *Thema:* Familienleben und Rollenverständnis in Großbritannien und Vergleich mit Deutschland

>*Material:* aus 12. Stunde "The family in Britain today", Cartoon, *Sunday Express.* March 5, 1967 und Fragebogen "Roles. Who usually does what?" *Challenges,* S. 34. (13/1), (13/2).

Der Cartoon demonstriert die Schwierigkeit, den Rollentausch selbst an einem gesellschaftlich sanktionierten Umkehrtag wie Muttertag durchzuführen. Der Fragebogen fordert dazu auf, die verschiedenen Tätigkeiten und Verantwortungsbereiche in der Familie nach männlichen und weiblichen Anteilen aufzuschlüsseln.

Stundenarbeit: Referat nach Textvorgabe aus Stunde 9, Kollokationsfeld Familie vergleichen; Textarbeit an Vorlage aus Stunde 12: How does the choice of words communicate information? Generalisierende Ausdrücke am Text bestimmen, für Tafelanschrieb ergänzen: The language of argument – degrees of frequency: always/usually/generally/as a rule; sometimes/occasionally; rarely/seldom/hardly ever; never. Diskussion über Vergleich englischer und deutscher Situation unter Einsatz tentativer und generalisierender Redemittel. Benutzung des Cartoons als provozierenden Kontrast zum Text, Bearbeitung des Fragebogens nach Anweisung.

Hausaufgabe: Sum up our findings about the sharing of household duties in Germany. Make general statements.

14. Stunde: *Thema:* Rollenverteilung bei unseren europäischen Nachbarn

Material: "Husbanding the Chores". *Time.* June 18, 1979, Fragebogen "Test Yourself". *Learning English, Gym 6,* S.77. (14/1) (14/2).

Der Bericht bezieht sich auf Umfrageergebnisse des Europarates zur Einstellung von Westeuropäern in der Frauenfrage. Die Einschätzung der Männer über die Häufigkeit ihrer häuslichen Mitarbeit wird durch die Aussagen der Frauen erheblich relativiert, wobei die Italiener zu der größten, die Dänen zu der geringsten Fehleinschätzung neigen.

Die Wahl der lexikalischen Mittel zeigt, daß der Verfasser die Umfrageergebnisse kommentiert und zugleich ironisiert ("claimed", "boasted", "shamelessly", "self-serving hyperbole", "overstated", "worst record"). Der persuasive Charakter dieser subjektiven Präsentation von Zahlenmaterial tritt gleich in der Zustimmung erheischenden Eröffnungsfrage deutlich zutage.

Stundenarbeit: Übliche Textentschlüsselung mit Hilfe der Vokabelliste bei Zusatzaufgabe: Underline generalizations. Ironische Kommentarhaltung des Verfassers an sprachlichen Gestaltungsmitteln des Textes belegen, Überprüfung der Einstellung zur geschlechtsspezifischen Rollenverteilung anhand des Fragebogens. Abschlußgespräch über Gesamtproblematik und Anlage der Reihe, dabei Bereitstellung von Redemitteln zur dezidierten Stellungnahme, die nicht zu *rude* und *blunt* sind.

4. Erfahrungsbericht

4.1 Einschränkende Bemerkungen

Mit dem Bewußtmachen von stereotypen Vorstellungen und Rollenvorurteilen kann nicht die Hoffnung verbunden werden, sogleich einen Abbau zu erreichen. Die Sozialpsychologie hat bisher nicht schlüssig nachweisen können, daß Einsichten überhaupt zu Verhaltensänderungen führen. Der Englischunterricht kann sich aber bemühen, Vorurteile nicht zu verfestigen, über bewußt gewählte Inhalte für Diskriminierungen in eigener und fremder Gesellschaft zu sensibilisieren und so zu den fächerübergreifenden affektiven Erziehungsrichtzielen beizutragen.

4.2 Überdenkenswerte Ergebnisse

Die Materialien waren von Inhalt und Sprache her dem Lernstand dieser Jahrgangsstufe 10 angemessen. Die Schüler konnten über die Analyse von authentischen, von der Konstitution her weitgehend genormten nicht-fiktionalen Texten schnell zu Erfolgserlebnissen geführt werden. Die ansatzweise Einführung in textgrammatische Regelsysteme durch Herausarbeitung texttypischer Elemente, die Vermittlung der *termini technici* stieß auf keine Schwierigkeiten, das Schema von Sülzer bewies hohen unterrichtlichen Gebrauchswert. Allerdings standen die Sprachmittel der „Kästen" in ihrer Vollständigkeit nicht sofort für die produktive Kommunikation zur Verfügung, waren die produktiven Fertigkeiten im regelbestimmten argumentativen Schreiben am Ende der Reihe als Handlungselement nicht voll verfügbar. Auf dieser Klassenstufe muß es im textuellen Bereich schon als Erfolg betrachtet werden, wenn für die künftige Oberstufenarbeit die Fähigkeit vermittelt werden kann, argumentative Strukturen eindeutig zu identifizieren. Der methodische Gewinn, den der ansatzweise Ausgang von der Sprechaktdidaktik brachte, kam vor allem dem mündlichen Sprachgebrauch zugute. Ein nicht beabsichtigtes Ergebnis war, daß sich dadurch bei den schriftlichen Äußerungsleistungen die ausgeprägte Neigung zur Verwendung von unangemessen vielen Elementen der *informal spoken speech* noch verstärkte. Die Einführung in den Registerbegriff war an der Oberfläche geblieben, die Fähigkeit zur Registerunterscheidung bedarf konsequenter Einübung.

Das primäre inhaltliche Interesse der Schüler richtete sich auf die Rollenfixierungen und -konditionierungen in Kindheit und schulischer Erziehung. Hier erwiesen sich die *Connexion*-Texte als äußerst motivationsstiftend. Allerdings stellte ihr hoher umgangssprachlicher Wortschatz bei gleichzeitiger Verwendung von *hard words* die Schüler vor eine erhebliche Lernhürde. Selbst bei sparsamer Auswahl der Wörter für die aktive Verfügbarkeit auf den Vokabellisten bleibt die Anzahl der pro Stunde einzuführenden neuen Lexeme zu hoch. Die uneingeschränkte Empfehlung der *Connexion*-Bände für die Hauptschule durch Didaktiker wie Piepho und Hermes muß nach diesen Erfahrungen in Frage gestellt werden. Erstaunlich wenig Neigung zeigte die Lerngruppe, sich mit der Überwindung der Rollenfixierung und der Neugestaltung der Rollenverteilung im Erwachsenenleben (Familie, Beruf) ernsthaft auseinanderzusetzen. Ihre vagen Veränderungsvorstellungen zielten nicht auf die gesellschaftlich-politische Ebene, sondern auf individuelle Modifizierung der traditionellen Rollenverteilung durch partnerschaftliches „Aushandeln" in der Ehe. Hier wurden die Lernzielsetzungen eindeutig unterschritten. Entweder war der Vorgriff auf Rollenfixierungen in künftigen Lebenssituationen bei dieser Lerngruppe noch verfrüht, oder aber die Prägung durch Erziehung im konservativ-bewahrenden Klima einer rheinischen

Mittelstadt hatte bereits zur Internalisierung traditioneller Rollenkonzepte geführt. An einem solchen Punkt sollte sich der Lehrer nicht dazu verleiten lassen, eigenen Erkenntnisinteressen zu folgen und die Schüler mit Belehrung und einem ganzen Instrumentarium von Zusatztexten auf die „ideologisch" richtige Sichtweise festlegen zu wollen. Sinnvoller scheint es, im weiteren Lernkontinuum die Rollenproblematik und die Funktion von Stereotypen im Kontext anderer Themenkreise wieder aufzugreifen.

Insgesamt konnte erreicht werden, daß sich die Schüler mit einem aktuellen – und zeitlosen – Thema über einen längeren Zeitraum befaßten. Dabei stellten 14 Stunden zu einer Thematik hohe Anforderungen an das Durchhaltevermögen. Die anfänglich hohe Motivation flachte nach der 3. Woche ab, die Sollbruchstelle für eine Reihe in der Differenzierungsstufe scheint in der 9. oder 10. Stunde zu liegen, und zwar unabhängig vom Thema.

Dossierarbeit, die *culture and language learning* verbindet, hebt das am Ende der Sprachausbauphase nach wie vor bestehende motivationshemmende Problem der *deferred gratification* nicht auf, kann aber für einen gewissen Zeitraum das anscheinend nur verschüttete Potential an Fähigkeit zu konzentrierter Arbeit freilegen.

Anmerkungen

1 Piepho, E.: *Englischunterricht.* S. 10.
2 Digeser, A.: „Zeitgemäße Texte". 169.
3 Glaap, A. R.: „Reform der Sekundarstufe I und II". 1–9.
4 Hönle, D.: „Themabezogene, projekt-orientierte Unterrichtsreihen". 4f. Die Lücke wird langsam durch *Project Books* und *Topic*-Hefte geschlossen.
5 Müller, R.M.: „Kommunikative Kompetenz". 76.
6 Corder, S.P.: *Introducing Applied Linguistics.* S. 202.
7 Sülzer, B.: „Auswahl und Behandlung nicht-fiktionaler Texte". S. 153.
8 Die Schüler erhalten für alle Texte ein Annotationenblatt, um die Entschlüsselungsphase im Unterricht nicht über Gebühr zu dehnen. Es ist dreispaltig nach dem für die 1. Stunde wiedergegebenen Muster angelegt. Die Unterstreichungen signalisieren, für welche Wörter aktive Verfügbarkeit angestrebt wird.

BRITAIN

Iron Lady *vs.* Sunny Jim

During her campaign blitz, Thatcher tests tea in Newcastle, brandishes a broom in Bristol and gets a lesson in setting newspaper type

The Tory leader hooks up to a medical monitoring machine, tries her hand at cutting patterns and hacks away in a butcher shop

Die Annotationslisten mit Kennzeichnung des aktiven Wortschatzes für den produktiven Bereich folgen für die übrigen Materialien diesem Muster.

Annotation Sheet

vs. = *versus*, prep., abbr.	against; often used in law or sports	gegen
campaign n.	series of actions for getting something done	Wahlkampf
blitz n.	sudden attack by aircraft or tank; any sudden attack	heftiger Luftangriff, Blitzkrieg
campaign blitz		energisch geführter Wahlkampf

Prime Minister James Callaghan and his wife Audrey at a pre-election rally in Coventry

to brandish vb.	shake or move	schwenken, schwingen
hook n.	a curved piece of metal etc.	Haken
to hook up vb.	to connect with s. th.	anschließen
medical monitoring machine		Überwachungs-/ Kontrollgerät (Intensivstation z.B.)

to try one's hand at s. th., vb.	to attempt to do s. th., especially for the first time	sich an etwas versuchen
pattern n.	a model for making things, e. g. a dress pattern	(Schnitt)-Muster
election n.	choosing or being chosen, especially by voting	Wahl
rally n.	gathering of people for a purpose	Versammlung

(2/1)   Blue for a boy

We all think we know what a 'real man' or a 'real woman' is and does. But these concepts of masculinity and femininity are not born into us; they are carefully and painstakingly taught to every child almost from its first breath. I don't want to suggest that this is an entirely deliberate process. Some of it is, but most of it is an unconscious handing-on of tradition, in which we all play our part, whether we mean to or not.

Suppose you are called on to admire a new baby, without knowing beforehand what sex it is. The appearance of the bundle in the pram won't give you much to go on, so you have to ask 'Is it a boy or a girl?' before you know the right complimentary thing to say. Girl – then 'Isn't she pretty? What lovely eyes/hair/smile she has.' Boy – then something like 'He's a bright one, he'll go a long way.'

It's just chat, but all the same it's the text of baby's first lesson. Girls must be pretty. They are expected just to *be* decorative. Boys, on the other hand, are expected to be clever: they *do* things, they *go* places.

For the first year or so, the baby is fairly unresponsive to this propaganda, so the mother does the best she can with outward appearances. Blue for a boy, pink for a girl, as the old saying

had it. Now it's waterproofed pants covered with lace and frills for a girl; for a boy, the plastic is overprinted with aeroplanes, soldiers or Red Indians. Girls progress from angel-tops to little dresses, often a fashion-conscious mini-replica of mother's, while boys, trousered from the start, go from romper suits to jeans.

Girls' clothes are some trouble to look after, so busy mothers are tending now to dress their children more alike – that is to say, putting girls into traditional 'boy's' clothes, not dressing junior in skirts. But most girls will still have at least one dress to look pretty in ('I do like to see a little girl looking like a girl'), even if she is allowed to play in overalls or shorts.

Hair – as soon as it grows – is another opportunity for discrimination. Girls' hair can grow and grow; boys' hair is going to be cut off, and sooner, rather than later. The most modern of mothers is not going to cut her daughter's hair as short as her son's, and not let her son's hair grow as long as his sister's.

Girls are taught from the beginning to keep their hair tidy and their clothes clean. Appearances are important. Boys are permitted a certain latitude in the matter of soap and water, because – well, because 'boys will be boys'.

166

Hand-out

PHRASES USED TO ASK FOR CLARIFICATION AND INTERRUPTING		

I'm sorry I don't understand this word, sentence

Can you explain this word, sentence, please?   rather simple
Can you repeat that, please?
Can I say that in German, please?

Excuse me, but would you mind ...?
Just a moment, before you go on
further ...   more elaborate
I wonder if you could tell me ...   and polite
I'm afraid I don't quite follow.
What do you mean by ...?

Wouldn't you agree ...?   trying to
You'll certainly agree ...   persuade at the
Don't you think it would be ...?   same time

Hand-out and *Work Sheet*

Most compositions have a distinctive form: When planning and writing an argument, the writer pays particular attention to:

OUR TEXT

- the *headline:*   it deals with the topic
                        or aspects of the topic   _____

- the *introduction:*   he presents his thesis,
                        states his view   _____

- the developing   he gives reasons for
  sentences: his view, extends his thesis,
                        gives examples   _____

- the *conclusion:*   he returns to his view,
                        supports his initial thesis
                        by a final sentence   _____

167

den die Schüler zur Vervollständigung ihres Arbeitsblattes übernehmen:

– strategies in subjective writing:	the author appeals to the reader, uses a human touch	_____
	makes quality statements	_____
	counters possible arguments	_____

- -

Redemittelkasten	– Phrases used to give an opinion

I think (that) ...
In my opinion
In my view
As I see it
As far as I'm concerned
I would like to suggest

You can make your statements more tentative by adding:
Perhaps, maybe, possibly

_____

(3/2)   *Nursery Rhymes* zum Vorlesen

What are little boys made of?
Frogs and snails
And puppy dogs' tails
That's what little boys are made of.

What are little girls made of?
Sugar and spice
And all that's nice
That's what little girls are made of.

Little Polly Flinders
Sat among the cinders
Warming her pretty little toes.
Her mother came and caught her
And whipped her little daughter
For spoiling her nice new clothes.

females and males
women and men
girls and boys

differ in: *reasons are:*

physical strength ⎫
physical appearance ⎭ ————————————————— natural endowment

outlook on life ⎫
behaviour ⎬ ————————————————— ⎰ role stereotyping
expectations of ⎭   conditioning in upbringing
further position in   unequal treatment
society   prejudices

- -

| Redemittelkasten | – Phrases for describing, interpreting and evaluating pictures |

The picture   shows, refers to
                    draws the attention to the fact
                    stands for, implies
                    the idea behind is

tentative   I presume it means
deductions   I suppose it ...
                    it seems to
                    it appears to
                    it may/might/could mean

Education, first and second class

Which subjects do you think should be taught at secondary schools to boys, to girls, to both sexes?

When we are five, whether we are boys or girls, we have to go to school, and we have to stay there, whether we like it or not, for years and years. Life at home goes on, of course, and so
5 does the process of conditioning begun at birth. What effect does education have on our ideas of proper masculine/feminine behaviour? And how do our ideas about how we should behave affect the education we get?

10 You may think that education is, on the whole, a sexless process. So it is, in theory. Like other civilized countries we say we believe that education is a basic human right. It is supposed to develop the mind and the character to the
15 fullest possible extent, to provide moral and intellectual stimulus and training – in other words, to show people how to make the best use they can of themselves and their lives. The state educational system aims to provide equal oppor-
20 tunities for us all, regardless of how much money we have, what church we do or don't belong to, what colour we happen to be and whether we are male or female.

The primary schools are more likely to see
25 their pupils as Mixed Infants rather than specifically as Boys or Girls. Think back to when you first started school: you may have been made to wear skirts and short socks, or long socks and short trousers; there may have been some dis-
30 crimination about whether you should kick balls (as in football) or throw them (as in netball); but inside the classroom you will almost certainly have been taught to read, write and count, and allowed to make music, paint and
35 draw as if you were all the same sex. Now what happened when, about the age of eleven, you went to secondary school?

The secondary schools are still apparently neutral: nowadays, many boys and girls go on to
40 be educated together at the same coeducational comprehensive schools, and the age at which the pupils can leave the schools is the same for both. Even when girls and boys go separately to the older single-sex schools, in theory the same
45 educational opportunities should exist. But do they? The short answer is no, not if you judge by the results, because boys contrive to get a great deal more education than girls do.

What is going on here? Are girls really being
50 treated as second-class citizens, or are they

Subject	Boys	Girls	Both
A foreign language (e.g. French, German)			
Biology			
Car maintenance			
Carpentry, woodwork			
Chemistry			
Child care			
Cookery			
Economics			
Engineering			
English language			
Geography, history			
Housecraft			
Mathematics			
Painting, pottery			
Physics			
Psychology, personal relations			
Sewing, needlework			
Shorthand, typing			

171

deliberately turning their backs on one of their basic rights as human beings?

To answer this question you will have to ask yourself what you think education is for. You may well argue that to talk of education as a right sounds fine in theory, but really children are sent to school to be trained for life as it is, not as it might be, to be equipped, in short, with the necessary knowledge and qualifications to earn a reasonable living.

If you take this view, and if you fit it on to the pattern of how children are taught to behave *as boys* or *as girls,* you will see that the same educational process produces different effects according to the sex of the student.

(5/2)

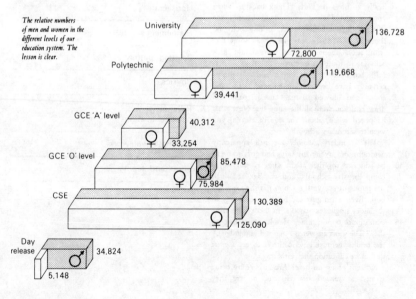

The relative numbers of men and women in the different levels of our education system. The lesson is clear.

non-fictional text, argumentative type comment

text type markers/
linguistic devices

attitudinal adverbs:	of course, apparently, in short
intensifiers:	fullest possible almost certainly
rhetorical questions:	(repeatedly)
personal address	think back
repetitions	
sequence signals	but, because

subjective writing
personal point of view

| Redemittelkasten | Useful expressions for interpreting statistical material |

According to the diagram
                      table
                      graph
                      figures presented
As is shown   in the ...
As can be seen

| Redemittelkasten | How to disagree strongly with an opinion |

Opinion: Women are less intelligent than men.

I'm afraid you're wrong here.
I really can't agree.
I don't altogether agree that ...
I can't accept that ...
It's completely wrong to say ...

| Redemittelkasten | How to disagree more politely |

I'm not so sure that ...
I rather doubt if ...
Well, I don't know ...
Well, it depends.
Mmm, I'm not really sure you're right.

| Redemittelkasten | How to agree strongly with an opinion |

I (quite) agree.
I entirely agree with you.
You're quite right.
That's exactly the way I see it.
How right you are!

Where boys learn to be good wives

Ironing out problems at Cross Green.

HANDS UP any girl looking for a husband who can darn his own socks, iron his own shirts, and cook a cosy dinner for two.

The boys of Cross Green School, Leeds, should soon fill the bill, for their lessons include everything they need to know to make ideal husbands—and that means learning how to do the work of a wife.

As well as learning cookery and needlework, and enjoying it, they are also learning the financial side of homemaking that most of us only learn the hard way—by experience.

By JUDI GOODWIN

Headmaster Oliver Smith told me: "I believe schools should prepare children for life in general, not only for a career and marriage is a very important part of life."

Visits

He has introduced classes on buying or renting a house, and raising a mortgage.

While most schools are concentrating on training for how to earn a living, Cross Green gives equal emphasis to spending money wisely and saving and investing it.

Their trips out of school include visits to housing estates and furniture stores where they compare design and value for money.

The head of domestic science, Mrs Mary Spearman, told me how setting up the school flat recently gave both boys and girls a chance to put their learning into practice.

"They bought old furniture and renovated it themselves and they decorated throughout in their own colour schemes."

A different group run the flat each week, cleaning every room from kitchen to loo, and they learn laundry work both in the flat and at the local launderette.

Budget

"They entertain relatives to tea with 50s a week for the shopping, and this teaches them to balance accounts exactly," said Mrs Spearman. "With so many wives working today, the conventional roles of husband and wife are merging and they are sharing responsibilities."

Mrs Spearman has been married four years and has come to the conclusion that Yorkshiremen make excellent husbands.

"Most of my friends have husbands like mine who are willing to share the chores. This system teaches them the right way of doing things."

Girls

But it's not only the Yorkshire bride of the future that will benefit from this enlightened attitude to education. The husband will find himself with a handy-girl on his hands.

Girls are sharing classes in woodwork and metalwork so Mrs 1980 will be wielding a hammer and fixing shelves without a second thought.

And that's what I call equality.

SEXIST BIAS IN SCHOOLS

An article in the education magazine "Where" criticises schools for discriminating against girls in school organisation, textbooks and the curriculum. There have been cases of girls not being allowed to choose the subjects that boys could choose – e.g. woodwork or science. Parents are encouraged to report schools to the authorities if this happens. The article also says that women in the education service have less chance of promotion – only 5 per cent of mixed comprehensive schools heads are women. Discrimination is also shown in the history books, where important things are done by men, while the women cook and wash at home. Schools try also to push girls into certain careers, not because of their abilities but because of their sex. The schools continue the general conditioning of girls that they should only be interested in make-up, fashion and getting a husband.

1. Group the word material connected with education and school

2. In your opinion, why are differences in educating boys and girls negative?
   Use the following argumentative steps:

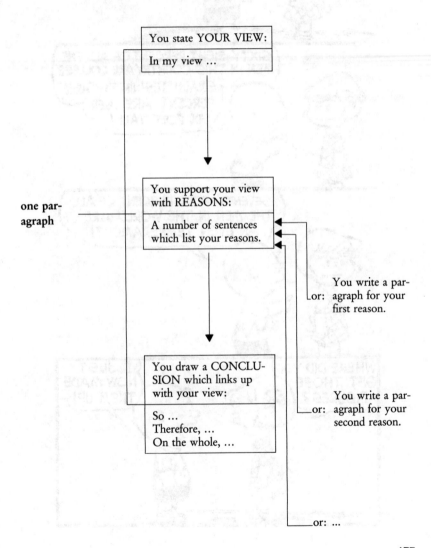

(8/1)　　　*The chance to choose*

The following is from a radio interview with Arvonne S.
Fraser, who is active in the women's rights movement in
the USA.

Ms Fraser: A great many findings show that uncon-
5　　　sciously we treat women as if they came second. Little
boys are raised and educated for leadership, for
activity, and girls are raised and educated for second
place. This is worldwide and not just in the United
States.

10　　　*Interviewer:* Even in schools?
Ms Fraser: Even in schools. Anybody who has a small
child should look at the child's textbooks. The girl in
the book is always passive. She stands and listens. The
boy is active. The girl sometimes is stupid, though in
15　　　class the girls are frequently ahead of the boys in
verbal ability. This is not deliberate, but it's there.
Interviewer: How did it happen?
Ms Fraser: That's a good question. I think, partly it
happened because we want boys very much to grow
20　　　up to support themselves, whereas we have always
said in the last few generations that we educate girls to
grow up and get married and get the best husband they
can. This is not a bad idea, but there may not be
enough husbands to go around, or she may become a
25　　　widow, or as we are finding nowadays, it takes both
husband and wife to make a living and support a
family.
The goal of our movement is for people to share –
you share responsibility, you share rights. We happen
30　　　to think that that is better than saying that there is a
'number one' and a 'number two'.

1. *Explain in your own words:* "unconsciously", l. 4/5; "leadership", l. 6; "deliberate",
   l. 16; "frequently", l. 14; "the last few generations", l. 21.
   Choose at least 4.

2. *Summary:* Re-state Ms Fraser's arguments, as far as possible in your own words.
   Use connectives and linking constructions.

3. *Comment:* Do you agree or disagree with her? In which aspects? Use phrases
   expressing your opinion.

PLEASE *do* read the text carefully!

ANNOTATIONS
15: ahead of – *here:* superior to (überlegen)
16: verbal ability – the power of using and understanding language
24: enough to go around – enough for everybody
28: goal – *here:* an end which one tries to reach, aim or purpose (Ziel)

Role-swopping

Working opportunities for women really began in the First World War. With the men away at war, women had to become engineers, drivers, bakers, secretaries, etc. Their traditional jobs had been cooking, cleaning, or working in the textile factories.

Now women are again taking over what were thought of as 'men's jobs'. And the logical consequence of this is that some men are choosing to stay at home to look after the house and the family, while their wives go out to earn the money. This trend has spread more and more over the last few years, above all because of the rising unemployment problem. It is also often the case where the husband is a writer, and can also work from home. But other men are finding it enjoyable too – getting to know their children better, living without the stress of travelling every day. And it enables many women to continue the career they had before they were married.

"I'm from Women's Lib – is the master of the house in?"

"As we've changed roles I should be getting that!"

THE POSITION OF WOMEN IN BRITAIN TODAY

Since 1900 there have been great changes in women's position in Britain. In 1900, for example, women spent almost all of their adult lives in having and taking care of children. This would go on until she was 55, if she was lucky enough to live that long. Then she might have 12 years of life left. The average amount of time spent then in being pregnant and looking after infants under a year old was at least 15 years. By 1951 this had dropped to an average of only four years.

In 1900 women had no right to vote. They could not even own property in marriage. The husband was the breadwinner and the 'lord and master'. Women got the right to vote after the First World War. Other rights followed more slowly. Today women are still not really equal in all respects.

In some industries, women make up around half the labour force. The food and clothing industries are examples. Women do a lot of 'assembly line work' in the car and electrical industries, but they often get less money than men even when they are doing the same job. The pay difference can be as great as 20%.

In 1900 the only professional jobs open to women were in teaching. There were no women lawyers, engineers or architects. No women had high positions in politics. Today, women seem to have the best professional chances in education, as teachers and professors, in medicine, as doctors, and in journalism, where some even write about such 'unfeminine' things as sports, business and aviation. There are a number of women solicitors and even a few women barristers. Other good jobs for women can be found in the 'new industries' like computers. Many of the top computer programmers and specialists are women. Women are slowly winning some of the top positions in politics. Since about 1964 all the governments have had at least one woman as a Minister.

Teacher: "I wonder what your mother would say if she knew how backward you are in geography?"
Girl: "Oh, my mother says she never learnt jogfry and she's married, and Aunt Sally says she never learnt jogfry and she's married; and you did and you ain't."

Many teenagers marry for the wrong reasons – because they want to get away from strict parents, because they think they are in love. But being in love is a romantic feeling which often disappears very quickly. A lasting marriage is one of two people who have not only common interests but also deep respect und true love for each other. It takes experience to recognize which is the right person for you, with whom you can happily spend the rest of your life. It is silly to marry the first person you meet and like.

The financial difficulties of teenagers who marry are very great. It is just not true that two can live as cheaply as one. If a man marries too early he is not free to move to another town, to another job. His young wife might be expecting a baby, and finding a new home might be too expensive. His whole career might be spoilt by an early marriage. The young wife has no longer the money to buy pretty dresses, to go to the hairdresser. All the money has to be saved for furniture, for the home, for the children. Foreign travel is out of the question. Many teenage couples have not enough money to buy or rent a flat of their own and have to live in one furnished room or with their parents.

Isn't it absurd to use the term teenager in this debate? A girl of 16 and a boy of 17 are teenagers; and at that age they are no more than half-grown-up children and usually still immature. A girl of 17 and a boy of 19 are also a teenage couple, and at that age they may be quite responsible and adult.

At present teenagers are not only earlier mature in body. They also get financial independence much earlier than their parents did. It is just nonsense to say that teenagers cannot afford to get married. After all, they can both go out to work, and so their income will not be much smaller than that of an older couple. If they marry at 18 or 19, they can prepare for this by saving up for a year or two before their marriage. Not all teenagers are university students. Many have finished their training by the time they are 18.

As for being successful in your career – a young loving wife will encourage her husband, give him an aim, make him more ambitious. A young married man is therefore more likely to succeed in his career than a gay bachelor.

reasons for marrying early		reasons against marrying early
wish for early independence		
living one's own life		often rash decisions – regretted later
fear of getting too old (girls)	◄──── group ────►	education and careers often affected
being in love		lack of money
having found the right partner		
young people earlier mature than		love may not last
in former times		lack of experience in living together
earlier financial security	◄──── text ────►	problem of finding accomodation
better career chances		no money left for dresses or
(young husbands!)		hairdresser (young wife!)

Text type: written argumentation/comment

● text type markers   qualifying adjectives/   : silly, absurd   ⎰ emphatic,
                                    statements   nonsense, not true   ⎱ emotive
                                                                              language

                        adverb of attitude   : just

                        generalization   : usually

                        rhetorical question

                        repetitions

● sentence links/   reason   : because
   signals
                        contrast   : but

                        result/conclusion   : therefore

183

(11/1)   Women's liberation

Martin, Ruth, Helen, Robert and Gordon are discussing the Women's Liberation
Movement. They agree that the demand for equal pay for equal work is valid,
but what about women who stay at home? Is it right to say that housewives are
trapped?

Martin: You can say a lot of women are tied to the kitchen sink. On the other
hand they are free from the necessity to work.

Ruth: To work? In what sense?

Martin: To work in the sense of work carrying responsibility; earning a living
5   supporting a family.

Ruth: D'you think their work in the home *doesn't* carry responsibility?

Martin: Yes, but they are free from the responsibility of actually going *out* to
work.

Helen: Is that a responsibility? If you go out to work and sit and file papers
10   all day is that more responsible ...

Martin: Yes, but you're faced with the responsibility of the mortgage, the ...

Ruth: It's your own choice *though*.

Martin: Yes, it's easy to say that to people after they've been trapped, but
freedom of choice just disappears after a while. Women get trapped
15   by children, the house; men get trapped by their jobs, the mortgage,
the burden of it all. To say one lot is more privileged than the other
lot is nonsense.

Gordon: But to pretend that you can go through life without being trapped in
any way, to want this complete freedom is just a misconception of
20   what life's all about.

Martin: Yes, sure.

Ruth: At least you're given the freedom to choose which trap you're going
to let yourself fall into.

Robert: All this is very nice theory but it ignores the basic fact that the woman
25   is designed by nature to have and look after children.

Ruth: Well, I agree. I couldn't possibly dispute 'have' (*laughter*) but I could
dispute 'look after' ...

Argumentative structure
of a dialogue

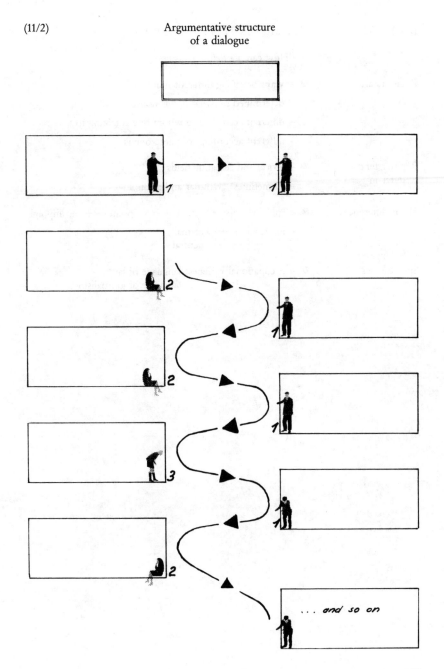

... and so on

GEPLANTER TAFELANSCHRIEB

How can we define registers?

Registers are   ● - ways of saying different things
                         - determined by what one is doing
                         - different according to whom one is talking to
                         - different according to where one is

Register tend   ● - lexical and semantic fields
to differ in   - (sometimes) grammar and phonology

Major differences   ● - spoken ⟷ written   polite ⟷ impolite
are   - informal ⟷ formal
                               └──────── neutral

Special cases   ● - occupational varieties: language of law
are   language of journalism
                                                  etc.

PROJECT

10

The family in Britain today
How can we describe the typical family of our time in Britain?

1 Husband and wife marry at a fairly early age. The most common age for marriage in 1968 was twenty-one for men and women.

2 The family usually has a home of its own.

3 Children are 'planned for' and birth control is used to limit the family's size. The typical family has two or three children, compared with six or seven a century ago.

4 The family is 'nuclear'; that is, it lives apart from the closest relatives.

5 Husband and wife are generally regarded as equal partners. They discuss family affairs together and often make a joint decision. Their marital relationship is based on trust.

6 The family 'pays its own way'. It is, however, supported by the government, which provides for families in its social services.

7 It is 'child-centred', in that it is generally accepted that the children's needs come first.

*

Families differ in type and behave in different ways. Sociologists in our country often distinguish between two types of family in terms of size.

The nuclear family. This is a small family where husband and wife live alone with their children. No close relatives live in the household or as immediate neighbours.

The extended family. This is the larger family in the sense that one or more close relatives live in the same household with the husband, wife and children.

What you have to do

1. Make a list of words and expressions referring to the family and family relationship.
   – written assignment

2. Do you think that the situation in Germany is similar?
   – oral assignment

"Don't get up, dear, it's Mother's Day—I'll go down and make the tea."

Sunday Express, March 5th, 1967

ROLES WHO USUALLY DOES WHAT?

A SURVEY

There is a lot of discussion nowadays about the changes in relationships. The roles played by men and women within families are changing too.

What is the situation like in your country?
Use the chart.

1. Work with a partner and find out the situation in his/her family.
2. Interview people from different generations (you may need to do this in your own language).
3. Write up your findings and report back to your group. Then discuss in your group your ideas about what roles people should ideally play in a relationship.

WHO DOES, OR SHOULD DO, THESE THINGS?	PARTNER			OTHER PEOPLE		
	WOMAN DAUGHTER	MAN SON	IT DOESN'T MATTER	WOMAN DAUGHTER	MAN SON	IT DOESN'T MATTER
Put the children to bed						
The weekly shopping						
Washing-up after meals						
Serve meat						
Choose new furniture						
Keep accounts and pay bills						
Get up first if there is a strange noise at night						
Drive the car						
Cook the meals						
Clean the house						
Buy new clothes for the family						
Do the laundry or go to the launderette						
Wash the car						
Sew and darn						
Repair things in the house						
Choose TV programmes						
Decide on children's education						
Decide on what the children are allowed to do						
Financial support						

? What is the situation like in Germany? Who does, or should do, these things in the family?

1. Work with your partner and tick off his/her answer, then it's your turn to answer him/her.

2. Write up your findings together and report back to the group.

3. You might interview people from different generations and compare the answers with the classroom findings.

189

Husbanding the Chores

In an age of feminism, what better question to ask than which nation's husbands most dutifully help their wives with common household chores? After interviewing 8,791 West European men and women for a European Commission survey on attitudes toward the feminist movement, a group of polling organizations summed up results of what had been called "a test of truth."

On a scale of responses that included "often," "sometimes" and "never," British husbands claimed that they were the most helpful with such chores as preparing meals, washing dishes, changing diapers or staying at home with a sick child. Forty-eight percent boasted they shared household chores often, 39% said sometimes, and 12% never. By contrast, a paltry 15% of the Italian men polled said they often helped, 54% sometimes, and 30% shamelessly admitted they never gave any help at all.

These responses were compared with those of wives who were asked the same questions about their husbands. British women said that their mates had exaggerated by 10%. But the award for self-serving hyperbole went to the Italian husbands, who overstated their claims by as much as 21% – the worst record in the European Community. Of all the Europeans, Danish men turned out to be the most truthful as well as the best husbands in the eyes of their wives, 37% of the men helping often with the most onerous household chores. Belying the notion that Danes are melancholy, Denmark's men and women actually professed to be the happiest of all Europeans. A result of doing dishes?

Choose the answer to each question that *comes nearest* to your own standpoint. Be honest!

1. *Would you give a little girl a toy gun as a present?*

a) No, guns are not suitable for girls.
b) I wouldn't give a war toy to any child, boy or girl.
c) Why not? If boys can play with guns, girls can too!

2. *What would you think of a little boy with a doll?*

a) What's so strange about a little boy with a doll?
b) Good! Nobody is trying to turn him into a 'tough guy'.
c) His mother must have really wanted a girl!

3. *On a camping trip, should a girl sew on a shirt button for a boy?*

a) Yes, boys are no good at this sort of thing.
b) No need — anything a girl can do, a boy can do better!
c) If he still can't do it himself, it would be better to show him how!

4. *Why do more boys than girls choose to study science?*

a) Because girls are no good at logical thinking.
b) Girls are usually better at languages than at science.
c) Because they are brought up so differently.

5. *Should girls have to do military service?*

a) Yes. If boys have to do this, then girls should, too.
b) No. Having babies later on is their service to the nation.
c) No. Army life is too hard for girls.

6. *Would you prefer to go to a male or female dentist?*

a) I'd have more confidence in a man.
b) I'd choose a woman. To overcome all that prejudice she must be good!
c) I'd toss a coin.

7. *At what age do men / women look their best?*

a) Both sexes in their twenties.
b) A man between 30 and 40, a woman between 20 and 30.
c) This varies from person to person in both sexes.

8. *A married couple both love their jobs and hate housework. She earns a little more than he does. Who should take care of the children?*

a) The wife — children need a mother's full attention.
b) The husband, because he has less to lose financially.
c) They should share or take turns.

1	2	3	4	5	6	7	8
a) 0	a) 2	a) 0	a) 0	a) 3	a) 0	a) 2	a) 0
b) 2	b) 3	b) 0	b) 1	b) 1	b) 3	b) 0	b) 3
c) 3	c) 0	c) 2	c) 3	c) 0	c) 2	c) 2	c) 2

0–2: Your prejudices are going to be hard to change, as the traditional roles of the sexes seem to suit you very well. But are you sure they're right for everybody?

3–8: You have so many fixed ideas about what boys/girls are or should be like that you have difficulty in seeing them as *people*. Try opening your eyes — and your mind.

9–13: You're pretty average — you've picked up a prejudice or two about the sexes, but you are beginning to think for yourself.

14–19: You're not prejudiced — you accept people as individuals, not as members of a group. If there were more like you, the world would be a happier place.

20–22: You are very conscious of the sexism in the world around you, and are doing your best to fight it. Keep it up, but don't lose sight of other values!

Literaturverzeichnis

Primärquellen

Abbs, B. et al.: *Challenges. A multi-media project for learners of English.* London [2]1979.
Abbs, B. et al.: *Strategies. Integrated English Language Materials.* London, [3]1977 (mit Tonträger).
Alexander, L. G. et al.: *Mainline Skills A.* Norwich, 1975 (mit Tonträger).
The Centre for British Teachers Limited (Ed.): *A Matter of Opinion. Students' Book.* London, [2]1978.
Fisch, G. et al.: *Advanced Modern Practice.* Stuttgart, 1978.
Groombridge, J.: *His and hers. An examination of masculinity and femininity. Connexions.* Harmondsworth, [2]1978.
Good English 5, Gymnasium, 1979.
Learning English - Modern Course, Gym 6, 1979.
Lewis, J. W.: *People Speaking. Phonetic Readings in Current English.* Oxford, Berlin, 1977 (mit Tonträger).
O'Neill, R., Scott, R.: *Viewpoints. Interviews for listening comprehension.* London, new impr., 1977 (mit Tonträger).
Orton, E., Stoldt, P.: *Discussing and Debating.* Stuttgart, 1977.
Sunday Express & Daily Express Cartoons, Twenty-first Series and Twenty-third Series. London, o.J.
Time, May 7, 1979; June 18, 1979.
Watcyn-Jones, P.: *Impact. English for Social Interaction.* Harmondsworth, 1979.

Sekundärliteratur

Corder, S. P.: *Introducing Applied Linguistics.* Harmondsworth, repr. 1977.
Digeser, A.: „Zeitgemäße Texte vom dritten und vierten Lehrjahr ab". *Neusprachliche Mitteilungen* 24, 1971, 168–174.
Glaap, A. R.: „Die neueren Sprachen in der Reform der Sekundarstufen I und II". *Neusprachliche Mitteilungen* 30, 1977, 1–9.
Hönle, D.: „Themabezogene, projekt-orientierte Unterrichtseinheiten (‚Bausteine') für die Sekundarstufe I". *Neusprachliche Mitteilungen* 29, 1976, 4–5.
Müller, R. M.: „Kommunikative Kompetenz und Arbitrarität – Pragmalinguistische Irrwege der Fremdsprachendidaktik". *Linguistik und Didaktik* 8, 1977, 63–77.
Piepho, E.: *Englischunterricht in Stundenskizzen.* Heidelberg, 1979.
Sülzer, B.: „Auswahl und Behandlung nicht-fiktionaler Texte im fremdsprachlichen Unterricht der Sekundarstufe II". *Neusprachliche Mitteilungen* 28, 1975, 213–236.
Vorläufige Richtlinien Englisch. Gymnasium Sekundarstufe I. Eine Schriftenreihe des Kultusministers. Köln, 1978.

Sources

- 1/1, 14/2 From *Time,* May 7, 1979; June 18, 1979, Repr. by kind permission of Time-Life International.
- 2/1, 3/2, 4/1, 5/1, 5/2. From Groombridge, J.: *His and Hers.* Harmondsworth, ²1978, S. 4f, 3f, 11, 12f. Repr. by kind permission of Penguin Books Ltd.
- 6/3. From Groombridge, J.: *His and Hers.* Harmondsworth, ²1978, S. 15. Repr. by kind permission of Penguin Books Ltd., London and *The Sun,* News Group Newspaper Ltd.
- 6/4, 9/3. From the Centre of British Teachers Ltd. (Ed.): *A Matter of Opinion.* London, ²1978, S. 26. Repr. by kind permission of The Centre of British Teachers Ltd.
- 6/5. From *Good English 5, Gym,* S. 35. Repr. by kind permission of Schroedel Schulbuchverlag GmbH, Hannover.
- 8/1, 9/1, 9/2, 14/2. From *Learning English. Modern Course. Gym 6.* Stuttgart, 1979, S. 77, 78, 79. Repr. by kind permission of Ernst Klett Verlag, Stuttgart.
- 10/1. From Stoldt, P., Orton, E.: *Discussing and Debating.* Stuttgart, 1977, S. 61f. Repr. by kind permission of Ernst Klett Verlag, Stuttgart.
- 11/1. From Alexander, L. G. et al.: *Mainline Skills, A.* Norwich, 1975, S. 13. Repr. by kind permission of Longman Group Ltd., Harlow.
- 12/2, 13/2. From Abbs. B. et al.: *Challenges.* London, ²1979, s. 34. Repr. by kind permission of Longman Group Ltd.

Publications Received

Arntz, R., Picht, H.: *Einführung in die übersetzungsbezogene Terminologiearbeit.* Hildesheim, Georg Olms Verlag, 1982, 238 S.

Fachsprachen stehen im Mittelpunkt der übersetzerischen Arbeit und sind ein wichtiger Gegenstand der Übersetzerausbildung. Die Zahl der Fachsprachen und der Umfang ihrer Fachwortbestände (Terminologien) nehmen ständig zu.
Systematische Terminologiearbeit ist daher eine Grundvoraussetzung für ein korrektes Übersetzen von Fachtexten. Darum sollte sich der praktisch tätige Fachübersetzer – ebenso wie der Fachsprachenstudent – mit den Prinzipien der Terminologielehre und den darauf aufbauenden Methoden der übersetzungsbezogenen Terminologiearbeit vertraut machen.
Schwerpunkte des Buches sind: Funktionen, Strukturen und Entwicklungstendenzen der Fachsprachen; Terminologische Grundsätze und ihre Anwendung in der Praxis; Terminologie und Sprachvergleich; Terminologische Lexikographie; Anleitung zur Anfertigung terminologischer Arbeiten; Dokumentationssysteme und Datenbanken.

Buttjes, D. (Ed.): *Landeskundliches Lernen im Englischunterricht.* Zur Theorie und Praxis des inhaltsorientierten Fremdsprachenunterrichts. Paderborn, Verlag Ferdinand Schöningh, 1980 (= Informationen zur Sprach- und Literaturdidaktik, Bd. 25), 296 S.

Der Sammelband, eine Gemeinschaftsarbeit von Fremdsprachendidaktikern, Literaturwissenschaftlern und Pädagogen aus Schule und Hochschule, enthält ausschließlich Originalbeiträge. Im allgemein methodischen Teil werden didaktische Fragen der Inhaltsorientierung des Fremdsprachenunterrichts durch die Landeskunde erörtert. Die Unterrichtsmodelle geben Anregungen und Materialien für landeskundliche Unterrichtseinheiten im Englischunterricht aller Klassenstufen und Schularten der Sekundarstufe. Die acht Beiträge aus der Praxis reichen von der kommunikativen bis zur reflektiven Landeskunde und schließen aktuelle Probleme englischsprachiger Gesellschaften nicht aus.
Umfangreiche Bibliographien zur Landeskunde im Englischunterricht erleichtern den Zugang zur weitläufigen wissenschaftlichen Diskussion und zu weniger bekannten Unterrichtsmodellen.

Franck, Th.: *Die technische Übersetzung – Englisch.* Lehrbuch für die Praxis auf sprachtheoretischer Grundlage. Essen, Verlag W. Girardet, 1980. 200 S.

Das Lehrbuch wendet sich an Leser, die ihre Englischkenntnisse um die technische Fachsprache erweitern wollen. Stoff und Umfang des Buches sind auf einen einsemestrigen Kursus ausgerichtet. Ausgewählt wurden die Gebiete Dieselmotoren und Gasturbinen. Der gebotene Wortschatz umfaßt etwa 1000 Wörter; dieser Grundstock bietet eine breite Basis für die Weiterarbeit. Besonderer Wert wird auf das Grundsätzliche in der Fachsprache und beim Übersetzen gelegt, so daß der Benutzer lernt, die gewonnenen Kenntnisse auf verschiedene Gebiete zu übertragen.

Zur Einführung wird jedem Kapitel ein englischer Text vorangestellt. Ihm folgen Erläuterungen, in denen neueingeführte Begriffe im sprachlichen und fachlichen Zusammenhang erklärt werden. Anhand eines Übersetzungsvorschlags kann der Student auch ohne Anleitung eines Dozenten eine Erfolgskontrolle durchführen. Zudem kann dieser Übersetzungsvorschlag auch als Grundlage für weitere Übungen benutzt werden. Den Abschluß eines Kapitels bildet jeweils ein zusätzlicher Text mit ähnlicher Thematik (mit knappen Hilfen, ohne Übersetzungsvorschlag), an dem der Student nun selbständig das Gelernte anwenden und erproben soll.

Methodisch geht das Lehrbuch von der Voraussetzung aus, daß eine zu übersetzende Information von drei Komponenten bestimmt ist:

1. sprachliche Bedeutung,
2. Kontext,
3. Situation.

Das Buch gibt dem Studenten die Möglichkeit, während der Ausbildung seine sprachlichen Fähigkeiten im Hinblick auf seine spätere Berufspraxis zu vervollständigen.

Goetsch, P., Müllenbrock, H.-J. (Eds.): *Englische Literatur und Politik im 20. Jahrhundert.* Wiesbaden, Akademische Verlagsgesellschaft Athenaion, 1981 (= Athenaion Literaturwissenschaft, Bd. 17), 196 S.

Der Band gibt einen repräsentativen Überblick über die Stellungnahmen englischer Literatur zu den wesentlichen politischen Strömungen seit der Jahrhundertwende. Insofern darf er in der deutschsprachigen Anglistik als erster Versuch gelten, das Verhältnis zwischen Literatur und Politik im England des 20. Jahrhunderts umfassend, wenn auch nicht lückenlos, darzustellen.

Drei Übersichtsartikel über die Zeit vor dem Ersten Weltkrieg, die Epoche zwischen den Weltkriegen und die Nachkriegsära stecken den historischen Rahmen ab, erläutern die zeitgeschichtlich bedingten Möglichkeiten der Verknüpfung von Literatur und Politik und gewährleisten eine Synthese. Beiträge zu Autoren wie Yeats, Eliot, Lawrence, Huxley, Shaw, Auden, Orwell und Wesker würdigen das politische Engagement einzelner wichtiger Schriftsteller unter Aufweis spezieller Aspekte. So treten die Schwerpunkte der politisch orientierten englischen Literatur des 20. Jahrhunderts anschaulich hervor.

Gnutzmann, C. et al. (Eds.): *Kongreßdokumentation der 9. Arbeitstagung der Fremdsprachendidaktiker.* Bd. 1, Tübingen, Gunter-Narr-Verlag, 1982, 270 S., Bd. 2, Hannover, C.T.-Verlag, 1982, 316 S.

Der 9. Fremdsprachendidaktiker-Kongreß vom 28. bis 30. 9. 1981 in Hannover wird in zwei Bänden dokumentiert:

Im vorliegenden Band, der Kongreßdokumentation I, sind die vier Hauptvorträge und die Berichte aus den elf Arbeitsgemeinschaften veröffentlicht.

Der zweite Band (erschienen unter dem Titel *Nachpublikation* und erhältlich als Offset-Druck über CT-Verlag, Callinstr. 4, 3000 Hannover) enthält eine Auswahl der Vorträge und die Diskussionen aus dem freien Sektionsprogramm, den Eröffnungsvortrag zur Fremdsprachenpolitik sowie Beiträge zur Planung und Auswertung dieses Kongresses.

Aus dem Inhalt:

Blankertz, H.: Fremdsprachenunterricht und europäische Bildungstradition.
Enkvist, N.: Structure, process, teleology, rhetoric.
Holbrook, D.: The creative approach to English teaching.
Krebs, G.: Culture et communication: Les objectifs de l'enseignement des langues vivantes: Regards sur la situation actuelle en France.
Krohn, D. / Doyé, P.: Wissenschaftliche Grundlegung der Fremdsprachendidaktik – Empirische Forschung.
Hunfeld, H.: Textdidaktik.
Gnutzmann, C. / Stark, D.: Angewandte Linguistik – Grammatikunterricht.
Keiner, D. / Köhring, K. H.: Landeskunde: Politische Bildung im Fremdsprachen-unterricht.
Heuer, H.: Psychologische Grundlagen des Fremdsprachenunterrichts.
Hellwig, K. / Sauer, H.: Lerngruppenspezifischer Englischunterricht. Didaktik des Englischunterrichts in Lerngruppen mit schwierigen Voraussetzungen.
Siekmann, M. / Stephan, G.: Lehrwerk zwischen Fachwissenschaft, Fachdidaktik und Unterricht.
Erdmenger, M.: Alternative Lehrmaterialien und Medienverbund.
Jarman, F. / McLaughlin, R.: "Native Speakers" und Fremdsprachenerlernung/-ausbildung.
Schwerdtfeger, I. Chr. / Wilms, H.: "Deutsch als Fremdsprache" als Aufgabengebiet der Fachdidaktik.
Leitner, G.: Fremdsprachenbedarf in Industrie und Handel.

Heitmann, H.-D.: *Dramaturgie des Raumes*. Eine literaturkritische Analyse an Hand von Harold Pinters "comedies of menace". St. Augustin, Verlag Hans Richarz, 1982 (= Reihe Duisburger Studien, Bd. 8), 328 S.

Ausgangspunkt von Heitmanns Monographie war die Beobachtung, daß die Aufwertung der Bühnenwirklichkeit, wie sie für das zeitgenössische Drama typisch ist, mit literaturwissenschaftlichen Methoden bislang nicht erfaßt wurde. Daher widmete er den ersten Teil seiner Untersuchung der Erstellung eines Modells, das sich zur Analyse des dramatischen Raums eignet.
Im zweiten Teil diskutiert er mit den gewonnenen Kategorien Pinters Stücke *The Room, The Dumb Waiter, The Birthday Party* und *A Slight Ache*. Dabei geht er nicht nur auf den Aspekt des Raumes ein, sondern prüft, welche Funktionen jeweils der Schaubühne, der Spielbühne und der Sprechbühne zukommen. Heitmann zeichnet nach, wie sich die Pintersche Ausgangssituation *man/room/visitor* im Verlauf der Handlungen zu einem vielschichtigen *scenic image* verdichtet, das realen Innenraum mit einem irrealen Außenraum konfrontiert.

Hunfeld, H. (Ed.): *Literaturwissenschaft – Literaturdidaktik – Literaturunterricht: Englisch*. II. Eichstätter Kolloquium zum Fremdsprachenunterricht 1981. Königstein/Ts., Scriptor Verlag, 1982 (= Monographien Fremdsprachentheorie und Praxis ihrer Didaktik, Bd. 11), 304 S.

Das II. Eichstätter Kolloquium setzt die 1977 begonnene Diskussion um Probleme der Fremdsprachendidaktik fort. Vertreter der englischen Literaturwissenschaft und -didaktik beleuchten aus der Sicht ihrer Fächer Grundfragen des englischen Literaturunterrichts.

Der Band umreißt den Zusammenhang zwischen der universitären Ausbildung und der praktischen Arbeit des Lehrers und setzt neue Akzente für den englischen Literaturunterricht.

Mit Beiträgen von Rüdiger Ahrens, Günther Blaicher, Lothar Bredella, Wilfried Brusch, Willi Erzgräber, Peter Freese, Albert-Reiner Glaap, Marianne Häuptle-Barceló, Bernd Kahrmann, Franz Kuna, Ruth Freifrau von Ledebur, Uwe Multhaup, Helmut Schrey, Gottfried Schröder, Kuno Schuhmann, Hans Ulrich Seeber, Hans Weber und Egon Werlich.

Kirchner, G. et al.: *The American Dream.* Myth and Reality in Contemporary America. Frankfurt/M., Verlag Moritz Diesterweg, 1982, 80 S. (mit Key, 32 S.).

Das Heft geht auf den gesamten Fragenkomplex *The American Dream* ein, vor allem, was Mythos und Wirklichkeit anbetrifft. Die Problem- und Fragestellungen wurden so ausgewählt, daß sie auch ein Licht auf den engeren Erfahrungsbereich der Schüler werfen und in den fremden Problemen die des eigenen Landes miterkennen lassen.

Macht, K.: *Leistungsaspekte des Englischlernens.* Die Leistungsanforderungen an den Lernenden im Fach Englisch. Frankfurt/M., Verlag Moritz Diesterweg, 1982, 251 S.

Da das Erlernen einer Fremdsprache in der Bundesrepublik Deutschland größtenteils im Rahmen eines institutionalisierten Schulfaches geschieht, verbinden sich mit diesem Lernprozeß Zwänge, die nicht so sehr aus dem Lerngegenstand selber als vielmehr aus den Forderungen entspringen, die an die Institution Schule seitens verschiedener Interessengruppen herangetragen werden. Englischlernen in diesem Sinne heißt, bestimmten Leistungserwartungen der Gesellschaft genügen.

Der in der Reihe *Schule und Forschung* neu erschienene Band macht sich zur Aufgabe, dem Wandel dieser Leistungserwartungen im Verlauf der letzten 150 Jahre nachzuspüren und dabei zu demonstrieren, daß die Unterwerfung unter äußeren Leistungszwang eine ernste Gefahr für die pädagogische Sinnhaftigkeit des Englischlernens darstellt.

Müller, W. G.: *Topik des Stilbegriffs.* Zur Geschichte des Stilverständnisses von der Antike bis zur Gegenwart. Darmstadt, Wissenschaftliche Buchgesellschaft, 1981 (= Impulse der Forschung, Bd. 34), 209 S.

Das Buch stellt die Geschichte des Stilverständnisses von der Antike bis zur Gegenwart unter erstmaliger Anwendung der topologischen Methode an dem Begriff des Stils dar. Im Mittelpunkt stehen der Topos der personalen Identifikation durch den Stil und das Bild vom Stil als der Einkleidung der Gedanken. Die Topoi werden in Rhetoriken, Poetiken, Stilistiken, aber auch in literarischen Werken, z. B. bei Montaigne,

Pope, Sterne, Carlyle, Proust, Rilke, Eliot und Joyce nachgewiesen. Das Zentrum der Studie bildet die Darstellung der Wandlung der Stilauffassung von der Renaissance bis zum 20. Jahrhundert.

Poenicke, K.: *Der amerikanische Naturalismus: Crane, Norris, Dreiser.* Darmstadt, Wissenschaftliche Buchgesellschaft, 1982 (= Erträge der Forschung, Bd. 167), 154 S.

Von den zentralen Thesen Taines, Zolas, Darwins und Spencers leitet die Studie über zu den gesellschaftlichen und literarischen Rahmenbedingungen des Naturalismus in Amerika und schließlich zu dessen Hauptvertretern Crane, Norris und Dreiser. Für jeden von ihnen wird zunächst die Forschungslage charakterisiert und dann die Geschichte der naturalistischen Rezeption in ihren wichtigsten Argumentationsschüben verfolgt und bis in die jüngste Zeit hinein fortgeschrieben.

Schuhmann, K., Möller, J.: *Jonathan Swift.* Darmstadt, Wissenschaftliche Buchgesellschaft, 1981 (= Erträge der Forschung, Bd. 159), 245 S.

Der Band orientiert sich am Informationsbedürfnis des Studenten und interessierten Laien. Er unternimmt eine systematische Vorstellung vor allem neuerer Literatur zu Werk und Person Swifts und versucht, Entwicklungslinien aufzuweisen und Desiderate zu benennen. Nach einer kritischen Sichtung von Editionen, Einführungen und Gesamtdarstellungen werden Aspekte des politischen und religiösen Kontextes diskutiert. Bei den Spezialuntersuchungen stehen Arbeiten über Satiren, Gedichte und Briefe im Mittelpunkt. Eine ausführliche Dokumentation findet sich im Literaturverzeichnis.

Ulmer, G., Rieger, V.: *Living One's Life.* A Contemporary Literary Reader. Frankfurt/M., Verlag Moritz Diesterweg, 1982, 187 S. *(Handreichungen für den Lehrer, 35 S.)*

Der Forderung nach einem vielseitigen Angebot von Literatur im Fremdsprachenunterricht auf der Sekundarstufe II wird mit diesem neu erschienenen literarischen Lesebuch Rechnung getragen:
Der Band enthält Texte zeitgenössischer britischer und amerikanischer Autoren, die den Schüler zur selbständigen Lektüre anregen und zur Erweiterung und Bereicherung der eigenen Lebenserfahrung beitragen sollen. – Den Texten vorangestellt sind kurze biographische Angaben zum Autor sowie Erläuterungen zum Text; Fragen und Impulse in Form von 'Problems' schließen an den Text an.
Die *Handreichungen für den Lehrer* geben direkt verwertbare Hilfen für die Unterrichtsvorbereitung. Es sind dies im wesentlichen drei Grundtypen von Unterrichtshilfen:
1. Der ausformulierte Erwartungshorizont, der sowohl vom Inhalt als auch von der sprachlichen Gestalt her als 'ideale' Schülerleistung z.B. bei der schriftlichen Aufgabenstellung aufgefaßt werden kann.
2. Der Kommentar für den Lehrer mit Interpretationsvorschlägen, weiterführenden sachlichen Hinweisen, Informationen und Vorschlägen für das Unterrichtsgespräch.
3. Die strukturierte Darstellung von 'key-words', 'stepping-stones' oder graphischer Anordnung, die einen möglichen Tafelanschrieb (Folienanschrieb etc.) vorskizziert.

Ulrich, P.-S.: *Wie finde ich anglistische Literatur.* Berlin, Berlin-Verlag, 1980 (= Veröffentlichungen des Instituts für Bibliothekarausbildung der Freien Universität Berlin, Bd. 28) (= Orientierungshilfen, Bd. 10), 310 S.

Ulrich, P.-S.: *Wie finde ich Literatur zur amerikanischen Literatur.* Berlin, Berlin-Verlag, 1981 (= Veröffentlichungen des Instituts für Bibliothekarausbildung der Freien Universität Berlin, Bd. 29) (= Orientierungshilfen, Bd. 17), 285 S.

Das Institut für Bibliothekarausbildung der Freien Universität Berlin führt in seiner Reihe 'Orientierungshilfen' auch zwei Bände, die Anglisten und Amerikanisten bei (fast) allen Problemen der Literaturermittlung helfen können und nützliche Ratschläge zur formalen Gestaltung von Literaturverzeichnissen geben. Die Bände sind so angelegt, daß sie auch ohne bibliothekarische Grundkenntnisse gut verständlich sind, und schreiten vom Einfachen zum Detailwissen vor. Inhaltsverzeichnis und Register sind beide detailliert genug, um bei speziellen Problemen ein gezieltes Nachschlagen zu ermöglichen.

Aus dem Inhalt: Was wird in Bibliotheken bereitgehalten? Bibliothekstypen; Leihverkehr; Benutzungsbereiche einer wissenschaftlichen Bibliothek; Wie ist die Literatur in Bibliotheken – eigene und fremde – erschlossen? Allgemeine Auskunftsmittel wie Enzyklopädien, Real- und Werklexika, Universal- und Epochendarstellungen, Stoff- und Motivwörterbücher, Biographien, Abkürzungsverzeichnisse, Buchpreise, Erstausgaben, Pseudonyme, Übersetzungen, Bildnisnachweise, Nachweise laufender Forschung; Literaturauskunftsmittel wie Buchhandelsbibliographien, Hochschulschriftennachweise, Zeitschriftenbibliographien, Rezensionsbibliographien, Nationalbibliographien, Fachbibliographien; Commonwealth-Literatur; Linguistik; Theater; Pädagogik; Soziologie; Literaturgeschichte; Zeitschriften; Suchstrategien; Hilfsmittel zur Studientechnik; Formale Gestaltung schriftlicher Arbeiten.

Wilss, W. (Ed.): *Übersetzungswissenschaft.* Darmstadt, Wissenschaftliche Buchgesellschaft, 1981 (= Wege der Forschung, Bd. 535), 414 S.

Dieser Sammelband will der Tatsache Rechnung tragen, daß die Übersetzungswissenschaft in den letzten zwanzig Jahren einen großen Aufschwung genommen und sich als neue Teildisziplin der synchronvergleichenden Sprachwissenschaft etabliert hat.

Anschriften der Autoren

Prof. Dr. Hans-Jürgen Diller. Englisches Seminar der Ruhr-Universität Bochum. Universitätsstraße 150, 4630 Bochum 1.

Dr. Edith Hambach. Grüner Weg 18, 5160 Düren.

Dr. Peter Hasenberg. Englisches Seminar der Ruhr-Universität Bochum. Universitätsstraße 150, 4630 Bochum 1.

Prof. Dr. Jürgen Klein. Gesamthochschule Siegen. Fachbereich 3: Sprach- und Literaturwissenschaften. Anglistik / Amerikanistik. Adolf-Reichwein-Straße, 5900 Siegen 21.

Dr. Erwin Otto. Englisches Seminar der Ruhr-Universität Bochum. Universitätsstraße 150, 4630 Bochum 1.

Priv. Doz. Dr. Dieter Petzold. Institut für Anglistik und Amerikanistik der Universität Erlangen-Nürnberg. Bismarckstraße 1, 8520 Erlangen.

Dr. Bruno Schleußner. Universität Stuttgart. Institut für Literaturwissenschaft. Schloßstraße 26, 7000 Stuttgart 1.

Dr. Ferdinand Schunck. Englisches Seminar der Ruhr-Universität Bochum. Universitätsstraße 150, 4630 Bochum 1.

Prof. Dr. Gerd Stratmann. Englisches Seminar der Ruhr-Universität Bochum. Universitätsstraße 150, 4630 Bochum 1.

Dr. Peter Wenzel. Englisches Seminar der Ruhr-Universität Bochum. Universitätsstraße 150, 4630 Bochum 1.

Barthelme, D.: "A City of Churches". - In Barthelme, D.: *Sadness,* New York, 1972. Reprinted by kind permission of Farrar, Strauss & Giroux, Inc., New York.

Brand, Ch.: "Aren't Our Police Wonderful?" - In Vickers, R. (Ed.): *Best Police Stories.* London, 1966. Reprinted by kind permission of Mohrbooks, Zürich.

Dahl, R.: "The Wish". - In Dahl, R.: *Someone like you.* Harmondsworth, 1970. Reprinted by kind permission of Mohrbooks, Zürich.

Hughes, R.: "The Ghost". - In Hughes, R.: *A Moment of Time.* London, 1926. Reprinted by permission of the Author's Literary Estate and Chatto & Windus Ltd., London.

Munro, H.H. (Saki): "Mrs Packletide's Tiger". - In Mansfield, R., Newson, K. (Eds.): *Contrast II. Short Stories: Dorothy Parker. Saki.* Oxford, 1969. Reprinted by kind permission of The Bodley Head Ltd., London.

Thurber, J.: "The Rabbits Who Caused All The Trouble". Reprinted by kind permission of Helen Thurber. Copr. © 1940 James Thurber. Copr. © 1968 Helen Thurber. From *Fables for our Time,* published by Harper & Row.

Updike, J.: "Dear Alexandros". - In Updike, J.: *Pigeon Feathers and other Stories.* New York, 1965. Reprinted by permission of John Updike, by permission of Alfred A. Knopf, Inc., New York.

Zu den Autoren Ronald Duncan ("When We Dead Awaken"), W. Tenn alias Dr. Ph. Klass ("Project Hush") und W. Stanton ("Barney") konnten die Herausgeber trotz intensiver Bemühungen bislang nicht in Kontrakt treten. Für entsprechende Hinweise ist die Redaktion dankbar.

Neue Lektüren für die Sekundarstufe II bei Klett

Great Fantasy Stories

Thurber, Tolkien, Carroll, Lear, Irving, Sendak, 3 Folktales
Klettbuch 5772, DM 4,60
Compact-Cassette (Thurber, Carroll, Lear, 2 Folktales),
Klettnummer 57727, DM 18,-- ⊗
Model Interpretations von Reinbert Tabbert
Klettbuch 57723, DM 16,20

Das Heft enthält Beispiele phantastischer Literatur angefangen vom Volksmärchen (Jack and the Beanstalk) bis hin zu Tolkien (Smith of Wootton Major). Im Anhang gehen u.a. Tolkien und Bruno Bettelheim kritisch auf die Funktion und Bedeutung der phantastischen Literatur ein. Ein sehr ausführliches Vokabelverzeichnis beschließt den Band.

Stories from the Black Experience

Kelley, Bontemps, Hughes, Baldwin, Taylor, Walker
Klettbuch 5793, DM 5,20
Compact-Cassette
(Kelley, Hughes, Walker),
Klettnummer 57937, DM 24,-- ⊗
Model Interpretations von Stone/Masket, Klettbuch 57932, DM 16,20

Die sechs Geschichten dieser Anthologie präsentieren ein historisch wie geographisch breites Spektrum der *black experience* in den USA. Neben »Klassikern« wie Baldwin und Hughes stellt die Sammlung Werke von in Deutschland bisher weniger bekannten Autoren vor.

Great Science Fiction Stories

Asimov, Harrison, Westlake, Fast, Brunner
Klettbuch 5792, DM 4,60
Model Interpretations von Peter Bruck, Klettbuch 57923, DM 16,20

Die Gattung *Science Fiction* wird anhand von fünf Kurzgeschichten bekannter Autoren vorgestellt. Sie gewährleisten einen exemplarischen Einblick in die verschiedenen Spielformen und Motivbereiche der Gattung. Im Lehrerband folgen den Interpretationen jeweils nach *Units* gegliederte Fragenkataloge, die den Schüler an die Erschließung der Kurzgeschichte heranführen.

Great Irish Short Stories

Joyce, O'Connor, O'Flaherty, O'Faolain, Lavin, McLaverty
Klettbuch 5791, DM 4,60
Compact-Cassette (O'Connor, O'Flaherty, McLaverty),
Klettnummer 57917, DM 24,-- ⊗
Model Interpretations von Noreen O'Donovan, Klettbuch 57913, DM 16,20

Die sechs Kurzgeschichten geben einen ersten Einblick in das Schaffen einiger der bekanntesten irischen Schriftsteller des 20. Jahrhunderts. Gleichzeitig ermöglichen sie durch die Auswahl der Themen und der Schauplätze Einsicht in die kulturelle Eigenart des Landes.
Der Interpretationsband gibt eine Anleitung, wie die verschiedenen (sprachlichen / literarischen / landeskundlichen) Lernziele am besten miteinander kombiniert werden können.

⊗ unverbindliche Preisempfehlung
Stand 1.1.1982

**Ernst Klett Verlag
Postfach 809
7000 Stuttgart 1**

Short Short Stories für die Sekundarstufe I bei Klett

Five Short Shorts

Kurzgeschichten von DeMille, Jones, Palmer, Ford, McIntyre
Klettbuch 5496, DM 3,40
Compact-Cassette (Aufnahmen aller Geschichten),
Klettnummer 54967, DM 24,-- ⊕

Diese Sammlung von fünf *short shorts* ermöglicht die Begegnung mit authentischen literarischen Texten bereits ab Ende der 8. Klasse. Charakteristisch für diese Geschichten ist ihr einfacher Handlungsablauf und überraschender Schluß. Ihre Kürze ermöglicht die Bearbeitung in jeweils einer Unterrichtsstunde. Diskussionsfragen nach jeder Erzählung fordern zur persönlichen Stellungnahme heraus und regen zu ersten literarischen Interpretationsversuchen an.

Neu
Twelve Short Masterpieces

Erzählungen von de Valera, de la Mare, Bradbury, O'Flaherty, Jackson, Thurber, Dunsany, Turner, Gibbs, Stivens, Saroyan, Mansfield
Klettbuch 5773, DM 4,60
Compact-Cassette (de Valera, O'Flaherty, Jackson, Thurber, Dunsany, Stivens)
Klettnummer 57737, DM 24,-- ⊕
Model Interpretations in Vorbereitung

Die Geschichten dieser neuen Sammlung haben eine Durchschnittslänge von ca. 4 Seiten und ihr Schwierigkeitsgrad – sprachlich wie inhaltlich – ist eher einfach. Sie sind also besonders geeignet für Schüler, die gerade anfangen, englische Literatur im Original zu lesen (Klasse 10 und S II). Mit ihrer Vielfalt an Erzählformen (Märchen, science fiction, story of initiation, Humor usw.) bietet die Sammlung außerdem eine Einführung in die Kunst des Erzählens.

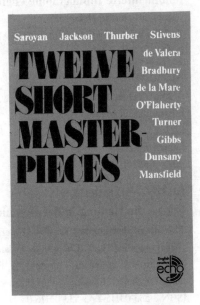

Neuerscheinungen – Neuauflagen

FRIEDMAR APEL

Sprachbewegung

Eine historisch-poetologische Untersuchung zum Problem des Übersetzens
(Beiträge zur neueren Literaturgeschichte. Dritte Folge, Band 52)
1982. 320 Seiten. Kartoniert DM 76,-. Leinen DM 96,- (BnL 3.F. 52)
ISBN 3-533-03106-3 / 3-533-03107-1

HANS ARENS

Kommentar zu Goethes Faust I

1982. 488 Seiten. Kartoniert DM 98,-. Leinen DM 120,- (BnL 3.F. 57)
ISBN 3-533-03183-7 / 3-533-03184-5

ULRICH BACH

Kommentierte Bibliographie englischer literarischer Testamente
vom 14. bis zum 20. Jahrhundert
1982. 49 Seiten. Kartoniert DM 25,- (AF 163)
ISBN 3-533-03182-9

ALFRED BAMMESBERGER

A Handbook of Irish
1. Essentials of Modern Irish
1982. 157 Seiten mit 3 Kartenskizzen. Kartoniert DM 28,-.
Leinen DM 48,- (SpSt 1. Abt.)
ISBN 3-533-03194-2 / 3-533-03195-0

HILDEGARD BARTELS

Epos – die Gattung in der Geschichte

Eine Begriffsbestimmung vor dem Hintergrund der Hegelschen „Ästhetik" anhand von „Nibelungenlied" und „Chanson de Roland"
(Frankfurter Beiträge zur Germanistik, Band 22)
1982. 352 Seiten. Kartoniert DM 112,-. Leinen DM 130,- (FBG 22)
ISBN 3-533-03115-2 / 3-533-03116-0

CARL WINTER · UNIVERSITÄTSVERLAG · HEIDELBERG

ROLF BAUR
Didaktik der Barockpoetik
Die deutschsprachigen Poetiken von Opitz bis Gottsched als Lehrbücher der 'Poeterey'
1982. 268 Seiten. Kartoniert DM 72,-. Leinen DM 94,- (MB 2)
ISBN 3-533-03198-5/3-533-03199-3

BEOWULF
und die kleineren Denkmäler der altenglischen Heldensage 'Waldere' und 'Finnsburg'
3. Teil: Konkordanz und Glossar
Bearbeitet von Jürgen Strauss
1982. X, 198 Seiten. Kartoniert DM 62,-. Leinen DM 80,- (GB. 4. R.)
ISBN 3-533-03082-2 / 3-533-03083-0

GABRIELLE BERSIER
Wunschbild und Wirklichkeit
Deutsche Utopien im 18. Jahrhundert
1981. 360 Seiten. Kartoniert DM 84,-. Leinen DM 102,- (RS 33)
ISBN 3-533-03071-7 / 3-533-03072-5

PAUL BÖCKMANN
Strukturprobleme in Schillers 'Don Karlos'
1982. 63 Seiten. Kartoniert DM 24,- (SB Jg. 1982, 3)
ISBN 3-533-03103-9

YOLANDA JULIA BROYLES
The German Response to Latin American Literature
and the Reception of Jorge Luis Borges and Pablo Neruda
1981. 303 Seiten. Kartoniert DM 64,-. Leinen DM 82,- (RS 31)
ISBN 3-533-03049-0/3-533-03050-4

GOTTFRIED BÜTTNER
Samuel Becketts Roman „Watt"
Eine Untersuchung des gnoseologischen Grundzuges
1981. 176 Seiten. Kartoniert DM 42,-. Leinen DM 62,- (RS 26)
ISBN 3-533-02996-4/3-533-02997-2

Das deutsche Singspiel im 18. Jahrhundert

Colloquium der Arbeitsstelle 18. Jahrhundert
Gesamthochschule Wuppertal. Universität Münster.

1981. 211 Seiten. Mit zahlreichen Abbildungen im Text und Notenbeispielen.
Kartoniert DM 65,-. Leinen DM 85,- (BGLK 5)
ISBN 3-533-03047-4 / 3-533-03048-2

WERNER FAULSTICH

Medienästhetik und Mediengeschichte

Mit einer Fallstudie zu 'The War of the Worlds' von H. G. Wells

1982. 283 Seiten mit 48 Abbildungen. Kartoniert DM 120,-. Leinen DM 140,- (RS 38)
ISBN 3-533-03163-2 / 3-533-03164-0

MICHAEL FELDT

Ästhetik und Artistik am Ende der Kunstperiode

Textanalytische, kunstphilosophische und zivilisationsgeschichtliche Untersuchungen zur Prosa von Goethe, E. T. Á. Hoffmann, Heine und Büchner

1982. 397 Seiten. Kartoniert DM 94,-. Leinen DM 112,- (RS 39).
ISBN 3-533-03112-8 / 3-533-03113-6

GERTRUD FISCHER

Lichtenbergische Denkfiguren

Aspekte des Experimentellen

1982. 150 Seiten. Kartoniert DM 48,-. Leinen DM 70,- (BnL 3.F. 56)
ISBN 3-533-03121-7 / 3-533-03122-5

FONTENELLE

Histoire des Ajaoiens

Kritische Textedition mit einer Dokumentation zur Entstehungs-, Gattungs- und Rezeptionsgeschichte des Werkes

Herausgegeben von Hans-Günter Funke

Teil II

1982. 184 Seiten. Kartoniert DM 60,-. Leinen DM 80,- (RS Editionen 3)
ISBN 3-533-03179-9 / 3-533-03180-2

HANS-GÜNTER FUNKE
Studien zur Reiseutopie der Frühaufklärung: Fontenelles
„Histoire des Ajaoiens"
Teil I
1982. 686 Seiten. Kartoniert DM 200,-. Leinen DM 220,- (RS 24)
ISBN 3-533-03241-8 / 3-533-03242-6

PETRA GILOY-HIRTZ
Deformation des Minnesangs
Wandel literarischer Kommunikation und gesellschaftlicher Funktionsverlust
in Neidharts Liedern
1982. 221 Seiten. Kartoniert DM 48,-. Leinen DM 76,- (BzE 19)
ISBN 3-533-03211-6 / 3-533-03212-4

LISELOTTE GLAGE
Clementina Black
A study in social history and literature
1981. 197 Seiten mit 1 Titelbild. Kartoniert DM 74,-. Leinen DM 94,- (AF 156)
ISBN 3-533-03034-2 / 3-533-03035-0

HEIDI GÖBEL
Die Parodie der englischen Hirtendichtung
1982. 242 Seiten. Kartoniert DM 132,-. Leinen DM 150,- (AF 153)
ISBN 3-533-03010-5 / 3-533-03011-3

MANFRED GÖRLACH (Hrsg.)
The Gestes of Mak and Morris
Very critically edited from the only surviving manuscript by Manfred Görlach.
With an essay by Derek Pearsall
1981. 64 Seiten. Kartoniert DM 12,-
ISBN 3-533-03079-2

PAUL GORCEIX
Le Symbolisme en Belgique
Etude de Textes
1982. 189 Seiten. Kartoniert DM 62,-. Leinen DM 80,- (StR 45)
ISBN 3-533-03100-4 / 3-533-03101-2

GUDRUN GRABHER
Emily Dickinson: Das transzendentale Ich
1981. 269 Seiten. Kartoniert DM 72,-. Leinen DM 90,- (AF 157)
ISBN 3-533-03065-2 / 3-533-03066-0

CARLA GREGORZEWSKI
Edgar Allan Poe
und die Anfänge einer originär amerikanischen Ästhetik
1982. 294 Seiten. Kartoniert DM 75,-. Leinen DM 100,- (RS 22)
ISBN 3-533-02927-1 / 3-533-02928-X

CHRISTOPH GROFFY
Die Edinburgh Review 1802-1825
Formen der Spätaufklärung
1981. 119 Seiten. Kartoniert DM 68,-. Leinen DM 86,- (AF 150)
ISBN 3-533-02967-0 / 3-533-02968-9

EVA-MARIA HEINLE
Hieronymus Freyers Anweisung zur Teutschen Orthographie
Ein Beitrag zur Sprachgeschichte des 18. Jahrhunderts
1982. 376 Seiten. Kartoniert DM 60,-. Leinen DM 80,- (GB 3.R.)
ISBN 3-533-03228-0 / 3-533-03229-9

ARTHUR HENKEL
Goethe und die Bilder des irdischen Paradieses
1982. 27 Seiten. Kartoniert DM 12,- (SB Jg. 1982, 4)
ISBN 3-533-03185-3

EMILE HENNEQUIN
La Critique Scientifique
Publiée par Dirk Hoeges
„L'Œuvre d'art en tant que signe". Postface de Dirk Hoeges
1982. VIII, 262 Seiten. Kartoniert DM 19,80- (RS Editionen 2)
ISBN 3-533-03069-5